HERMANN SCHREIBER

Halbmond über Granada

Acht Jahrhunderte maurischer Herrschaft in Spanien

BECHTERMÜNZ

AVA GmbH, München-Breibrunn
Bechtermünz Verlag GmbH, Eltville am Rhein
Gesamtherstellung: Mohndruck Grafische Betriebe GmbH, Gütersloh
Umschlaggestaltung: Klaus Werner, Taunusstein
ISBN 3 86047 092 2

Inhalt

San Salvador de Valdediós
Santillana
Santand
Oviedo
El Pindal
Santa María de Naranco
ASTURIEN
Altamira
Puente V
Santiago de Compostela
Santa Cristina de Lena
GALICIEN
Pontevedra
León
San Miguel de Escalada
Miño
Astorga
Sahagún
Burgos
Paredes de Nava
Qui
Palencia
Pisuerga
Santo D
San Pedro de la Nave
Valladolid
Duero
Zamora
Burgo de Osma
Douro
Sabor
1035
LEÓN UND KASTI
Coca
Salamanca
Segovia
El Pau
Ávila
El Escorial
MADRID
ATLANTISCHER OZEAN
PORTUGAL
Tajo
Toledo
1093
Alcántara
Sagrajas
1086
LISSABON
Guadiana
Alarcos
1195
Anfang des
13. Jahrhunderts
Las N
de Tolo
1212
Córdoba
Guadalquivir
Sevilla
Huelva
Granada
Lebrija
Málaga
Cádiz
Ende des 13. Jahrhunderts

Die Reconquista vom 11. bis zum 13. Jahrhundert

★ Schlachten

⊙ Universitäten

FRANKREICH
Camino de Santiago
San Salvador de Valdediós
Santillana del Mar
Santander
El Pindal
Oviedo
Santa María de Naranco
ASTURIEN
Altamira
Bilbao
Puente Viesgo
Santiago de Compostela
Santa Cristina de Lena
GALICIEN
Pamplona
NAVARRA
Perpignan
Tahull
Erill-la-Vall
San Pedro de Roda
KATALONIEN
Pontevedra
Miño
León
San Miguel de Escalada
Astorga
Sahagún
Burgos
Paredes de Nava
Quitanilla de las Viñas
ARAGONIEN
Cardona
Gerona
Vich
Palencia
Pisuerga
Santo Domingo de Silos
Ebro
Manresa
Tarrasa
Lérida
San Pedro de la Nave
Valladolid
Duero
Soria
San Juan de Duero
Saragossa
Cogull
Barcelona
Zamora
Burgo de Osma
Douro
Sabor
LEÓN UND KASTILIEN
Tarragona
Coca
Sigüenza
Salamanca
Segovia
El Paular
Tortosa
Grenze des maurischen Territoriums am Ende des 11. Jahrhunderts
Avila
Guadalajara
Valltorta
El Escorial
MADRID
Teruel
MENORCA
BALEAREN
Palma
MALLORCA
OZEAN
ATLANTISCHER
PORTUGAL
Tajo
Toledo
Alcántara
Valencia
LISSABON
Bicorp
IBIZA
Guadiana
Játiva
FORMENTERA
Villena
Alicante
Elche
Córdoba
Murcia
Guadalquivir
Los Letreros
Cartagena
Sevilla
Huelva
Granada
Königreich Granada am Ende des 13. Jahrhunderts
Lebrija
Almería
Málaga
Cádiz
MITTELMEER

Kern und Schale · Eine Vorbemerkung

In den Jahren 1976 bis 1979, als ich die Studienreisen für dieses Buch durchführte, war das Baskenland stets ziemlich unruhig. Auf einer Osterfahrt wurde ich, aus dem heiteren Pau in die Düsternis von Roncesvalles vordringend, nicht weniger als dreimal angehalten und auf Waffen durchsucht. Die Soldaten, die dies taten, hatten auf den stürmischen Höhen der Westpyrenäen große Holzfeuer errichtet, um sich zu wärmen. Als ich dann irgendwo zwischen Pampluna und Tudela in einem Landgasthof Quartier nahm, war die Schankstube abermals voll Soldaten mit ihren malerischen Tschakos, und das Bild zwischen den alten Mauern glich aufs Haar einer Szenerie aus *Carmen*. Nur daß es eben keine Opernszene war, sondern spanische Wirklichkeit von heute.

Dringt man dann weiter nach Südwesten vor, so quert man eine Landschaft, die *Campos Goticos* heißt, und noch heute weisen uns kleine, schlecht lesbare Schilder, die sich sichtlich an Fußgänger wenden, den Weg nach Santiago de Compostela. *El Camino de Santiago* ist noch immer die uralte christliche Lebensader von Alt-Kastilien und Galicien, aber schon südlich des Duero tauchen die ersten verfallenen Maurenburgen auf den Hügelkuppen auf.

Es gibt Begegnungen zwischen dem Abend- und dem Morgenland, die auf wenigen Quadratkilometern stattfinden, auf denen dann die Sphären einander gleichsam brünstig durchdringen wie in Hongkong, in Istanbul, in Tanger. Das weite Spanien aber lockt uns mit verstreuten westgotischen Kirchen, mit Maurenbädern in Bischofsstädten, mit christlichen und maurischen Ritterburgen über einsamen Tälern beinahe behutsam

nach Andalusien, in den Herzraum spanisch-arabischer Gemeinsamkeiten, wo das Erbe dieser faszinierenden Epoche uns dann mit seiner bestürzenden Schönheit überfällt.
Vor hundert und mehr Jahren genügte der Anblick der Giralda oder des Alcazars von Sevilla, genügte der Rausch von Granada oder die düstere Lektion der Ruinenstätten von Cordoba, um den Reisenden zum Nachdenken und zur Suche anzuregen; und obwohl die Bauten aus der Maurenzeit damals noch nicht restauriert und noch nicht für den Besuch aufbereitet waren, entstanden Lebensbeziehungen zwischen einigen großen Geistern und den Ruinen. Für Millionen heutiger Spanienfahrer ist das große Land zu einer Frucht geworden, bei der man sich nur für die Schale interessiert; eingemauert in die Betonburgen von Torremolinos, sehen sie nicht einmal die im Baumschatten schlummernden Fundamente der vormaurischen Basilika im nahen Marbella oder den steinernen Christus von Orihuela, der die Rückeroberung christlichen Landes in fünf kampferfüllten Jahrhunderten feiert.
Nicht so sehr diese Kämpfe selbst haben mich interessiert, als die einzigartige Mischkultur, die in ihrem Schatten in Spaniens Südhälfte entstehen konnte: Kelten, Iberer, Römer und Germanen aus so großen Völkern wie dem der Goten und dem der Vandalen auf der einen Seite, Araber und Juden auf der anderen. Was in ihrem Zusammenleben und Zusammenwirken entstand, war einzigartig und ist unwiederholbar; es hat der Welt gezeigt, wozu Begegnungen führen können, wenn zumindest zeitweise Toleranz und Weisheit stärker sind als Rivalität und Unduldsamkeit. Es ist ein Buch lohnender Studien geworden, aus dem ich viel gelernt habe. Rat und Hilfe empfing ich dabei von meinem Schulfreund Dr. Wilhelm Muster, Mitverfasser des derzeit besten Spanienführers, und stete Freude war mir die Reise-Gefährtenschaft meines Sohnes, der mir zeigte, daß sich auch junge Menschen für all diese alten Geschichten begeistern können.

Dr. Hermann Schreiber

Erstes Buch:

Das Morgenland im Westen

Die Säulen des Herkules

Tausend Jahre nach Alexander dem Großen scheint das Weltgeschehen urplötzlich neuen Gesetzen zu folgen. Die Pforte Asiens, die Alexander im Kaukasus symbolisch aufstieß, hat keine Bedeutung mehr; Niltal, Zweistromland und Indusbecken, wo an gewaltigen Strömen weithin strahlende Kulturen entstanden waren, sind in provinzielle Abhängigkeit versunken. Sterile Wüsten, nur an den Rändern bewohnt, nur von Kamelpisten durchzogen, sind zur Geburtsstätte einer neuen Dynamik geworden, die sich binnen fünfzig Jahren den Süden der Kulturwelt unterwirft von den Grenzen Chinas bis nach Agadir am atlantischen Abfall des Atlasgebirges.

Eben diese Gebirge sind es, welche die große, für die Weltgeschichte so entscheidende Konfrontation zwischen Islam und Abendland vorweggenommen haben: sie stellen den einen gewaltigen Höhenzug – vom Apennin über Sizilien und den Atlas bis hinaus zum atlantischen Teneriffa – einer Abwehrfront gegenüber, die von den Karpaten über die Alpen und das Betische Gebirge Südspaniens bis nach Madeira reicht; und das, was von diesen beiden Ketten zwischen den Inseln und dem Festland in den Atlantik versank, das hat vielleicht die Mythe vom Land Atlantis geboren.

Der geniale französische Geologe Termier hat schon 1913 die Vermutung ausgesprochen, daß es bereits Menschen auf der Erde gab, als sich westlich von Gibraltar jene Katastrophe ereignete, in der das westlichste, das atlantische Europa in den Tiefen des Ozeans versank. Seit den maritimen und geologischen Forschungen der fünfziger Jahre wissen wir nun, daß er, zumindest für die Straße von Gibraltar selbst, recht hatte: Als sie im Tertiär einbrach, als die Verbindung zwischen der Betischen Kordillere Spaniens und den nordafrikanischen Randgebieten verlorenging und dafür eine flache Verbindung zum Atlantik entstand, war zumindest Afrika schon mit Sicherheit bevölkert.

Der charakteristische Felsen auf der Halbinsel Gibraltar und der ihm gegenüberliegende Djebel Musa erschienen den Seefahrern der Antike als gigantische Säulen, die ein Tor flankierten; die Römer sprachen auch von einem Schlund (*fauces*), weil während des Gezeitenwechsels der Eindruck entstehen konnte, die Wassermassen würden in einen gewaltigen Schlund hineingesogen. Der Westen, das Weltmeer, war ja so gut wie unbekannt, und als Pytheas von Massilia es im vierten vorchristlichen Jahrhundert bis nach England und Norwegen befuhr und darüber berichtete, fand seine leider verlorengegangene, nur aus Zitaten zu rekonstruierende Schrift über diese sensationelle Fahrt keinen Glauben.

Kalpe für den Felsen von Gibraltar und Abila für sein afrikanisches Gegenüber – das waren die Namen der Alten für die in ihrer Monumentalität so auffälligen Berge, die man – in einer der suggestivsten Übertragungen mythischen Denkens auf geographische Erscheinungen – einem Halbgott wie Herkules zuordnete; Herkules soll sogar den Landeinbruch geschaffen haben, um das nach damaliger Ansicht durch seine Zuflüsse überfüllte und darum überlaufende Mittelmeer zum Ozean hin zu öffnen.

Zu dieser Zeit war die etwa siebzig Kilometer lange und an der schmalsten Stelle nur vierzehn Kilometer breite Meerenge wiederholt von Menschen überquert worden, nicht von einzelnen, was sich weder zählen noch nachweisen ließe, sondern von ganzen Einwandererströmen. Schulten setzt die ersten massiven Bevölkerungsbewegungen aus Afrika nach Europa in die frühesten Epochen der Altsteinzeit, doch haben sich die meisten anderen Gelehrten dieser Annahme nicht angeschlossen: das hieße nämlich, dem Frühmenschen der Faustkeilkultur den Bau von Booten zuzutrauen. Andererseits konnte die schmale Meerenge ohne sonderliche Gefahr auch auf primitivsten Wasserfahrzeugen überquert werden. Die häufigen Südwestwinde verlängerten zwar die Überfahrtstrecke auf etwa dreißig Kilometer, stellten das Gelingen des Unternehmens selbst jedoch nicht in Frage, da die spanischen Küsten auf relativ breiter Front gegen Afrika vorstoßen.

Sicher ist immerhin, daß die Straße von Gibraltar beträchtlich früher überquert wurde als die Beringstraße, über die ja bekanntlich die ersten Menschen nach Nordamerika kamen und beide Teile Amerikas von Norden her besiedelten. Europa erhielt seinen afrikanischen Zustrom jedenfalls sehr früh, lange vor den ersten Stromtalkulturen, und in mehreren Wellen. Die Höhlenzeichnungen und -malereien des südwestlichen Europa, die zwischen 40000 und 5000 vor Christus an verschiedenen Orten entstanden, verraten uns einiges vom Erlebniserbe

Maurische Burgruinen mit Blick auf den Felsen von Gibraltar, die Bucht von Algeciras und die afrikanische Küste. Stich des 19. Jh.

dieser Einwanderer und vom Charakter der neuen Völker, die aus der Vermischung mit europäischen Rassen entstanden sind. Das *fretum*, die Meerenge, war also kein Trennungsgraben zwischen den Kontinenten. Schon lange vor Mohammed, um Christi Geburt, hatten die Legionäre der römischen Provinz *Hispania ulterior* zahlreiche Kämpfe gegen die Mauren auszutragen, die im Westmittelmeer Seeräuberei betrieben und auf spanischem Boden Stützpunkte errichtet hatten.

Ja, zweihundert Jahre vorher hatte es sogar so ausgesehen, als würde der alte dunkle Erdteil das kleine Europa erobern, ungeachtet all seiner Kultur; das war, als Hannibal seine Elefanten über den Col de l'Iseran nach Italien führte und bei Cannae eine überlegene römische Armee besiegte. Hasdrubal überquerte die Meerenge mit Hilfstruppen für Hannibal, Scipio setzte in der Gegenrichtung über, kurz, es war beinahe ein reges Kommen und Gehen zwischen Tarifa und Ceuta, zwischen den Säulen des Herkules. Vor allem war deutlich zu erkennen, daß jene mythische Furcht, welche die Griechen davon abgehalten hatte, den großen Atlantik zu befahren, niemanden mehr daran hinderte, von Kontinent zu Kontinent zu springen. So unheimlich die nebligen Weiten des unbekannten Meeres vor dem Westausgang der Straße von Gibraltar sich auftaten, so selbstverständlich war es für die Anrainer der Meerenge, mit ihren kleinen Schiffen jeden überzusetzen, der dafür bezahlte oder die Macht hatte, diese Fährdienste zu erzwingen.

Vor allem aber müssen wir uns von dem Irrtum befreien, die Meerenge sei nur dann überquert worden, wenn ein Hannibal oder ein Scipio ehrfurchtgebietend am Ufer stand und es befahl. Ligurische Völker kamen aus Nordafrika durch Spanien bis an die Küste der Seealpen; iberische Einwanderer siedelten südlich und nördlich der Meerenge, was noch heute aus Ortsnamen und anderen Bezeichnungen der vorarabischen Zeit hervorgeht. Erst mit den Kelten wanderte von Norden her ein kräftiges europäisches Element in Spanien ein, und wie tüchtig die nun entstandene keltiberische Mischung sich zu wehren wußte, das erlebten die Römer in ihren aufreibenden Kämpfen um das heldenhaft verteidigte Numantia.

Danach allerdings wird es still in Spanien; die *Pax Romana* legt sich weich auch über das weite spanische Land, und als schließlich, gegen Ende der Kaiserzeit, Spanien seine ersten Poeten und Denker hervorbringt, hat es nicht mehr viel zu sagen. Die Spötter am Tiber belächeln das etwas ungelenke Latein dieser Provinzialgrößen: das wilde Spanien ist trotz seiner afrikanischen Wurzeln zu einem Teil des *Imperium Romanum* geworden, diesem bewundernswerten Kosmos, der von den Parthern bis zu den Numidiern alle Völker einzuschmelzen versteht, die Juden einzig ausgenommen. Südlich und nördlich der Meerenge spricht man nun die gleiche Sprache, so etwa, wie im zwölften und dreizehnten Jahrhundert an beiden Ufern des Ärmelkanals. Der Afrikaner Augustinus wird sie nicht weniger gut beherrschen als der elegante Isidorus von Sevilla, und die barbarischen Herren all dieser weiten Länder, die wilden Fürsten wie Iugurtha oder Gildo oder Geiserich, werden sich bequemen müssen, sich ebenfalls im nicht verwelkenden Latein auszudrücken.

Nach dreißig- oder vierzigtausend Jahren, in denen die Völkerbewegung im wesentlichen vom Süden nach Norden verlief, von Ceuta nach Tarifa oder von Tingis nach Baelo, brachte die Völkerwanderung eine Umkehr der Stoßrichtung. Während die europäischen Provinzen des einst so gewaltigen Rom unter durchziehenden Kriegervölkern aus dem Osten und dem Norden stark zu leiden hatten, während die Städte Italiens und Galliens, aber auch der hispanischen Provinzen wiederholt gnadenlos geplündert worden waren, hatte sich das nachpunische Nordafrika zu einem reichen Land entwickelt. Getreide und Öl, an das ewig hungrige Rom geliefert, brachten Geld nach Karthago und in die Landwirtschaft seiner Umgebung, und es waren vor allem die meergewohnten Germanen, die in Europa nicht mehr viel Beute erwarten durften, die den Blick verlangend über das Mittelmeer hinweg auf den großen jungfräulichen Erdteil richteten, der damals Libyen hieß.

Alarich, der Gotenkönig, der Rom erobert hatte, plante eine Flottenexpedition in den Raum des heutigen Tunis, starb aber wenige Wochen bevor sie verwirklicht werden sollte. Er hatte allerdings von Sizilien übersetzen wollen, nicht von Spanien aus. Wamba, vielleicht der hartnäckigste und tüchtigste Kämpfer unter den westgotischen Königen auf spanischem Boden, hatte das vandalische Andalusien durchmessen, um von den Höhen über Tarifa die Chancen für einen Übergang nach Afrika beurteilen zu können. Wie weit seine Pläne gediehen waren, weiß man nicht; eine Aufklärungsflotte soll der Sturm zerschlagen haben, auch lockte ein gleichzeitiges kaiserliches Angebot, im südlichen Frankreich, zwischen Toulouse, Perpignan und Narbonne zu siedeln, sonst hätten die Goten, die bis dahin alles vor sich niedergewalzt hatten, wohl den großen Sprung über die Meerenge gewagt.

Kaum zwei Jahrzehnte später waren es dann doch Germanen, die dorthin gingen, woher Ligurer und Iberer gekommen waren: König Geiserich, von König Godesgisel mit einem Kebsweib unbekannter Rasse gezeugt, führte im Mai und Juni 429 seine Völker - er herrschte über Vandalen und Alanen - in einer mehrwöchigen Operation über die Meerenge, achzigtausend Menschen mit Vieh und Hausrat und der gewaltigen Beute aus dem großen gallischen Raubzug von 407/408.

Achtzigtausend, soviel wie heute ein einziges Sportstadion faßt, heute, da zu einem Fußballspiel dreißig- oder vierzigtausend Menschen quer durch Europa fliegen, über Entfernungen hinweg, die in der Völkerwanderung in Menschenaltern durchmessen wurden. Aber es war doch ein Ereignis, und es wurde noch mehr, als diese achtzigtausend Menschen das einzige Germanenreich außerhalb Europas begründeten, das einzige von Rom und Byzanz unabhängige Reich auf römischem Boden, ein Reich, das mit seinen Schiffen das Mittelmeer beherrschte und der Welt zeigte, wie unangreifbar das ausgedehnte Afrika war: Von überallher konnten Afrikas Schiffe kommen, und die europäischen Ziele lagen offen vor ihnen da.

Daß die Vandalen damals, zwischen 429 und 533, mit fünfzehn- bis zwanzigtausend Kriegern, lediglich durch maurische Schiffsmannschaften verstärkt, das Römerreich in Angst und Schrecken versetzten, daß sie sich die Balearen und Korsika, Sardinien und Sizilien unterwarfen und im Jahr 455 sogar Rom eroberten, hätte Europa eigentlich schon warnen müssen. Denn die Vandalen, das mochte mancher kluge Römer schon damals geahnt haben, die würden vergehen, mit ihrer kleinen Zahl aufgesogen werden von dem großen Kontinent, in den sie sich gewagt hatten. Afrika aber würde bleiben, Afrika und die geographische Konstellation, die den gewaltigen Kontinent nur seinen Rückenschild darbieten läßt, während das vergleichsweise winzige Europa sich preisgibt, seine Buchten und Golfe öffnet und seine endlose Küstenlinie zu keiner Zeit seiner Geschichte wirklich ernsthaft verteidigen kann.

In jenem fünften nachchristlichen Jahrhundert, in dem das Römerreich unter Angriffen aus dem Norden und dem Nordosten zusammenbrach und sich auf seine byzantinische Position zurückziehen mußte, vollendete sich auch der große Umschwung im nördlichen Afrika: der friedliche Riesenkontinent wurde aggressiv. Bis dahin hatte die Initiative zu Vorstößen und kriegerischen Aktionen eindeutig im Norden gelegen; aus dem Raum der Mittelmeerkulturen hatten zunächst die Pharaonen ihre Grenzen immer weiter nach Süden vorgeschoben und Schwarzafrika zurückgedrängt; danach hatten die Phöniker sich den Randgürtel im Norden gesichert, und schließlich war mit Rom die erste europäische Macht in Erscheinung getreten. In einem im ganzen als patriarchalisch zu bezeichnenden Verhältnis hatten die nordafrikanischen Völker sich Rom untergeordnet, und einzelne Patrouillen hatten aus den nordafrikanischen Garnisonen heraus Roms Kenntnis des afrikanischen Territoriums in bewaffneter Erkundung erweitert. Dies begann im Osten, im Sudan, in den in den Jahren 23 und 22 vor Christus der römische Ritter C. Petronius, Statthalter von Ägypten, vordrang. Es handelte sich um eine Strafexpedition gegen die kriegerische Königin Kandake von Napata, die nach einer römischen Niederlage in Südarabien die Gunst der Stunde nutzen wollte und Ägypten angriff. Petronius schlug sich jedoch besser als der in Arabien unrühmlich geschlagene Aelius Gallus, stieß bis in den Raum des nördlichen Äthiopien vor und zog sich nur zurück, weil ihm die eroberten Länder für die Kolonisation ungeeignet erschienen. Die Römergrenze blieb darum bei der Nilinsel Elephantine.

Schon zwei Jahre später ergänzte Cornelius Balbus diese Operation durch einen Vorstoß nach Fezzan, wo er – nach Hennig – vermutlich bis zum sogenannten Ostfluß kam, dem heutigen Wadi esch Schergi. Obwohl von dieser Gegend schon bei Herodot die Rede ist, wurde Cornelius Balbus dafür die Ehre eines Triumphzuges bewilligt. Rom schätzte also Erkundungen in Afrika als außerordentlich wichtig und verdienstvoll ein, und man muß sich eigentlich wundern, daß dieses gewaltige und verheißungsvolle Territorium nicht energischer erforscht wurde. Die militärisch bereits bedeutungslosen Griechen hatten zu jener Zeit im Roten Meer und bis hinunter nach Sokotra und zum Horn Afrikas, Kap Guardafui, unendlich wertvolle Erkenntnisse gesammelt und in Handbüchern wie dem berühmten Periplus des Erythräischen Meeres niedergelegt.

Im mittleren und westlichen Nordafrika lagen die Dinge ganz offensichtlich viel schwieriger. Hier ließ sich, wie man aus den wenigen Berichten entnehmen kann, ohne Kontakt mit der Bevölkerung so gut wie gar nichts bewirken; man mußte im Guten mit ihr gemeinsame Sache machen oder im Bösen gegen sie zum Kampf antreten, Tatsachen, die festzuhalten sich lohnt, weil wir daraus sehen, daß nicht erst der Islam die Nordafrikaner militarisiert und aggressiv gemacht hat. Die Wüsten- und Bergstämme zwischen dem Westsudan und dem Atlasgebirge bewiesen schon früh bemerkenswertes Selbstvertrauen, dazu die für alle Nomaden charakteristische räuberische Agilität und die Entwicklung spezifischer Kampfesweisen, mit denen auch tapfere Völker wie zum Beispiel die Vandalen die größten Schwierigkeiten haben sollten.

In den ersten Jahren des zweiten nachchristlichen Jahrhunderts brach aus der tripolitanischen Stadt Leptis Magna der römische Statthalter von Numidien, ein Offizier namens Julius Maternus, in Gesellschaft eines Stammeshäuptlings der sogenannten Garamanten nach Süden auf und erreichte in mehr als viermonatigem Zug vermutlich den Raum des Tschad-Sees, der erst 1823 wiederentdeckt wurde. Dies war, nach übereinstimmender Ansicht von Autoritäten wie Vivien de Saint-Martin, Peschel und Hennig, der südlichste Punkt, den ein Europäer im afrikanischen Binnenland betreten hatte, ehe die systematischen Entdeckungsreisen der Neuzeit einsetzten.

Hatte hierbei ein Garamantenhäuptling freiwillig oder unter sanftem Druck Hilfe geleistet, so stieß Suetonius Paulinus sechzig Jahre vorher im Atlasgebirge auf feindselige Zurückhaltung, als er den Versuch machte, den marokkanischen Teil des Atlas zu erkunden. Vom ersten Vorstoß in dieses Gebirge, das die Römer später mit einem ganzen Kranz von sichernden Garnisonen umzogen, sagt Plinius in seiner berühmten Naturgeschichte:

»In Mauretanien fochten römische Waffen zuerst unter Kaiser Claudius... Als damals die Barbaren zurückwichen, drangen die Legionen nachweislich bis zum Atlasgebirge vor... Gerüchtweise fanden sich dort Spuren früherer Zivilisation, nämlich Reste von Weinbergen und Palmpflanzungen. Suetonius Paulinus, den wir noch als Konsul kannten und der als erster römischer Feldherr den Atlas einige tausend Schritt weit überwand, berichtet von der Höhe dieses Gebirges dasselbe wie die Römer vor ihm: der Fuß des Gebirges sei mit dichten, hohen Wäldern aus unbekannten Baumarten bestanden, die von hohem Wuchs, knotenlos und glänzend seien; das Laub ähnle dem der Zypressen, dufte aber stark und sei mit zarter Wolle überzogen, aus der man künstliche Kleidung wie aus Seide herstellen könne. Der Gipfel des Atlasgebirges sei auch im Sommer mit Schnee bedeckt. Erst nach zehn Tagemärschen seien sie dorthin sowie an einen Fluß Ger gelangt (heute: Wadi Ghir), durch schwarze Staubwüsten, aus denen hier und dort verbrannte Felsen aufragten. Das Land selbst hatten sie, obwohl es Winter war, der Hitze wegen unbewohnt gefunden. Die Bewohner der angrenzenden Wälder, die voll von Elefanten, Raubtieren und allerlei Schlangen waren, nennt man Kanarier... Ganz Ähnliches über den Atlas hat Juba berichtet.«

König Juba II. von Mauretanien, der von 51 vor bis 24 nach Christus lebte, hatte sich an den großen griechischen Geographen und Historikern geschult und – da sein Königsamt in Abhängigkeit von Rom wenig Befriedigung bot – sich eingehend mit Mauretanien beschäftigt, sogar mit einzelnen Besonderheiten des Landes wie den Heilpflanzen des Atlasgebirges. Leider ist von seinen Schriften, die Plinius kannte und als bedeutend bezeichnete, nur Fragmentarisches auf uns gekommen. Das ist besonders bedauerlich, weil die kriegstüchtigen Atlasvölker ihrem eigenen König vermutlich weniger in den Weg gelegt hatten als allen späteren Herrschern, von den Vandalen bis zur französischen Kolonialmacht. Bis heute ist das Atlasgebirge trotz seiner Nähe zu Europa weniger erforscht als zum Beispiel der gewaltige Himalaya; es ist ein schneebedecktes Rätsel Afrikas, so gut man es auch von den Hotelterrassen in Algeciras sehen kann ...

Als nach 429 die aus Spanien gekommenen Vandalen die römische Herrschaft in Nordafrika ablösten, gestalteten sich die Beziehungen zwischen den neuen Herren und den alten Gebirgsvölkern zunächst recht günstig, denn die Vandalen lokkerten die römische Steuerschraube, ja, sie ließen einen Teil des römischen Festungsgürtels nördlich des Aurès sogar unbesetzt, so daß die Bergvölker und die Räubernomaden der Täler nun größere Bewegungsfreiheit genossen. Diese reichte zwar nicht bis zur einstigen Residenz Jubas II., dem heutigen Cherchel, aber sie war doch bedeutend größer als zu Römerzeiten, weil König Geiserich gar nicht Soldaten genug hatte, um die ganze Küste zu besetzen und alle Verbindungswege gegen die Berber zu schützen. Lediglich im Raum Ceuta blieben Küstenwachen zurück, um etwaige Landungen aus Spanien zu beobachten und der vandalischen Flotte zu signalisieren, denn diese Flotte war Geiserichs wichtigstes militärisches Instrument. Wenn die Vandalen etwas fürchteten, so war es nicht Rom, nicht Byzanz und nicht die Einwohnerschaft des Atlas, sondern das mächtige Gotenvolk, dessen König Wamba sich so eindringlich für Afrika und den Übergang bei Gibraltar interessiert hatte.

Gemeinsam mit den Vandalen hatten die Mauren das Mittelmeer mit Raubüberfällen heimgesucht, die Küsten bis in die

Ägäis kennengelernt und sich auch an der gründlichen Plünderung Roms im Jahr 455 beteiligt. Trotz der vereinzelten maurischen Piratenakte in der frühen Kaiserzeit kann man darum sagen, daß es diese etwa hundert Jahre währende Phase maurisch-vandalischer Zusammenarbeit war, in der die Völker Nordafrikas ihre Scheu vor Rom und vor den europäischen Machtmitteln überhaupt abschüttelten. Die Vandalen waren als Männer aus dem Norden deutlich erkennbar, und wenn es auch bekanntlich blonde Berber gibt, so wußten die Mauren – damals Maurusier genannt – fortan doch, auf welchen Menschenschlag sie treffen würden, wenn sie irgendwann auf eigene Faust über die Meerenge setzen und in Spanien landen würden. Auch daß dort inzwischen die Westgoten herrschten und was dies für ein Volk war, mußten zumindest die maurischen Anführer im Lauf der gemeinsamen Kriegführung mit den Vandalen herausgefunden haben, ganz zu schweigen von den direkten Berührungen mit Westgoten bei den Überfällen auf die Hafenorte an der katalanischen und der Languedoc-Küste.

477 aber starb, nach praktisch fünfzigjähriger Herrschaft, König Geiserich, ein Mann, der bei allen afrikanischen Küsten- und Bergstämmen größtes Ansehen genossen, ja dessen Ruf sich durch die Karawanen bis zum Niger verbreitet hatte. Dieser weiße Herr des nördlichen Afrika war ein gleichwertiger Nachfolger der Römermacht gewesen, berühmt wie jener Caesar, der einst den unterworfenen Juba im Triumphzug durch Rom geführt hatte. Geiserich war ein Patriarch, dem sich gerade Naturvölker nicht ungern unterordneten, weil sie ein noch ungebrochenes Gefühl für echte Autorität hatten.

Mit der gleichen untrüglichen Witterung ahnten sie aber auch die Schwäche der Nachfolger, und es vergingen nur wenige Monate nach dem Tod des großen Königs, bis die Mauren die ersten Überfälle auf vereinzelte Gehöfte und vorgeschobene Siedlungen riskierten. Schon unter Hunerich, dem Sohn und Nachfolger Geiserichs, scheint die Verbindung zwischen Karthago und der Straße von Gibraltar zeitweise nur zur See bestanden zu haben; das Land dazwischen, die Römerstraßen von Tingis nach Caesarea und Karthago, waren lange Zeit durch Raubüberfälle so unsicher geworden, daß Reise- und Handelsverkehr auf ihnen nicht mehr möglich war.

In den letzten Jahrzehnten der französischen Herrschaft in Nordafrika, also grob gesprochen zwischen 1930 und 1955, haben Gelehrte der Universität Algier in ausführlichen Studien den Nachweis geführt, daß das ausgedehnte Vandalenreich in Nordafrika auch zugrunde gegangen wäre, wenn sich keine oströmische Armee gegen die Vandalen aufgemacht hätte. Und man braucht den genauen und zuverlässigen Bericht des Prokopios von Kaisareia nur über das Ende der Vandalenkönige hinaus zu verfolgen, um schwarz auf weiß zu erfahren, daß damals in Afrika eine neue Epoche begonnen hatte: die Überlegenheit der Kamelreiter über Armeen, die nur Pferde zur Verfügung hatten. Die nimmermüde Angriffslust junger Wüstenfürsten und kühner Bergnomadenführer hat daraus einen militärischen Druck werden lassen, dem auf die Dauer keine Fremdherrschaft gewachsen war.

Mit diesem schleichenden Wandel der Machtverhältnisse war eigentlich auch schon das Schicksal der Westgoten in Spanien besiegelt; zumindest sah schon Belisars Kriegsschreiber und Geheimagent Prokopios ganz genau, worin die Überlegenheit jener bis dahin nicht nur verachteten, sondern überhaupt nicht zählenden Völkerschaften im Grunde bestand:

»Seit der Eroberung Libyens (Nordafrikas) nahmen sämtliche Vandalen Tag für Tag warme Bäder und hatten ihre Tafel mit den schmackhaftesten und besten Speisen besetzt, die Land und Meer eben bieten. Sie trugen reichsten Goldschmuck, dazu medische Gewänder (aus Seide) und brachten ihre Tage in Theatern, auf Rennbahnen und bei sonstigen Lustbarkeiten, am meisten aber mit Jagden zu. Außerdem gab es bei ihnen Tänzer und Schauspieler sowie zahlreiche Darbietungen für Aug und Ohr, kurz alles, was bei Menschen Musik heißt und sonst als sehenswert gilt. Die Mehrzahl von ihnen wohnte in gutbewässerten und mit Bäumen reich bestandenen Lustgärten; bei jeder Gelegenheit veranstalteten sie Trinkgelage und übten sich eifrig in allen Techniken des Liebesgenusses.« (Vandalenkriege II,6)

Widerspricht auch diese Darstellung des Augenzeugen Prokopios erheblich dem, was man sich gemeinhin unter einem Vandalenleben vorstellt, waren die Theaterfreude und der Kunstgenuß auch objektiv gewiß keine Laster, so setzte Prokopios doch das karge Leben der Mauren oder Maurusier ganz richtig gegen dieses paradiesische Dasein, in dem die einst so gefürchteten Krieger denn auch verweichlichten:

»Die Maurusier hingegen wohnen Sommer wie Winter und zu jeder anderen Zeit in engen Zelten und können sich so weder gegen Schnee noch Sonnenhitze noch sonstige Unbilden der Natur schützen. Sie schlafen auf dem Erdboden, wobei sich die Wohlhabenden allenfalls ein kleines Fell unterlegen. Auch gilt es bei den Maurusiern nicht als üblich, sich den verschiedenen Jahreszeiten entsprechend zu kleiden, sie tragen vielmehr jederzeit einen dicken Mantel und ein grobes Hemd. Ebensowenig kennen sie Brot oder Wein oder sonst etwas Schmackhaftes. Sie verzehren statt dessen Korn, Weizen und Gerste, ungekocht und ungemahlen und nicht anders als die Tiere . . .«

Solch ein Gefälle, so krasse Unterschiede des Besitzstandes und der Lebensweise, müssen die einen in die Abwehr zwingen, die anderen aber zu immer neuen Angriffen ermuntern. Es wird den großen Impetus geben, den Angriffsschwung unter der grünen Fahne des Propheten und aktuelle Anlässe, die aus dem westgotischen Spanien nach Nordafrika wirken. Im Grund aber ist alles längst entschieden, und zwar durch die Bettlerarmut der Bergnomaden, die keine Propheten brauchen und erst recht keine feierliche Einladung, wenn es gilt, sich an den gedeckten Tisch zu setzen.

Die Schlacht am Rio Barbate

Hat man, von Algeciras kommend, Tarifa passiert, so wird Spanien plötzlich unendlich einsam. Der fröhliche Lärm von Marbella liegt weit zurück, die grünen Senken, die vor Tarifa zum Meer hinabführen, sind verschwunden. Die Sierra de la Plata begrenzt den Blick nach Westen, zum grauen Ozean hin, und gegen Nordosten breitet sich in überraschender Ödnis die Niederung der Laguna de la Janda. In diesem Durchlaß zwischen Berg und Binnensee, in einer Engstelle, die der Rio Barbate nach Norden begrenzt, kam es am 19. Juli 711 zu einer der großen Entscheidungsschlachten der Weltgeschichte.

Für solche Entscheidungen ist der Angreifer stets besser gerüstet als der Verteidiger, der sich den Zeitpunkt, in dem er um seine Existenz kämpfen muß, in der Regel ja nicht wählen kann. Die iberische Halbinsel, die so einladend vor dem Nordhorn Afrikas lag, hatte zu Beginn jenes achten Jahrhunderts kein militärisches Eigenleben mehr, und das schon seit etwa tausend Jahren. Die keltisch-iberische Völkermischung, die sich am Beginn der historischen Epoche den ersten eindringenden Römern entgegenstellte, war zwar noch keine Nation, aber die in ihrer Armut unendlich harten Kleinstämme rund um die ersten Siedlungen wehrten sich gegen die Römer hartnäckiger als irgendein anderes Volk. Der Heldenkampf des winzigen Numantia gegen die junge Großmacht Rom hat in der abendländischen Geschichte nicht seinesgleichen.

Seither aber waren eben an die tausend Jahre verstrichen. Rom hatte hier geherrscht und zivilisiert; aus spanischem Boden waren römische Poeten entsprossen, und als diese römische Pflanzkultur sich eben als beinahe ebenbürtig, als wichtig und eigenständig fühlen durfte, da waren über die Pyrenäen die wilden Wanderstämme der Sueben, Alanen und Vandalen hereingebrochen, die zuvor das ganze römische Gallien verheert hatten.

Als auch noch die Westgoten nachdrängten, begann vor den Augen der von diesen Kriegsnöten und Plünderungen arg betroffenen iberischen Bauern ein großes Schlachten; die neuen fremden Herren, die blonden Krieger mit ihren Wagenburgen und ihrem weißhäutigen Weibertroß brachten einander mit bemerkenswerter Konsequenz um. Erst kreuzten Vandalen und Sueben die Klingen, dann vernichteten die blitzschnell vorstoßenden Westgoten den Vandalenstamm der Silingen in (V)Andalusien, und schließlich wichen die geschlagenen Alanen und Vandalen aus Portugal und Südspanien nach Nordafrika aus.

Damit war das romanisierte Spanien den Westgoten preisgegeben, dem kultiviertesten der Wanderstämme, den Herren des tolosanischen Reiches am Nordrand der Pyrenäen, die eigentlich kaum noch als Feinde zu bezeichnen waren, eher als Nachbarn. Zwar gab es Reibereien zwischen den arianischen Westgoten und der christlichen Einwohnerschaft der Römerstädte auf spanischem Boden, aber die westgotischen Arianer waren – anders als ihre vandalischen Gegner – verhältnismäßig tolerant in Dingen der Religion. Sie behinderten weder die Juden in ihrem Handel noch die vielschreibenden katholischen Kleriker in ihrem missionarischen Eifer: mochten sie ruhig die letzten Heiden zu Christen machen – solange sie sich nicht an die Arianer wagten, legten die Könige ihnen nichts in den Weg, und den nützlichen Judengemeinden schon gar nicht.

Dieses Spanien war keine geschlossene Nation, dazu bestand es aus zu verschiedenen völkischen Elementen und dazu waren auch die rivalisierenden gotischen Adelsfamilien zu sehr an der Macht interessiert; aber es verfügte über eine gewisse abwehrbereite Homogenität, über eine Flotte und eine geübte Armee, mit der vor allem primitivere Angreifer wie die Berber zweifellos große Mühe gehabt hätten. Der Wandel, der dem Gotenreich auf spanischem Boden den inneren Halt rauben sollte, kam von innen. Nach einer langen friedlichen Zeit unter König Leuwigild trat dessen Sohn und Nachfolger Rekkared (586–601) zum Katholizismus über, des Gezänks der Bischöfe von Toledo und Sevilla müde und der Tatsache eingedenk, daß schon der große Gotenbischof Ulfila, der seinem Volk die gotische Bibelübersetzung schenkte, dazu gemahnt hatte, den Dogmen- und Auslegungsstreit nicht auf die Spitze zu treiben, sondern als brave Christen einig dahinzuleben.

Das war das Ende des Arianismus in Europa, ein Halbjahrhundert, nachdem er von Belisar im vandalischen Nordafrika vernichtet worden war. Die christliche Welt konnte sich in leidlicher Einigkeit darauf vorbereiten, katholisch zu werden, und begann diesen Prozeß damit, sich gegen die Juden zu wenden. Spanisch-römische Bischöfe und getaufte Juden, denen ihr angestammter Scharfsinn zu hohen Kirchenämtern verholfen hatte, begannen im ganzen südlichen Spanien gegen die reichen Judengemeinden zu wüten. Das große Einigungskonzil von Toledo, das am 4. Mai des Jahres 589 begann, ließ erkennen, daß der höchste Triumph des Glaubens noch immer darin bestand, die Ungläubigen zu drangsalieren, und das waren, da weder Heiden noch Arianer übriggeblieben waren, nun einmal die Juden, deren Gemeinden durch Wohlstand, intensives Geistesleben und starke Tradition diesen massiven Angriff der katholischen Kleriker geradezu herausforderten.

Dennoch waren die ersten hundert Jahre dieses neuen antijüdischen Kurses eine relativ milde Zeit, weil der barbarische Schlendrian eben auch gegen die Juden keine konsequenten Maßnahmen zuließ, weil die westgotischen Herrscher oft sehr schnell wieder abtraten und weil sie – gerade, wenn sie durch Zufall einmal länger herrschten – besonders viel Geld brauchten. Dieses Geld aber hatten die Juden, und sie erkauften sich schon damals damit die Toleranz der Fürsten.

Den Wandel brachten nicht die katholischen Bischöfe und nicht die westgotischen Könige, sondern der aus einer Familie von zwangsgetauften Juden stammende Julian in dem Augenblick, da er Erzbischof von Toledo wurde und geistlicher Herr der Gotenresidenz. In den elf Jahren seiner Herrschaft (680 bis 690) verbündete sich Julian mit dem Byzantiner Erwig, der einen gotischen Grafenrang innehatte, und dieses Duo leitete jene große Judenverfolgung ein, die später in Gestalt einer Eroberungswelle von Berber-Truppen über die Meerenge von Spanien zurückfluten sollte.

Das spanische Judentum, die ältesten und interessantesten Judengemeinschaften Europas mit den berühmtesten jüdischen Familien, wurde zerschlagen und vertrieben. Ein kleiner Teil ging nach Norden – ins sogenannte Septimanien am Nordfuß der östlichen Pyrenäen, wo besondere Religionsgesetze galten –, der größte Teil aber wandte sich nach Nordafrika, wohin ja schon seit Jahrhunderten Handelsverbindungen bestanden. In den Waffen unerfahren, zu kriegerischen Zusammenschlüssen unfähig, waren die Juden Spaniens doch entschlossen, auf ihr Spanien, in dessen Städten sie sehr oft den größten Bevölkerungsanteil stellten, nicht zu verzichten. Sie brauchten für diesen Kampf um Spanien allerdings Verbündete.

Aus heutiger Sicht mutet es seltsam an, daß sich Juden und Mohammedaner zusammentaten. Aber erstens waren die Berber Nordafrikas erst seit wenigen Jahrzehnten in das arabische Reich neuen Glaubens einbezogen, und zweitens war das Christentum in seiner militanten Frühphase ein so gefährlicher Gegner, daß sich alle Nichtchristen notwendigerweise zusammenschließen und untereinander Toleranz üben mußten. Was im siebten und an der Wende zum achten Jahrhundert in Nordafrika begann, wird das ganze Mittelalter prägen: In den großen Handelszentren am Rande oder außerhalb der christlichen Welt werden slawische, vorderasiatische und jüdische Kaufleute jenen Welthandel weiterpflegen, der unter dem christlichen Ausschließlichkeitsdenken bereits ernsthaft zu leiden beginnt. Sie werden jene Internationalität und weltanschauliche Neutralität aufrechterhalten, die das Christentum als unvereinbar mit seinem Glauben empfindet, und sie werden, wie einst in der Alten Welt, weiterhin mit Sklaven handeln und sie zwischen den Religionen und Rassen hin und her schieben wie alle anderen Waren auch.

Das ist der wirtschaftliche Hintergrund für den großen

Sprung, den der Islam nun wagen wird. Nicht für den größeren Ruhm des Propheten, sondern zur Aufrechterhaltung des Freihandels und zum Schutz der jüdischen Gemeinden in Spanien rüsten die Berber gegen die Westgoten, öffnen die jungen Fürsten der nordafrikanischen Länder ihr Ohr den Einflüsterern aus Sevilla, Cordoba, Algeciras und Tarifa*.

Der Augenblick ist für die Muslimen außerordentlich günstig: Der Maghrib el Aksa, der äußerste Westen des arabischen Gebietes, wurde soeben befriedet; die tapfersten Berberfürsten, Kusaila und die legendäre Kahine, kämpften nicht mehr, die byzantinisch verwalteten Städte des heutigen Marokko hatten den Eroberern ihre Tore geöffnet. Wohin sollte sich der religiöse Furor, der sieghafte Elan des Generals Musa ibn Nusair wenden? Nach dem Tod des ersten Eroberers, jenes Ukba ibn Nafi, den der Berberfürst Kusaila in Tahudha überrascht und getötet hatte, stand die junge arabische Macht an der Meerenge von Gibraltar unter dem Kommando des ebenso stolzen wie ehrgeizigen Musa, der neue Ziele und neue Erfolge brauchte.

Ohne die genauen Berichte der wohlinformierten jüdischen Kaufleute aus Spanien hätte Musa sich vielleicht - da er im Westen ja am Gestade des Atlantischen Ozeans angelangt war - nach Süden gewendet, und seine Vorstöße hätten zu einer Eroberung der Negerreiche des weiten Westafrika geführt. Aber die Araber hatten in Nordafrika wohlbestellte Felder und reiche Städte erobert; sie hatten Geschmack an der Beute gewonnen, und die kampftüchtigen Berber, die sich ihnen nun anschlossen, gierten in ihrer Armut erst recht nach lohnenden Zielen, nach schneller Beute, wie sie in Spanien zum Greifen nahe waren. Es bedurfte nur noch eines letzten, eines militärischen Anstoßes, wie er weder von Berbern noch Juden kommen konnte; man brauchte einen Vertrauten aus der gotischen Welt, gleichsam einen kundigen Überläufer, der auch vom Waffenhandwerk etwas verstand. Er fand sich in einem Grafen namens Julian, der damit zu einer Schlüsselfigur der

* Der besseren Übersicht wegen verwenden wir, wo immer es angeht, heutige Ortsnamen.

Epoche wurde, so wenig man auch von ihm weiß, und zum Helden einer Tragödie, die vor allem den blumenreich-ausschmükkenden arabischen Chronisten wie gerufen kam.

Julian, an dem viel herumgerätselt wurde, war – nach der schlüssigsten Deutung seiner Rolle – kaiserlich byzantinischer Statthalter in Ceuta, also der Exarch mit höchsten militärischen und zivilen Befugnissen, ein Fürst in seinem kleinen und exponierten Reich, ein hochgebildeter Grieche, der gleichwohl zu den christlichen westgotischen Herrschern Spaniens enge Beziehungen unterhielt. Sie waren gut, ja freundschaftlich, solange König Witiza lebte, und sie wurden gespannt, als auf Witiza nicht dessen ältester Sohn Akhila folgte, sondern der energische Usurpator Roderich, der allerdings auch aus königlichem Blut stammte und vielleicht ein Enkel des großen Königs Chindaswinth war. Das würde erklären, daß sein Thronraub von hervorragenden Charakteren wie jenem Grafen Pelayo unterstützt wurde, der in der Folge noch eine bedeutende Rolle spielen sollte.

Zunächst freilich hatte Roderich, von den spanischen Romanzendichtern Rodrigo genannt, durch eine unverzeihliche Missetat den Zorn der Vorsehung erregt und Rache auf sich herabgerufen: Comtesse Florinda, Julians schöne Tochter, wuchs nach der Sitte der Zeit am Hof von Toledo auf, obwohl sie als griechisches Mädchen im freilich allzufernen Byzanz besser aufgehoben gewesen wäre. Nach arabischen Chronisten habe König Roderich ihr nachgestellt, sie beobachtet, als sie im Tajo nackt badete, und in seiner Begierde alle Rücksichten auf seinen und ihren Stand vergessen. Die Entehrung der Tochter habe den Grafen Julian, der innerlich ohnedies mehr König Witiza und seinen Söhnen zuneigte, zu dem Entschluß gebracht, sich den Berbern zur Verfügung zu stellen; in seinem Vaterschmerz habe er sich des Glaubensfeindes bedient, um an dem sonst wohl unerreichbaren Gotenkönig Rache nehmen zu können.

Romanzen dieser Art passen sich zu glatt den Ereignissen an, um wörtlich akzeptiert zu werden, andererseits darf man auch nicht völlig auf sie verzichten, solange sie nicht manifeste Irrtümer oder offenbaren Widersinn enthalten. Selbst Lévi-Provençal, die unbestrittene Autorität in diesem Fragenbereich, erzählt die Geschichte von Julian, Florinda und Roderich in seiner großen *Histoire de l'Espagne Musulmane*, und so sehen wir denn ein schönes junges Mädchen wie vor ihr Esther, Bathseba und Susanna und nach ihr Arlette, die Geliebte Robert des Teufels, dadurch Weltgeschichte machen, daß sie ihre Reize zur Unzeit enthüllt.

Musa lauscht dem Grafen Julian aufmerksam, als ihm dieser bestätigt, was geschwätzige Händler in allen Basaren herumerzählen: daß die Weiten des spanischen Landes nur von wenigen tausend Kriegern verteidigt würden, daß der Westgotenkönig in dem viel zu großen Land herumreise, um Aufstände niederzuschlagen, und daß die Gelegenheit für eine Eroberung günstig sei, ja vielleicht sogar einmalig, denn Roderich habe in den Witiza-Söhnen eine gefährliche Opposition im eigenen Land zu bekämpfen.

Musa, der schon im Orient hohe Ämter bekleidete, befürchtet eine Falle; er traut den Juden nicht und den Griechen erst recht nicht, und seine Antwort an den Grafen Julian muß etwa gelautet haben: Wenn dem so ist, warum bleibst du dann untätig in Ceuta sitzen und holst dir nicht selbst Beute vom anderen Ufer?

Die Aufforderung hatte wohl auch den Zweck, Julian festzulegen; nach einer militärischen Aktion gegen die Goten Roderichs war es ihm zweifellos unmöglich, abermals die Fronten zu wechseln. Aber offensichtlich hatte Julian dies ohnedies nicht im Sinn. Er bemannte im Herbst des Jahres 709 eine kleine Flotte, setzte von Ceuta in die nahe Bucht von Algeciras über und kehrte nach diesem überraschenden Überfall tatsächlich mit reicher Beute heim, vor allem aber mit zahlreichen Gefangenen, also Sklaven.

Musa ibn Nusair sah damit zumindest, daß solche Raubzüge – arabisch *Ghasija* genannt, woraus später Razzia wurde – dank des Überraschungseffekts verhältnismäßig risikolos waren und sich wiederholen ließen. Daß damit die große Invasion schon zur beschlossenen Sache wurde, ist unwahrscheinlich, aber die Razzia war geboren, der für die algerisch-berberische Kampfesweise so charakteristische schnelle Vorstoß ins Feindesland, dessen Hauptzweck das Beutemachen ist.

Die nächste Expedition über die Straße von Gibraltar hinüber nach Spanien hatte bereits einen Berber als Führer, den zum Islam übergetretenen Tarif ibn Malluk. Auf vier Schiffen, die Graf Julian ihm stellte, setzte er vierhundert Mann über, von denen etwa ein Viertel beritten war, nach anderen Quellen vierhundert Fußsoldaten und hundert Reiter zusätzlich. Er landete auf jener Halbinsel, die heute seinen Namen trägt, also bei Tarifa, dem Julia Traducta der Römer, der Hafenstadt, in der sich im Jahr 429 die Vandalen nach Afrika eingeschifft hatten.

Tarifs Raubzug hatte ganz offensichtlich den Zweck, Musa ibn Nusair, der noch immer zögerte, ja, der sogar Boten mit der Bitte um eine Entscheidung an den Kalifen Walid Ben Abdelmelek gesandt hatte, endlich zum Angriff zu bewegen, denn zumindest Graf Julian mußte wissen, daß ein konsolidiertes, auf den neuen König Roderich eingeschworenes Gotenreich nur sehr schwer zu erobern sein würde. Die Gunst der Stunde mußte genutzt werden.

Um Musa zu beeindrucken, bemühte sich die kleine Landungstruppe von Tarifa vor allem um weibliche Gefangene. Man schleppte damals, im Juli 710, einige so schöne spanische Frauen und Mädchen mit fort, daß dem nicht mehr jungen Musa die iberische Halbinsel als ein geradezu märchenhaftes Reich der weiblichen Schönheit erscheinen mußte. Als die schönen Christinnen, die Musas Beuteanteil ausmachten, seine Residenz Kairuan erreichten, war denn auch die Invasion beschlossene Sache. An Fakten dieser Art, die wir bei griechischen und germanischen Geschichtsschreibern nur ausnahmsweise finden werden, erkennen wir die arabischen Quellen, und andere gibt es zu diesen Geschehnissen nicht: die Goten sind stumm, während sich auf der arabischen Seite die größten Namen um die Klärung oder doch um die Darstellung dieser ja tatsächlich sensationellen Operation bemühen, Ibn Khaldun ebenso wie Abulfeda, El Hadjari, El Razi und andere.

Die Vielzahl der Stimmen schafft naturgemäß eine gewisse

Unsicherheit, vor allem, da sie in ihrer Begeisterung über die arabischen Siege winzige Invasionskontingente einem riesigen Gotenheer gegenüberstellen und neben den Zahlen auch andere Fakten verändern. Wir müssen, um ein zutreffendes Bild zu erhalten, uns gelegentlich sogar von diesen emphatischen Quellen distanzieren und ihnen die technischen Möglichkeiten, die Logik und die Wahrscheinlichkeit entgegensetzen.

Sicherheit herrscht über den Kommandeur des Unternehmens; er hieß Tarik ibn Ziyad, war ein Freigelassener des Musa und Gouverneur der Stadt Tanger. Da ihm Graf Julian weiterhin zur Seite stand, verfügten also die beiden Anführer der Invasion von ihren Städten Ceuta und Tanger her schon über intimste Kenntnisse der Verhältnisse und konnten sich auch auf die lokalen Hilfsquellen verlassen, also auf die Schiffe, die ja in diesen beiden Hafenstädten greifbar waren.

Eben dieser Schiffsraum aber begrenzt die Zahl der Truppen, die als erste Welle im April, spätestens aber Anfang Mai des Jahres 711 in der durch Julians Razzia genau erkundeten Bucht von Algeciras an Land gesetzt wurden: sie kann kaum größer als achttausend Mann gewesen sein, da ja auch Pferde und Kriegsmaterial mitgeführt werden mußten. Allerdings kehrten die Schiffe gleich wieder um, und Tarik, der sich zunächst nur rund um den Felsen von Gibraltar eingrub und Befestigungen errichtete, erhielt, noch ehe der Vormarsch begann, Verstärkungen von mindestens fünftausend Mann. Aus der arabischen Bezeichnung Djabal Tarik, Berg des Tarik, formte die Bevölkerung sich übrigens den Namen Gibraltar für den alten Felsen von Calpe, und aus der grünen Insel vor dem heutigen Algeciras wurde Al Djazira el Khadra, eben Algeciras. Die Insel heißt heute spanisch Isla verde. Graf Julian blieb hier zurück, um diese Basis zu verteidigen und die Möglichkeit der Wiedereinschiffung offenzuhalten für den Fall, daß sich die gotische Armee als überlegen erweisen sollte. Schon wegen dieser Vorkehrungen ist es nicht wahrscheinlich, daß Tarik tatsächlich befahl, die Schiffe zu verbrennen, mit denen man gekommen war: eine ebenso unsinnige wie heroische Behauptung, die sich allerdings nur bei dem sogenannten Geographus Nubiensis findet. Die Landungstruppen wären auch ohne solch eine Maßnahme auf der Flucht in größte Bedrängnis geraten, denn da die Transportflotten den kurzen Weg über die Meerenge mehrmals zurückgelegt hatten, hätte es für einen plötzlichen Ansturm von Flüchtlingen viel zu wenig Schiffsraum gegeben.

Ob es nun der 28. April war oder ein anderer Tag, Tarik jedenfalls brach erst Wochen nach der Landung in Spanien zum Weitermarsch auf, mit einer Armee, die, nach El Razi, mit allen Verstärkungen aus fünfundzwanzig bis achtundzwanzigtausend Mann bestanden haben mag. Bis auf ein paar hundert arabische Offiziere waren es durchweg Berber, also harte Bergvölker letztlich europid-mediterranen Urspungs, die auf diese Weise wieder in den alten Kontinent zurückkehrten.

Dabei trafen sie zunächst nur auf gotische Garnisonen, die Armee selbst kämpfte unter König Roderich im Norden des Landes gegen die schon damals ewig unruhigen Basken. Roderichs Statthalter im Süden war Theudemir, ein sehr tapferer Mann, der einst unter König Witiza einen Flottenangriff aus Nordafrika abgeschlagen hatte, ein Zwischenfall, von dem die Araber, vielleicht weil sie damals den kürzeren gezogen hatten, in ihren Geschichtsbüchern allerdings nichts erwähnen. Dieser Sieg scheint Theudemir den Blick getrübt zu haben: mehr verblüfft als besorgt, erkannte er den Umfang der Gefahr zunächst nicht und versäumte den Augenblick, in dem er mit Alarmtruppen in die Ausschiffung zumindest der Verstärkungen hätte hineinstoßen können.

In der Nachricht, die Theudemir an König Roderich nach Pampluna schickte, erklärte er es zwar für ratsam, daß Roderich seine Operationen im Baskenland abbreche und selbst nach Andalusien komme, aber er stellte es nicht als unbedingt notwendig hin. Roderich freilich eilte sogleich nach Süden, wohl weniger, weil er die Berber für gefährlich hielt: er vermutete Verbindungen zwischen seinen gotischen Widersachern, den Söhnen des toten Witiza, und den Nordafrikanern und fürchtete eher um seinen Thron als um das ganze Gotenreich. An den kühnen Gedanken einer echten Invasion mit Eroberungsabsicht konnte man damals eben noch nicht glauben, er mußte angesichts der vielfach bewiesenen Kriegstüchtigkeit der Goten als geradezu phantastisch gelten; nicht einmal die Franken aus dem römischen Gallien hätten solch einen Eroberungszug gewagt.

Die Unterschätzung der Berber hatte sich schon wiederholt als verhängnisvoll erwiesen. Die Römer hatten schwere Schlappen im Atlasgebirge hinnehmen müssen, der Vandalenkönig Thrasamund, aber auch sein Nachfolger Hilderich hatten durch die sogenannten Maurusier im Aurèsgebirge und in Westtripolitanien vernichtende Niederlagen erlitten, die by-

Abteilung des arabischen Heeres mit Standartenträgern und Trompetern. Miniatur aus einer mittelalterlichen arabischen Handschrift.

zantinischen Truppen hatten mit den Berbern viel mehr Mühe gehabt als mit den Vandalen, und die sieggewohnten Araber hatten auf ihrem Vormarsch zum Atlantik keinen härteren Gegner gehabt als eben die Berber.

Roderich erhielt wohl Berichte über die Zahl der gelandeten Afrikaner, aber er vertraute auf die Überlegenheit der Goten und trat Tariks Armee mit eilends in Cordoba ausgehobenen Truppen entgegen, noch ehe die Hauptmacht aus dem Baskenland zurück war. Eine berittene gotische Vorausabteilung wurde von dem tapferen Araberführer Mogaith el Rumi geschlagen, und diese Niederlage warnte Roderich. In einem Versuch, sein Volk angesichts der Gefahr zu einigen, bot er zwei Söhnen König Witizas hohe Kommandostellen an und zog mit einer Armee gegen die Invasoren, in der zumindest einige der adeligen Anführer nur auf den Augenblick warteten, in dem sie dem verhaßten Thronräuber in den Rücken fallen konnten.

Tarik hatte die bessere Stellung; er war durch die Lagune zu seiner Rechten und die Sierra zur Linken gegen Flankenangriffe geschützt, aber er mußte angreifen, um den Übergang über den Barbate zu erzwingen, und er war an Zahl unterlegen, wenn auch niemand an die neunzig- oder gar hunderttausend Goten glauben wird, die in den arabischen Quellen genannt sind; eher kann man schon die vierzigtausend Goten akzeptieren, von denen Ibn Khaldun spricht. Wie hätte auch Roderich bei einer gotischen Gesamtbevölkerung von geschätzten dreihunderttausend Menschen in den wenigen Juliwochen, die er zur Verfügung hatte, mehr Kämpfer auf die Beine bringen sollen.

Die Armeen trafen am 19. Juli 711 aufeinander. Die Araber hatten ihre gut berittene Kavallerie den Fußtruppen der Berber zu Hilfe gesandt. Die weiße Binde um den Maurenkopf kennzeichnete die Streiter des Islam, die das Schwert um den Nakken gehängt trugen, um die Hände für Pfeil und Bogen frei zu haben. Die Goten kämpften hingegen hinter Schilden, mit Spieß und Schwert und, wie man annehmen darf, eher defensiv eingestellt gegen einen ihnen noch unbekannten, unruhig lärmenden Gegner. Roderich, der die Mitte kommandierte, trug ein weithin erkennbares Purpurgewand; sein weißer, mit Elfenbein und edlen Metallen beschlagener Wagen wurde von Maultieren gezogen und hob ihn so weit über die Kämpfer, daß er einen gewissen Überblick genoß.

Solange Witizas Söhne auf den beiden Flügeln ihre Pflicht taten, wogte die Schlacht unentschieden hin und her, wenn auch nicht, wie manche Quellen berichten, sieben Tage lang. Die Sage hat daraus jenen endlosen Heroenkampf gemacht, der abends die blutbedeckten Kämpfer in den Schlaf sinken sieht, während bei Sonnenaufgang der Schlachtruf wieder ertönt und der Kampf weitergeht. An diese sieben oder gar neun Tage, von denen man noch in den Nachschlagewerken der Jahrhundertwende lesen konnte, glaubt die neuere Forschung nicht mehr. Von dem Augenblick an, da die Witiza-Söhne geheimes Einverständnis mit Tarik herstellen und sich ihren von Roderich geraubten Besitz garantieren lassen konnten, kämpfte der Gotenkönig mit der Mitte seiner Armee auf verlorenem Posten und dürfte sich nicht mehr allzu lange gehalten haben. Tarik, von der für ihn zwar nicht gerade überraschenden, aber doch eigentlich rettenden Wendung mit neuer Hoffnung beflügelt, hielt seinen Berbern eine von mehreren Autoren überlieferte zündende Ansprache und mobilisierte damit ihre letzten Kräfte. Das war wichtig, denn lang auszuharren, einen zähen Kampf durchzustehen, das war an sich eher die Stärke der Goten als die der Mauren.

Als Tarik schließlich alles auf eine Karte setzte und mit ausgesuchten Reitern gegen den Befehlswagen Roderichs vordrang, um zu siegen oder selbst zu fallen, war die Schlacht entschieden. Roderich fiel entweder in dieser Begegnung mit Tariks Reitern oder, vor ihnen weichend, im Lauf der Verfolgungskämpfe. Sein Schlachtroß, wertvoll aufgezäumt, soll im Schlamm der Lagune versunken sein, wo es die Sieger später auffanden. Über den Leichnam des Königs, immerhin des letzten germanischen Herrschers über Spanien, gibt es hingegen keine sicheren Nachrichten. Daß er am Barbate gefallen ist, kann als sicher gelten, sonst hätte er gewiß eine Möglichkeit gefunden, sich mit seinem treuen Gefährten Pelayo nach Norden durchzuschlagen, wo ja noch unversehrte gotische Truppenteile standen und wo die Landesnatur einem Widerstand gegen die Eindringlinge günstiger war als in den Ebenen Andalusiens. Nicht ganz von der Hand zu weisen sind auch die Berichte des Ben Hazil, denenzufolge das mit Kampfer konservierte Haupt Roderichs zunächst nach Kairuan, an Musa ibn Nosair geschickt worden sei und von dort an den Kalifen.

Rein legendär ist die Überlieferung über Roderichs letzte Ruhestätte, die ja doch nur einen Leichnam ohne Kopf schützen könnte: die portugiesische Stadt Vizeu in der Provinz Beira läßt es sich an dem Ruhm, Geburtsort Vasco da Gamas zu sein, nicht genügen, sondern pflegt hartnäckig die Tradition, Roderich sei in der außerhalb der Stadt gelegenen Kirche San Miguel beigesetzt. Er wäre dort in edler Gesellschaft, denn auch der lusitanische Freiheitsheld Viriathus, Sieger über Decius Junius Brutus, hat hier in der Cava do Viriato seine Gedenkstätte ...

Von all dieser Gotentragik unberührt, machte Feldherr Tarik sich mit seinen Berbern an die Konsolidierung des Gewonnenen, verfolgte die versprengten Reste des Gegners und trachtete, mit größeren Städten wie dem heutigen Cordoba und dem heutigen Sevilla seinen tüchtigen Kämpfern neue Beute zuzuschanzen.

Der Angriffsschwung der Berber nahm den Goten jede Chance; selbst in Astigi, wohin sich verhältnismäßig große Teile der zersprengten Armee gerettet hatten, wurden sie geschlagen, wobei Tarik allerdings auch zu Mitteln der psychologischen Kriegführung griff, um in den Verfolgten keinen Widerstandswillen aufkommen zu lassen: er ließ vor den Mauern der Stadt das Fleisch toter Feinde in großen Kesseln kochen, um den Anschein zu erwecken, seine wilden Soldaten seien gewöhnt, es zu verzehren. Wir wollen hoffen, daß es sich dabei um bloßen Augenterror handelte, einzig dazu bestimmt, die Goten einzuschüchtern. Es könnte nämlich ebensogut sein, daß die Berber hier am Genil, im heißesten Andalusien, tatsächlich Verpflegungsengpässe hatten und nur durch Kannibalismus ihren Hunger stillen konnten.

Das iberische Astigi heißt heute Ecija. Die Stadt besitzt noch ihre arabischen Mauern, dazu bedeutende römische Reste und läßt erkennen, wie wichtig ihre Lage am Genilübergang war, gleichsam eine Pforte ins Flußtal des Guadalquivir mit seinen großen Städten Cordoba im Osten und Sevilla im Westen. Aber eben, als Tarik sich anschickte, auf den freigekämpften Straßen weiterzustürmen, erreichte ihn das gebieterische Halt aus Kairuan: Musa ibn Nusair befahl die sofortige Einstellung des Vormarsches.

Es war ein schicksalhafter Augenblick. Natürlich wußte Tarik, warum er anhalten und kampieren sollte. Der alte Musa im fernen Kairuan verzehrte sich vor Neid und Eifersucht auf den jungen Rivalen, auf den glücklichen Freigelassenen, der ihm, dem großen Feldherrn des Maghreb, die Palme des Sieges zu entreißen, sein Andenken zu verdunkeln drohte. Die Städte am Guadalquivir kannte die ganze Welt; sie zu erobern, würde ebensoviel Ruhm bedeuten wie die Einnahme von Karthago oder Tanger, und diesen Ruhm wollte Musa in eigener Person oder doch mit Hilfe seiner Söhne erringen.

Tatsächlich konnte Musa dank seiner Macht im Maghreb eine prächtige Armee aufstellen, die mehr Reiter haben würde als die ersten Invasionstruppen und einen höheren Araberanteil, also mehr große Namen und Offiziersprunk. Aber darüber würden Monate vergehen, Monate, in denen die geschlagenen Goten die Niederlage überwinden, eine neue Armee ausheben und in dem großen, von Gebirgen durchzogenen Spanien ernsthaften Widerstand leisten konnten. Tarik, der Spanien nicht kannte, sah diese Gefahr vielleicht nicht so deutlich wie Graf Julian, der sie ihm in eindringlichen Gesprächen immer wieder vor Augen hielt, bis Tarik einwilligte, den Vormarsch fortzusetzen. Schließlich mußte er als Feldherr an der Front die militärische Notwendigkeit in eigener Verantwortung beurteilen, Musa in Kairuan würde ihm sonst vielleicht sogar Vorwürfe machen...

Mogaith el Rumi, Tariks bester Mann, erhielt den Befehl, Cordoba zu nehmen; außer den Fußtruppen hatte er mit siebenhundert Reitern einen Großteil der verfügbaren Kavallerie erhalten. Kleinere Abteilungen wandten sich gegen Malaga und Elivira, Städte, die erst sehr viel später eingenommen werden konnten: die Berber waren in der offenen Feldschlacht zweifellos tüchtiger als vor den Mauern befestigter Städte.

Mogaith el Rumi, ein Freigelassener, hatte hingegen Glück und konnte vor Cordoba einen Mann aufgreifen, der einen geheimen Zugang in die Stadt kannte. Die Berber konnten eindringen, aber die gut geführten Goten gaben deshalb noch lange nicht auf. Sie warfen sich in eine befestigte Kirche, die durch einen Wassergraben geschützt war – vermutlich eine Abzweigung aus dem Guadalquivir, der ja auch an der berühmten Mezquita vorbeifließt. Dort hielten sich die Goten drei Monate lang, ehe es den Belagerern gelang, die Wasserzufuhr zuzumauern und so nahe an die Kirche heranzukommen, daß man sie anzünden konnte. Die Goten ergaben sich nicht, sondern zogen den Tod in den Flammen vor. Nur ein Anführer soll in Gefangenschaft geraten sein.

Tarik und Graf Julian zogen mit der Hauptmacht inzwischen gegen Toletum, das heutige Toledo, die Hauptstadt des Westgotenreiches. Einen so weiten Marsch zu wagen, sich so weit von der Küste zu entfernen und mitten im Binnenland eine große Stadt auf ihrem Felsen anzugreifen, das wäre militärisch gesehen Wahnsinn gewesen, hätte sich nicht inzwischen gezeigt, daß die Goten in Andalusiens Bevölkerung wenig Sympathien genossen. Hier, im alten Vandalenland, hatten sich die Goten als ungleich härtere Herren erwiesen. Sie hatten die Bauern ausgepreßt und auch in den Städten für Unzufriedenheit gesorgt, als sie den Juden verboten, christliche Sklaven zu halten, weil es den katholisch gewordenen Gotenkönigen und den Bischöfen undenkbar erschien, christliche Mädchen in der Gewalt der Juden zu wissen. Ja, schließlich waren – in einem allerdings nie wirklich durchgeführten Gesetz – die Juden selbst allesamt als unfrei erklärt worden, ein Damoklesschwert, das solange über ihnen schwebte, bis die Armee des Tarik die Goten aus dem Land vertrieb.

Einheimische Bauern strömten also nun dem Heer Tariks zu, um sich an der Verfolgung der Goten zu beteiligen und um ein wenig von der Beute abzubekommen, die in der sagenhaft reichen Königsstadt Toledo zu erwarten war. Und die Juden der eroberten Städte versicherten dem Berberfeldherrn, er brauche sich um die einst gotischen Siedlungen keine Gedanken zu machen: Sie seien zwar als Juden keine Krieger, aber sie würden in den Straßen für Ordnung sorgen, die Stadtverwaltungen in Gang bringen und mit relativ kleinen Berbergarnisonen das Eroberte für ihn sichern.

Diese vielfach belegte jüdische Hilfe im Hinterland der Kampftruppen war für Tarik außerordentlich wichtig. Die intelligenten und organisatorisch erfahrenen jüdischen Händler sicherten den Nachschub für die inzwischen auf mehr als dreißigtausend Mann angewachsene Stoßarmee, die sich in Richtung auf Toledo durch sehr schwieriges Terrain vorankämpfen mußte. Handel und Feldbau kamen im Rücken der Kämpfer wieder in Gang, die Arbeit befriedete das Land, verhinderte das Entstehen von Marodegruppen und versprach neben einem gewissen Aufkommen an Abgaben auch die Versorgung der Bevölkerung im bevorstehenden Winter. Alles, womit der stürmische Tarik ganz offensichtlich überfordert gewesen wäre, weil es ihm an Erfahrung und an geeigneten Verbänden dafür fehlte, nahmen ihm die starken Judengemeinden der spanischen Städte ab. In dieser Zeit entspannen sich gute Beziehungen zwischen Berbern und Juden, weil die kriegerischen Männer Tariks nicht – wie die Araber – in den Juden Konkurrenten sahen, sondern eher eine Ergänzung. Das Einvernehmen blieb gut, auch als die Araber die Verwaltung von den Juden übernahmen und Berber wie Juden sich nun gemeinsam als zurückgesetzt empfanden: Es war ein Jude, der den ersten Berberaufstand anführte.

Toledo hatte in seiner unvergleichlichen Felsenlage über dem Tajo eine besondere Rolle gespielt, seit es eine spanische Geschichte gibt. Schon die keltisch-iberische, also vorrömische Bevölkerung des Tajotales hatte auf diesem mächtigen Granitblock eine Festungsstadt erbaut, und die Römer hatten sie 192 vor Christus erobert. Auf drei Seiten vom Tajo umflossen, beherrschte das alte Toletum die Römerstraße von Caesarea Augusta nach Emerita, dem heutigen Merida, und war durch seine Klingen berühmt, eine handwerkliche Tradition, die sich beinahe zweitausend Jahre lang erhielt.

Seit dem fünften Jahrhundert schon, als die Westgoten ihr tolosanisches Reich nach und nach auf Spanien ausdehnten, ja dorthin das Hauptgewicht der Verwaltung verlagerten, nahm das römische Toletum den Charakter einer germanischen Metropole an, in der sich katholische Bischöfe und Arianer vertragen mußten, bis die westgotischen Herrscher ebenfalls zum Katholizismus übertraten und das große Konzil von Toledo die neue Glaubenseinheit feierte.

Mit dem Heranrücken des sieggewohnten Tarik schien diese glückliche Phase nun allerdings zu Ende zu gehen. Bischof Sindered jedenfalls dachte nicht daran, die Kirchenschätze in die Hände von Muslimen fallen zu lassen und trug auch – nach allem, was man aus Ecija berichtet hatte – keinerlei Verlangen, in einem Kochtopf der Berber zu enden. Er brachte sich mit vielen Vornehmen in Sicherheit, und die zurückbleibende kleine Besatzung schien keinen besonderen Widerstandswillen entfaltet zu haben, sonst hätte sich die unter damaligen Verhältnissen kaum einnehmbare Stadt erheblich länger verteidigen lassen müssen.

Hier scheint allerdings, wie auch in Cordoba, Verrat im Spiel gewesen zu sein; die Goten waren eben nur eine dünne Oberschicht gewesen, das eigentliche Volk des römischen Spanien hatte keinen Grund, ihnen die Treue gleichsam über den Untergang hinaus zu halten und dabei Schaden zu nehmen. Toledo kapitulierte im Oktober 711, sobald der Vertrag über die Modalitäten der Übergabe geschlossen worden war. Er läßt erkennen, worauf es den Siegern in erster Linie ankam, aber auch, was sie ihrerseits zu gewähren bereit waren. Zunächst mußten alle Waffen abgeliefert werden – in der Waffenschmiede Toledo ein besonders wichtiger Punkt, der den Eroberern eine ganze Reihe herrlichster Klingen in die Hände spielte. Bald würde man sie mit Motiven aus dem islamischen Kulturbereich verzieren und damit den Eindruck erwecken, diese besondere

Kenntnis der Stahlbearbeitung sei aus Damaskus nach Toledo gekommen. Dem aber war eben nicht so.

Der zweite Punkt sah freien Abzug für jeden vor, der bereit war, seine Habe zurückzulassen. Tarik sah voraus, daß sich ein kleiner Völkerstrom aus dem Süden in die Stadt am Tajo ergießen würde, und er sah zweifellos, daß diese Stadt auf ihrem Granitblock nicht erweitert werden konnte. Jeder Christ, der abzog, machte einem Rechtgläubigen aus Nordafrika Platz; wozu also ihn daran hindern.

Jenen, die zurückblieben, wurde die persönliche Sicherheit garantiert, ebenso der Besitz jener Güter, die sie rechtmäßig besaßen. Was den entrechteten Juden weggenommen worden war, konnten diese offenbar zurückfordern. Das ist ein Vorgang, der die Araber nicht interessiert, weswegen man auch in den Chroniken der Sieger nichts darüber hört. Aber es ist denkbar, daß zumindest in der Hauptstadt, unter den Augen des strengen Erzbischofs von Toledo, die eine oder andere Austreibung jüdischer Familien nicht nur, wie in Andalusien, angedroht, sondern tatsächlich ausgeführt wurde, und damit war nun auch die Stunde der Rückerstattungen gekommen.

Mit einem weiteren Punkt, nämlich der Zusicherung unbehinderter christlicher Gottesdienste in den vorhandenen Kirchen, hatte Tarik offenbar mehr zugestanden, als er erfüllen konnte. Denn die Geistlichen der einrückenden Sieger gedachten nicht zu warten, bis die ersten Moscheen errichtet waren, und sie sahen sich auch keineswegs zu besonderem Großmut gegenüber den Unterlegenen veranlaßt. Die Kathedrale von Toledo wurde so, wie wir sie heute vor uns sehen, seit dem Jahr 1226 errichtet, König Ferdinand der Heilige hatte in der nun wieder christlichen Stadt den Grundstein für den herrlichen Bau gelegt. Aber schon in westgotischer Zeit war hier eine Kathedralkirche entstanden, und aus dieser hatten die Muslimen ihre Hauptmoschee gemacht. Eine andere westgotische Kirche, die Moschee wurde, befand sich an der Stelle der heutigen Kirche Cristo de la Luz. Hier hatten die Mauren ihre Moschee Bib Mardum hingebaut; wir erkennen den cordovanischen Kuppelstil noch heute ganz deutlich im Kircheninneren.

Die Christen waren also aus ihrer Hauptkirche vertrieben und durften auch in den ihnen verbliebenen Kirchen nur gegen Abgaben, die allerdings gering waren, weiterhin Gottesdienste abhalten. Die Errichtung neuer christlicher Kirchen wurde in der Kapitulationsurkunde ebenso verboten wie alle Arten öffentlicher Umzüge, Prozessionen und ähnlicher christlicher Veranstaltungen unter freiem Himmel.

Angesichts der religiösen Rechtsprechung im ganzen islamischen Bereich war es für die Christen außerordentlich wichtig, daß sie dieser Gerichtsbarkeit nicht unterstellt wurden, deren bisweilen bizarre Auswüchse uns noch heute aus arabischen Staaten berichtet werden. Die Christen von Toledo brauchten also nicht vor den Kadi, sie behielten ihre eigenen Richter; nur der Versuch, unter den Muslimen Proselyten zu machen, also für das Christentum zu werben, der sollte vor Gerichten der Sieger geahndet werden.

Wir wissen nicht, über welche Bildung Tarik verfügte, aber er mag kundige Berater gehabt haben, die sich über die Bedeutung dieses Punktes klar waren. Denn die damals in der ganzen Mittelmeerwelt bekannt werdende Unbedingtheit und Intoleranz der römischen Christen hatte eine natürliche Folge gezeitigt, die das Zusammenleben mit ihnen außerordentlich erschwerte: Im Bewußtsein, die wahre Lehre zu besitzen, gingen sie seit dem vierten Jahrhundert überall in der Alten Welt gegen Abweichler mit der größten Strenge vor und trachteten dort, wo politische Macht sie zur Koexistenz mit Andersgläubigen nötigte, durch emsige Missionsarbeit an Boden zu gewinnen. Diese nimmermüde römisch-katholische Propaganda hatte im nordafrikanischen Vandalenreich, in dem auch viele Tausende von Berbern lebten, hundert Jahre blutigen Streites geschaffen; daran mag Tarik und mag sein gelehrter Stab gedacht haben, als den Christen von Toledo verboten wurde, auf dem friedlichen Weg der Glaubenspropaganda das nun eroberte Toledo wieder ausschließlich christlich zu machen.

Denn daß diese Stadt eine außerordentlich wertvolle Eroberung war, das sah der an Städte nicht sonderlich gewöhnte Tarik ben Ziyad staunenden Auges mit jedem Tag deutlicher.

Sechshundert Jahre hatten die Römer in Spanien geherrscht, dreihundert nun die westgotischen Könige; beinahe ein Jahrtausend hauptstädtischer Existenz hatten diesen Felsen, der seit vorrömischer Zeit ein festes Schloß trug, zu einem beinahe mythischen Mittelpunkt der ganzen iberischen Halbinsel werden lassen. Die schon damals tausendjährige Stadt war ebenso geheimnisvoll wie unergründlich; die Schätze, die sie in den engen Gassen, hinter den Treppen, in den Kellern und alten Gebäuden barg, ahnte man mehr als man von ihnen sah, und doch verwendeten manche arabische Chronisten wie etwa Jahhja Ben Said viele Seiten ihrer Werke auf eine Aufzählung der Beute. Das wenige, was wir im heutigen Toledo an westgotischen Überbleibseln noch sehen – Schmuckmotive, Pfeilerreliefs in San Salvador –, kann keinen Begriff von dem Reichtum der wichtigsten westgotischen Königs- und Bischofsstadt geben, zumindest zu dem Zeitpunkt, in dem die Mauren sie betraten.

Erzbischof Julian von Toledo, der 690 starb, erwähnt in seiner Lebensgeschichte des Königs Wamba wertvollen Kirchenschmuck, wie ihn die Könige und andere Große des Gotenreiches für die Kirchen gespendet hatten. Die der heiligen Leocadia geweihte Hauptkirche von Toledo war schon in gotischer Zeit ein Hort vieler Schätze, und nur ein kleiner Teil dieses kostbaren Gutes konnte den Mauren entzogen werden. In Torredonjimento in der Provinz Jaën wurde ein reicher Schatzfund gemacht, aus dem freilich schon in den ersten Stunden einige der wertvollsten Stücke auf Nimmerwiedersehen verschwanden; was übrigblieb, zeigt uns aber immerhin, daß es sich um vorarabische, also westgotische Kunst- und Schmuckgegenstände gehandelt hat. Mehr konnte bei einem anderen Schatzfund gerettet werden, der bei Guarrazar in der Provinz Toledo selbst gelang. Er enthielt unter anderem eine herrliche, von König Rekkeswind (653 - 672) gestiftete Votivkrone in prächtigster Goldschmiedearbeit und mit Edelsteinen behängt und weitere massivgoldene Votivkronen aus dem gleichen Jahrhundert, aber von unbekannten Spendern. Die goldenen, mit Edelsteinen besetzten Votivkreuze aus dem Fund von Torredonjimento standen ihnen an Kunstfertigkeit nicht nach.

Steht man heute im *Museo Arqueologico* zu Madrid und betrachtet diese Kunstwerke, dann kann man nicht verstehen, daß die Araber- oder Berberfürsten der südspanischen Emirate jahrhundertelang überzeugt blieben, eine Art Entwicklungsland mit barbarischen Herrschern erobert zu haben, dem sie die Kultur erst bringen müßten. Zumindest durch ihren religiösen Eifer waren schon die Westgotenkönige, also die Vorfahren jener Monarchen, die in der Reconquista die Klingen mit den Mauren kreuzen sollten, an hohe Kunst und Kultur herangeführt worden. Als Barbaren möchte man eher jene bezeichnen, die so ehrwürdige, über Jahrtausende bewahrte Hortfunde dann beraubten und noch in unserer Zeit etwa eine Bronzelampe aus dem Jahr 587 oder die Votivkrone des Königs Swintila für ein paar Peseten Hehlern in die Hände spielten, die sie zerlegten.

So manches besonders wertvolle Beutestück freilich scheint bereits in der Eroberungszeit den Weg ins Dunkel des Privatbesitzes angetreten zu haben, so ein ganz besonders kostbarer Tisch, aus Stein oder Holz, mit Goldblech überzogen, mit Edelsteinen und Perlen reich verziert. Woher die Westgotenkönige solch ein Wunderwerk hatten, läßt sich nur vermuten: die Perlen weisen in die Gegend des Roten Meeres, es muß sich also um ein Beutestück aus ostmittelmeerischen Raubzügen gehandelt haben, das vielleicht schon seit Generationen im Besitz eines gotischen Fürstengeschlechts war.

Diese Kostbarkeit überwältigte in ihrer Schönheit den Feldherrn derart, daß er beschloß, der Stadt, in der sie gefunden worden war, einen entsprechenden Namen zu geben. Seine Schreiber notierten, sie sei fortan die Stadt des Tisches. Da die Städte des in Frage kommenden Gebietes heute wieder ihre spanischen Namen tragen, ist die Frage, um welche Stadt es sich dabei handelte, umstritten geblieben. Wir wissen aber, daß die erste bedeutende Siedlung, die Tarik von Toledo aus erreichte und einnahm, das heutige Guadalajara war. Daraus ist zu erkennen, daß seine Armee nicht dem – bis heute praktisch weglosen – Tajotal nach Nordosten folgte, sondern dem Flußsystem Jamara-Henares. Nach dem Durchbruch durch ein Gebirge – wohl der Sierra Ministra – wurde die Stadt des Tisches dann erreicht, und das deutet doch mit großer Wahrscheinlichkeit auf Medinaceli hin. Die beiden 1200 und 1150 Meter hohen Pässe südlich der Stadt sollten in den späteren Maurenkriegen noch oft eine Rolle spielen, und Medinaceli selbst gilt als die Heimat des namentlich unbekannten Verfassers der Heldenmär vom Cid.

Die Eroberung dieser Stadt legte Tarik Kastilien zu Füßen, die Landschaft, die man oft das Herz Spaniens genannt hat und die es in gewissem Sinn auch bis heute geblieben ist. Aber es war Tarik zunächst nicht vergönnt, den Vorstoß in dieses Herz der Halbinsel, in das wertvolle Kernland zu führen. In Medinaceli erreichte Tarik die Nachricht, daß Musa ibn Nusair mit großer Truppenmacht nun ebenfalls in Spanien gelandet sei. Ein arabisches Heer, in dem die Berber nur Troßdienste verrichten durften, sei in Südspanien an Land gegangen, mit achttausend Fußsoldaten und nicht weniger als zehntausend Reitern so prächtig wie die Armeen, die einst zur Eroberung des nördlichen Afrika aufgebrochen waren. Der inzwischen vierundsiebzigjährige Musa habe noch vor der Überfahrt aus Afrika einem Berg an der Meerenge seinen Namen gegeben, um es Tarik gleichzutun, der sich den charakteristischen Felsen Gibraltars zum ewigen Ruhm gesichert hatte. Das waren Alarmzeichen, das verkündete aufziehende Gewitter. Kastilien lag offen vor Tarik und seiner Armee, aber einen Musa herauszufordern, der mit seinen Reitern bereits auf spanischem Boden stand, das wagte der sonst so mutige Berber denn doch nicht. Er befahl die Umkehr und führte sein murrendes Heer nach Toledo zurück. Nirgendwo konnte er sich besser verteidigen, wenn der schwelende Gegensatz zwischen Arabern und Berbern, wenn die offene Rivalität zwischen Musa und ihm blutig ausbrechen sollte.

Die Erben des Propheten

Wie groß der persönliche Ehrgeiz des alten Feldherrn war, geht daraus hervor, daß er, der Vater tüchtiger Söhne, nicht diesen den Feldzug übertrug, sondern seinem Ältesten, nämlich Abdallah, die Residenz zu Kairuan und damit die Herrschaft über Nordafrika anvertraute, mit der Verantwortung für den Palast und den Harem.

Mit sich nahm Musa die Söhne Abdelaa, Abdelaziz und Merwan und gleichsam als Gallionsfigur für diesen heiligen Feldzug den Greis El Monidher, einen der wenigen noch lebenden Gefährten des Propheten, einen Veteranen der Kämpfe unter Ali, der als Neffe und Adoptivsohn des Propheten als dessen Erbe galt. Ein anderer Anführer, nämlich Hanesch el Sanaani, muß, da er 656 in der berühmten Kamelschlacht von Basra mitgefochten hatte, bei Musas Aufbruch nach Andalusien mindestens gleichen Alters gewesen sein wie Musa, der Feldherr, selbst.

Im ganzen genommen war es die zweite Generation nach Mohammed, waren es jene neuen Häupter einer im wesentlichen zentralarabischen und jemenitischen Aristokratie, die mit ihrem Anhang im Juni 712, also dreizehn oder vierzehn Monate nach Tarik, an Spaniens Südküste landeten.

Auch diese zweite muslimische Angriffswelle stand unter dem Patronat des Grafen Julian von Ceuta, der sich damit als eine Gestalt von ganz besonderer Bedeutung in dieser Weltstunde erweist. Zwar weilte er selbst bei Tarik und stand also nun, im Juni 712, bereits tief in Spanien, aber die arabischen Chronisten berichten übereinstimmend, daß seine Getreuen, also sein in Ceuta zurückgebliebener Stab römisch-hispanischer Offiziere, sich dem Musa ebenso zur Verfügung stellte wie ein Jahr zuvor dem Berber Tarik.

Nach Abu Marwan Hajjan ben Chalaf, einem der verläßlichsten arabischen Geschichtsschreiber, waren es die Gefährten des Grafen Julian, die Musa, dem ungeduldig und zornig auf seine spanischen Ruhmestaten wartenden alten Feldherrn, versprachen, ihm einen Weg durch Spanien zu weisen, auf dem er viel mehr Ruhm an seine Fahnen heften werde als im Jahr zuvor Tarik. Das waren zwar schöne Worte, und gerade die Männer von Ceuta mußten wissen, daß der erste und leuchtendste Ruhm stets dem gehört, der das Meer als Erster überquert; aber es war ein durchaus vernünftiger Rat darin verborgen, denn natürlich hätte Musa ibn Nusair sich niemals dazu bereitgefunden, auf den Spuren der Berber durch Spanien zu ziehen, zehntausend arabische Reiter und die Crème der arabischen Aristokratie durch leergeplünderte Städte zu führen, um schließlich irgendwann von dem lächelnden Sieger Tarik willkommen geheißen zu werden.

Spanien war groß genug für eine zweite Straße zum Ruhm, und Musa schlug sie von Anbeginn an ein. Hatte Tarik Cordoba erobert, so wollte er Sevilla bezwingen, das Hispalis der Alten und seit Hadrian auf beiden Ufern des Guadalquivir gelegen. Aber in diesem zweiten Feldzugsjahr gelangen Überraschungen nicht mehr so vollständig wie nach dem großen Schrecken vom Rio Barbate: Sevilla wehrte sich standhaft, und auch die auf einem Felsen wehrhaft gelegene Stadt Carmo, das heutige Carmona, konnte nur durch Verrat eingenommen werden. Eine Gruppe gotischer Soldaten und Offiziere aus der Garnison von Ceuta begab sich abends vor das Tor und begehrte als angeblich versprengte Truppe aus den Kämpfen um Sevilla Einlaß. Die vermeintlich Verbündeten wurden in die Stadt gelassen, die als etruskische Gründung besonders steil und winkelig angelegt war und sonst nur sehr schwer zu erobern gewesen wäre, und in der Verwirrung über den Verrat drangen schließlich auch die Araber Musas in Carmona ein.

Da inzwischen bekanntgeworden war, daß Tarik Toledo genommen und geplündert hatte, bemühten sich die Chronisten des Musazuges, aus Sevilla ebenfalls eine Hauptstadt des Westgotenreiches zu machen; tatsächlich hatten verschiedene Könige ja hier am Guadalquivir residiert, und nicht selten waren Entscheidungen über innergotischen Streit bei Sevilla gefallen. Als Musa endlich Sevilla erobern konnte, war er so ungeduldig ob des langen Aufenthalts, daß er sich mit der Verfolgung der flüchtigen Besatzung gar nicht mehr abgab, sondern gleich nach Merida weiterzog, wohin sich angeblich bedeutende Kontingente der geschlagenen gotischen Armee gerettet hatten. In Sevilla blieben, wie Ahmed El Makkari in seiner Geschichte Spaniens sagt, »zahlreiche Juden und wenige Moslems« zurück, das heißt, Musa hielt es darin wie Tarik. Er schwächte seine Kampftruppe nicht, sondern vertraute auch große Städte wie Sevilla den Judengemeinden an, deren Abneigung gegen die Westgoten ihm als hinreichende Garantie erscheinen mochte.

Auch um Merida mußten die Araber erbittert kämpfen. Die Stadt war in ihrer Lage am Guadianaübergang schon den Römern so wichtig erschienen, daß sie aus Augusta Emerita, wie der lateinische Name lautete, einen ihrer Hauptstützpunkte im südlichen Spanien gemacht hatten. Merida, noch heute sehenswert, muß den Wüstensöhnen mit dem mächtigen Aquädukt und der steinernen römischen Brücke einen gewaltigen Eindruck gemacht haben, und daß die Goten sich hier hartnäckig verteidigten, ließ die schließliche Eroberung natürlich doppelt wertvoll erscheinen. Erst nach der blutigen Zurückweisung eines Ausfalls und nachdem die Mohammedaner sehr viele Kämpfer verloren hatten, fand sich die Stadt bereit, eine Abordnung zu Unterhandlungen zu schicken. Sie wurde vor Musa gelassen, und die ehrfurchtgebietende Erscheinung des alten Feldherrn in seinem Prunk inmitten seines Hofstaats flößte den Verteidigern soviel Vertrauen ein, daß sie tatsächlich gegen ähnliche Bedingungen wie in Toledo die Stadt übergaben. Beim Einzug in Merida sah Musa erst die volle Pracht der Römerbauten und der westgotischen Paläste, in deren einem Egilona, die Witwe König Roderichs, wohnte. Sie wurde als Geisel in ehrenvolle Gefangenschaft geführt.

Die Gerüchte, daß die Araber vor Merida schwere Verluste erlitten hatten, waren auch bis Sevilla gedrungen und hatten dort zu einem Aufstand geführt. Die kleine arabische Besatzung war schnell überwältigt; achtzig Mann wurden getötet und nur einige wenige entkamen, die Musa die Nachricht von dem Aufstand brachten. Abdelaziz, einer von Musas Söhnen, brach sofort mit der ganzen verfügbaren Reiterei nach Sevilla auf, aber es gelang erst nach großem Blutvergießen, die Ruhe wiederherzustellen und die Stadt fest in die Hand der Araber zu bringen.

Musa mit seinem großen, ausgezeichnet ausgerüsteten Heer hatte es also sichtlich schwerer als Tarik, denn in dem Jahr, das inzwischen ins Land gegangen war, hatten sich die Einwohner über das klar werden können, was ihnen nun bevorstand. Die arabische Eroberung, das war – wie sie nun sahen – etwas grundsätzlich anderes als der Wechsel von Sueben zu Vandalen und von Vandalen zu Goten. Alle diese Germanenvölker waren Christen gewesen, zunächst Arianer, dann Katholiken. Die angestammte römische Verwaltung, an die man sich in vielen Jahrhunderten gewöhnt hatte, war unter ihnen im großen ganzen bestehen geblieben, und die kirchliche Organisation hatte angesichts der Machtverteilung zwischen König und Bischöfen niemals sonderlich viel Druck ausüben können. Was nun kam, was man sich von Toledo nach Cordoba und von Cordoba nach Sevilla weitererzählte, das war unendlich fremd, das war die tatsächliche Aufrichtung einer Fremdherrschaft ohne die Hoffnung, daß diese ihre eigene Religion, ihre Gebräuche und ihr Recht mitbringenden Sieger sich jemals den stärkeren örtlichen Traditionen anpassen würden, wie es die Goten getan hatten. Auch die Sprache würden Araber und Berber gewiß nicht erlernen, während die Goten schließlich alle das Lateinische angenommen hatten, zumindest seit sie dem Arianismus untreu geworden waren.

Die Gleichgültigkeit des ersten Augenblicks und die natürliche Neigung, den Siegern zuzujubeln, waren geschwunden. Ernüchterung, ja Bestürzung breiteten sich aus, und wenn man Tariks Berber noch als einen vorübergehenden Raubzug ansehen konnte, als jene Sarazenen, die ja schon gelegentlich gelandet waren und sich dann, mit Beute reich beladen, wieder empfohlen hatten, so war angesichts des Feldherrn Musa ibn Nusair nun eindeutig klar, daß hier eine Eroberung vor sich ging und die Errichtung eines islamischen Reiches auf dem alten Römerboden der iberischen Halbinsel geplant war.

So waren es denn reichlich gemischte Gefühle, mit denen Musa in dem Städtchen Talabrica – dem heutigen Talavera –, am Tajo westlich von Toledo gelegen, empfangen wurde. Tarik erwartete ihn hier, aber er zeigte sich nicht unterwürfig und auch nicht schuldbewußt. Eben die Schwierigkeiten, auf die Musa nun stieß, bewiesen doch, daß Tarik mit seinem ungestümen Vormarsch das einzig Richtige getan habe. Aber Musa ließ sich nicht besänftigen. Seine Eifersucht, ja seinen Haß gegenüber dem Jüngeren verbarg er nur für die ersten Augenblicke der Begegnung in Talavera, weil dort zu viele Soldaten zusahen und den Armeen nicht eine Szene der Uneinigkeit gezeigt werden durfte; auch fürchtete Musa um seinen Beuteanteil, wenn Tarik zu einer feindseligen Haltung genötigt würde. In scheinbarer Eintracht zogen die beiden also nach Toledo, dort aber entzündete sich der offene Streit – wie nicht anders zu erwarten – an der Beute. Da Gerüchte stets übertreiben, hatte Musa sich wohl unrealistische Hoffnungen gemacht und ungeheure Reichtümer erwartet, um so mehr, als er in Nordafrika ja nicht eben viel Beute hatte machen können. Dem schönsten aller Beutestücke, dem Tisch aus Medinaceli, fehlte jedoch eines der kostbaren Beine. Das Prunkstück war dadurch entwertet und Musa ibn Nusair sah darin eine Absicht Tariks, der schließlich den Tisch erbeutet hatte.

Es kam zu bösen Worten, Tarik behauptete, den Tisch, der ja ein ehrwürdiges Alter habe und darum als Tafel Salomonis bezeichnet wurde, bereits dreibeinig vorgefunden zu haben, und Musa züchtigte angeblich Tarik mit der Reitpeitsche. Obwohl Tarik sein ganzes Heer zum Zeugen dafür aufrufen konnte, daß er die Beute zum größten Teil bereits an die erfolgreichen Kämpfer verteilt und sich nur den ihm zustehenden Anteil genommen habe, beschuldigte Musa ihn, die Beute verschleudert zu haben – also nicht veruntreut: er sah es nur als überflüssig an, die Berber so reichlich daran zu beteiligen. Tarik wanderte ins Gefängnis, ja, er wurde seines Befehlshaberamtes entkleidet, obwohl er sich auf den Kalifen berief und überzeugt war, für die arabische Sache das Beste geleistet zu haben.

Aber bald hatte Musa ernstere Sorgen als die Rivalität mit Tarik und die Suche nach der Beute. Tariks schneller Feldzug hatte das große Land nicht wirklich unterwerfen, nicht nachhaltig befrieden können. Der Aufstand von Sevilla und sein anfänglicher Erfolg wurde ebenso zu einem Signal für das Aufflackern des Widerstands wie die blitzschnell im ganzen besetzten Südspanien auftauchende Gerüchte über den Zwist zwischen den Siegern. In der Erwartung, vielleicht mit den Berbern gemeinsame Sache gegen die Araber machen zu können, hatte vor allem der unbeugsame Graf Theudemir bedeutende Truppenreste aus der Niederlage am Rio Barbate nach Osten geführt und zunächst in den bis heute schwer zugänglichen Bergen um Ronda gesammelt. Hier konnte er den Geschlagenen, geschützt durch Hochpässe und enge Schluchten, neues Selbstvertrauen geben und ihnen vor Augen führen, wie groß Spanien sei und wie klein die Armee der Eroberer. Dann machte er sich mit der zwar zahlenmäßig unterlegenen, aber nun wieder schlagkräftigen Truppe zur spanischen Südostküste auf, die bis dahin von den Eroberern noch nicht heimgesucht worden war.

Mit den dort verbliebenen kleinen Gotengarnisonen und seinen Veteranen vom Rio Barbate leistete er an allen geeigneten Stellen den vorrückenden arabischen Truppen unter Abdelaziz hinhaltenden Widerstand. Heftige Kämpfe gab es vor allem um die Brückenstadt Lorca – sie ist noch heute schwer zu passieren –, aber Abdelaziz bezwang den Rio Sangonera und kreiste den tapferen Theudemir in der Stadt Orihuela ein, die damals Auriola genannt wurde, mit einer vereinfachten Namensform aus dem römischen Aurasiola. Die Stadt wirksam zu verteidigen, hatte Theudemir, eine echte Ekkehard-Figur, nicht mehr Truppen genug, denn den meisten der Seinen war bei Lorca der Übergang nicht mehr geglückt: die schnelle Reiterei des Abdelaziz hatte sie abgeschnitten. Sieg war ausgeschlossen, aber eine gute Verhandlungsposition war vielleicht durch eine Kriegslist zu erringen, denn die Araber liebten den Reiterkampf in der offenen Feldschlacht und verstanden wenig von Belagerungen.

Um eine starke Besatzung vorzutäuschen, hieß Theudemir die Frauen und Mädchen von Orihuela Männerkleider anlegen und die Mauern und Türme der Stadt besetzen. Die Araber, die ja nicht allzu nahe herankonnten, gewahrten hinter jeder Zinne einen Verteidiger und gingen verdrossen auf das Verhandlungsgebot ein: hier im Südosten Spaniens waren die Goten offensichtlich so stark, daß man sie am besten in Ruhe ließ.

Theudemir führte, allerdings ohne sich zu erkennen zu geben, die Unterhandlungen in eigener Person; zu groß wäre für Abdelaziz die Versuchung gewesen, sich des gotischen Waffenmeisters zu bemächtigen und die Stadt damit wehrlos zu machen. Namenlos, aber geschickt verhandelnd, erreichte Theudemir dank der von Verteidigern starrenden Mauern in seinem Rücken die Anerkennung dessen, was wir heute eine regionale Autonomie nennen würden. Die Städte zwischen Lorca und Valencia, also zwischen dem hart umkämpften Rio Sangonera und der fruchtbaren Küstenebene der Huerta, blieben unter der Botmäßigkeit Theudemirs, behielten ihren christlichen Glauben und dessen freie Übung. Sie mußten aber Treue gegenüber dem Kalifen und den neuen Herren Spaniens schwören und sich verpflichten, jeden Anschlag auf diese Herrschaft nicht nur zu unterlassen, sondern bei Bekanntwerden auch zu melden. Wie bei Lehnsverträgen üblich, wurde ein jährlicher Tribut an Naturalien festgesetzt mit einer symbolischen Goldzahlung von einem Solidus für jeden der gotischen Herren und der Hälfte für jeden seiner Pächter. Der kuriose Vertrag ist vom 5. April 713 datiert, hat sich in arabischer Sprache erhalten und ist noch heute in den Casiri-Auszügen in der Escurial-Bibliothek zu finden. Ahmed Amir, der in seiner *Historia Toletana* darüber berichtet, will Abdelaziz natürlich nicht als einen Düpierten in die Geschichte eingehen lassen: der Araberprinz habe nach dem friedlichen Einzug in Orihuela erstaunt gefragt, wo denn die starke Besatzung geblieben sei, worauf Theudemir freimütig zugab, daß er in eigener Person verhandelt und obendrein nicht vorhandene Verteidiger vorgetäuscht habe. Abdelaziz, der den Goten inzwischen aber schätzen gelernt habe, sei dennoch von dem Vertrag nicht zurückgetreten. Orihuela und die anderen namentlich aufgeführten sieben Städte des Gebietes seien weder geplündert noch sonst heimgesucht worden, und nach nur drei Tagen zogen die Araber wieder nach Westen ab.

Inzwischen hatte der ferne Kalif in die bedrohlichen Zwistigkeiten seiner Feldherren eingegriffen, wohl auch die ersten reichen Gaben des Tarik erhalten und die Wiedereinsetzung dieses tüchtigen Berbers verlangt, der ihm ein gutes Gegengewicht gegen den allzu ruhmsüchtige Musa und dessen schlagkräftige Nachkommenschaft zu sein schien. Innerlich noch voll Zorn, aufs tiefste gekränkt, ja beunruhigt, mußte Musa nun das tun, wozu ihn auch seine Unterfeldherren inzwischen immer wieder gedrängt hatten: Er mußte sich in Toledo öffentlich mit Tarik versöhnen, ohne dessen Berberarmee das große Werk einer Eroberung Spaniens keine Aussicht auf Gelingen hatte.

Um seinen Zorn loszuwerden, ließ Musa einige gotische Würdenträger, die Tarik nur gefangengesetzt hatte, nun öffentlich hinrichten. Der Gotenprinz Oppa, ein Sohn des 702 verstorbenen Königs Egica, soll bei dieser Aktion, die sich ja gegen die Paladine des Thronräubers Roderich richtete, eine düstere Rolle gespielt haben, doch ist der Sinn der darauf hinweisenden Stelle eines christlichen Schriftstellers nicht eindeutig.

Wie unsicher viele Nachrichten aus jener Epoche der arabischen Herrschaft noch sind, in der sich selbst die schreibfreudigen Muslimen nicht die Zeit zu Aufzeichnungen nahmen, geht aus einer ziemlich sensationellen Hypothese hervor. Sie wurde 1892 publiziert und hat den Spezialhistoriker Saavedra zum Urheber, der überzeugt ist, Musa habe sich nach dem Treffen in Talavera sogleich nach Nordwesten, nach Salamanca aufgemacht. Von dort hätten nämlich Nachrichten vorgelegen, König Roderich sei dorthin geflüchtet und bemühe sich, in den noch nicht unterworfenen Gebieten den Widerstand zu organisieren. Musa habe dort im Spätsommer 713 tatsächlich Roderich angetroffen und im Kampf getötet, und zwar unweit des Ortes Tamames. Man braucht nur an die vielen Gerüchte zu denken, die nach 1945 über die Fluchtorte der Größen des Hitlerreiches umgingen, um sich die Entstehung solcher Behauptungen erklären zu können; die heftigen Kontroversen darüber haben sich bis 1944 hingezogen, also über mehr als ein halbes Jahrhundert.

Heute nehmen die Autoritäten wieder übereinstimmend an, was bis 1892 als sicher gegolten hatte und auch die größte Wahrscheinlichkeit für sich hat, wenn man Musas Alter und seinen Charakter mitberücksichtigt: Der schmollende Oberfeldherr etablierte sich in der westgotischen Königsstadt am Tajo mit allem Prunk eines regierenden Fürsten und überließ es seinen Söhnen, den einzelnen Unruheherden ringsum nachzugehen. Musas Geist aber gab den Feldzügen im mittleren und nördlichen Spanien ein neues Gesicht. Während der Berber Tarik - wohl nicht nur aus Menschlichkeit, sondern weil er ganz einfach zu schwach mit Mannschaften ausgestattet war - stets getrachtet hatte, hinter der Front wieder normale Verhältnisse entstehen zu lassen und die Bevölkerung nicht durch sinnlose Grausamkeiten gegen sich aufzubringen, befahl Musa die Glaubensausbreitung mit Feuer und Schwert und die gnadenlose Eroberung des Landes, das sich hier ja gar nicht als feindselig erwiesen hatte. Arabische und christliche Chronisten sind sich über die Grausamkeit und die Verwüstungen während dieses Neuansatzes unter Musa weitgehend einig, wenn er auch nicht gerade eine neue Epoche einleitete; es ist ein neuer Abschnitt, in dem die Gegner einander illusionslos gegenüberstehen. Der Schwung des ersten, glückhaften Angriffs ist geschwunden, die harte Arbeit der Durchdringung eines von seiner geographischen Struktur her sehr schwierigen und ausgedehnten Landes hat begonnen. Aus den begeisterten Siegern sind blutige Handwerker geworden, und die römischen und gotischen Gegner der Berber und Araber machen diesen nun jeden weiteren Vormarsch schwerer, als man es erwarten durfte.

Nach dem Winter von 713 auf 714 brachen die beiden Feldherren zu weiteren Eroberungszügen auf, die erkennen lassen, daß sie das ganze Spanien, ja womöglich auch noch das Frankenreich der Lehre des Propheten unterwerfen wollten. Offensichtlich war dies auch der Inhalt einer Botschaft, die neben reichen Geschenken aus der Beute zwei Vertraute des Musa, nämlich der Adelige Ali ibn Rabah und der als Eroberer von Cordoba hervorgetretene Freigelassene Mogaith el Rumi, nach Damaskus bringen sollten.

Musa wandte sich nach Nordosten, weil in Richtung der Mittelmeer-Küste die größeren Städte lagen, weil das Gelände zwischen der Küste und Toledo besser mit Römerstraßen versehen war als das rauhe Galizien und weil im nördlichen Pyrenäenvorland, im Raum von Narbonne, der große Ruhm winkte, den arabischen Vorstoß bis nach Gallien hineingetragen zu haben. Die Eroberung der beherrschenden Stadt des Ebrotales, Caesarea Augusta – des heutigen Saragossa –, brauchte noch die vereinigte Kraft beider Armeen. Sie wehrte sich verzweifelt gegen Musa und gegen Tarik, der erst von dort aus, nach der Eroberung der Stadt, im Ebrotal nach Westen zog. Musa nannte die Stadt Saracosta in einem vielleicht nur lässigen Mundgerechtmachen des römischen Caesarea Augusta und einem demnach zufälligen Anklang an ihren altiberischen Namen *Salsduba*. Der arabische Adelige Hanash al Sanani wurde trotz seines Alters als Statthalter eingesetzt und zeigte deutlich, daß die Muslimen hier zu bleiben gedachten: er ließ eine Moschee erbauen.

Von Saragossa aus beabsichtigte Musa nach Osten zu ziehen, so wie die Römer durch ihre große Straße den Weg gewiesen hatten: über Celsa und Ilerda, das heutige Lerida, an die Küste Kataloniens beim römischen Tarraco. Damit wäre nicht nur das kleine Reich des alten Theudemir im Rücken umgangen und vom Landesinneren abgeriegelt worden, sondern vor allem die große Via Augusta erreicht: die berühmte Küstenstraße, auf der in den großen Zeiten des Römerreiches die Legionen und die Beamten, die Händler und das ewige Wandervolk der Überlandstraßen aus Italien und Gallien zur Baetica hinunterzogen, in das andalusische Paradies der Obstkultur und der Viehzucht. Musa freilich gedachte die alte Straße in der Gegenrichtung zu benutzen, nach Norden zu, wo Septimanien, vor den Pyrenäen gelegen, die Pforte zum Frankenreich bedeutete, wo sich in den Städten mit den heutigen Namen Narbonne, Béziers und Agde reiches bürgerliches Leben entwickelt hatte, wo Weinbau und Handel jene Reichtümer angehäuft hatten, die den Arabern stets eine besondere Verlockung bedeuteten.

Vielleicht hätte niemand diesen Eroberungszug in ein unvorbereitetes Europa aufhalten können; vielleicht war der Angriffsschwung dieser jungen Religion und ihrer begeisterten Jünger allem überlegen, was das Europa im frühen achten Jahrhundert allenfalls ihm hätte entgegenstellen können. Was unseren kleinen Kontinent in jener Weltstunde rettete, war der Starrsinn eines alten Mannes, der fühlte, daß er vom Leben Abschied nehmen mußte, und der dennoch in der Beute aus dem fernen Lande Hispania mit seinen Greisenhänden wühlen wollte: Al-Walid, der Kalif, rief Musa und Tarik vor seinen Thron nach Damaskus.

Die Nachricht kam mit Modaigh, der aus der Kalifenstadt zurückgekehrt war, und Tarik reiste auch unverzüglich nach Damaskus ab – wie sich zeigen sollte eine sehr kluge Reaktion. Auf diese Weise war er nämlich der erste an Ort und Stelle, konnte alle Ereignisse aus seiner Sicht darstellen und wurde von dem gerührten Herrscher denn auch dankbar und anerkennend in die Arme geschlossen.

Musa ibn Nusair scheint die Botschaft zunächst ignoriert zu haben, obwohl immerhin ein Mann wie Mogaith el Rumi sie überbrachte, also ein Gesandter von Ansehen, dem man Nebensächliches nicht anvertraut hätte. Daß Tarik abgereist war, erfüllte Musa noch einmal mit dem alten Selbstvertrauen, wie es ihn in den nordafrikanischen Feldzügen ausgezeichnet hatte. Als der Übergang über die Pyrenäen nördlich von Lerida nicht bewerkstelligt werden konnte, weil die Bergbewohner sich zu standhaft wehrten und die Gebirge sich als unbezwinglich erwiesen, setzte Musa seine Reiterarmee kurzerhand nach Westen in Marsch und zog auf der Römerstraße, die den Duero im Norden begleitet, in die Landschaften Asturien und Galicien. Man hatte ihm berichtet, daß sich die Christen in größeren Massen dorthin geflüchtet hatten – kein Wunder angesichts seiner grausamen Kriegführung –, und er gedachte, mit einer großen Schar christlicher Gefangenen vor seinen Herrn hinzutreten.

Ohne die zwar seit Jahrhunderten nicht mehr unterhaltenen, aber von den Legionen mit soliden Unterbauten wie für die Ewigkeit geschaffenen Römerstraßen wäre der Vormarsch nach Asturica Augusta, dem heutigen Astorga, und weiter in die Küstengebirge wohl zu einem Debakel geworden, vor allem, weil sich der tapfere Graf Pelayo in den Bergen Kantabriens um eine Sammlung der letzten christlichen Streiter bemüht hatte. Auf den Talstraßen aber konnte die arabische Kavallerie doch immer wieder größere Strecken in vergleichsweise kurzer Zeit zurücklegen, und so war denn Musa ben Nusair bis nach Lugo gekommen, ehe ihn eine zweite dringlichere und in schärferem Ton gefaßte Ladung nach Damaskus erreichte.

Das *Lucus* in den Quellen hierüber ist nicht eindeutig; Lucus Augusti ist das heutige Lugo, Lucus Asturum das heutige Oviedo. Auch die Zusätze, die erwähnen, die Araber hätten damit »das große Meer« erreicht, also den Atlantik, den sie ganz richtig als ein Weltmeer einschätzten im Unterschied zum Mittelmeer, auch diese Erläuterungen des Ibn Khalkan schaffen noch keine Klarheit. Oviedo liegt dem Meer zwar ein wenig näher als Lugo, aber auf dem Weg dorthin hätten die Araber die Kantabrische Gebirgskette durchstoßen müssen, während sie auf dem Weg nach Lugo nur der Römerstraße zu folgen brauchten. Auch gab es an der spanischen Biskayaküste in römischen und westgotischen Zeiten nur einen Hafenplatz, das viel weiter östlich liegende Flaviobriga – beim heutigen Bilbao im Raum des Badevororts Portugalete –, während über Lugo die große Römerstraße bis hinaus an die Küste und zu dem wichtigen Hafen Brigantium führt, einer römischen Seefestung an der Stelle des heutigen La Coruña. Es war also schier unmöglich, in

Lugo zu sein und vom Weltmeer nicht zu hören, kannten die Landesbewohner doch sehr genau die Granitinsel mit dem Leuchtturm, der wiederum auf den Handel mit den Küsten Galliens und Britanniens hinweist.

Von Lugo bis Damaskus, das war ein weiter Weg für Musa, und er nahm sich Zeit. Abu Nasr, der zweite Bote des Kalifen, mußte einsehen, daß ein Fürst wie Musa sich aus seinen Eroberungen nicht einfach davonstehlen konnte wie Tarik, der schließlich nur ein Freigelassener war. Musa übertrug den Oberbefehl über das eroberte Spanien seinem Sohn Abdelaziz, bat ihn aber, nicht in Toletum zu residieren, sondern in Hispalis-Sevilla, von wo aus die Schiffsverbindungen mit dem Orient schon recht gut funktionierten. Toletum-Toledo hingegen lag mitten im Land, hinter hohen Bergen, jeder Brief dorthin brauchte um Wochen länger.

Musa gedachte also noch nicht, das Steuer aus der Hand zu geben; sein Sohn sollte sein Statthalter sein, er wünschte Berichte, Informationen, schnelle Nachrichtenwege für die Befehlsübermittlung. Erst als dies gesichert war, schiffte er sich nach Afrika ein.

Musa ben Nusair reiste wie ein König mit vierhundert vornehmen Goten, Männern wie Frauen, die er als Geiseln mit sich führte, und – nach Ibn Khaldun – dreißigtausend weiteren Gefangenen, an welche Zahl man freilich nicht zu glauben braucht. Weder der Schiffsraum noch die Marschverpflegung für solche Menschenmassen standen zur Verfügung. Hingegen ist es mehr als wahrscheinlich, daß Musa tatsächlich das Schönste und Wertvollste aus der Beute heraussuchte, teils für sich selbst, teils um den Kalifen zu blenden und durch Geschenke für sich einzunehmen. Der Tisch von Medinaceli wird bei dieser Gelegenheit wiederum erwähnt, große Mengen von Gold und Juwelen und – übereinstimmend bei nicht weniger als fünf Quellenschriftstellern – »die Kronen der gotischen Könige«. Es muß also außer den ungemein wertvollen und schönen Votivkronen, wie sie im Hortfund von Guarrazar zutage kamen, noch weitere Königskronen gegeben haben, und zwar so viele, daß das Fehlen der vergrabenen Kronen gar nicht auffiel.

Im Jahr 714 näherte Musa sich mit seinem großen Gefolge Damaskus, nach einem Zug durch ganz Nordafrika, auf dem zweifellos ein gut Teil der Gefangenen zugrunde gegangen war, als sich abermals ein Bote bei ihm melden ließ: Soleiman, der Bruder des greisen Kalifen, ersuchte Musa zu rasten, denn der Tod des Kalifen stehe unmittelbar bevor. Soleiman, der designierte Nachfolger, wolle Musa gleich nach der Thronbesteigung selbst empfangen.

Musa war nicht sonderlich überrascht, denn seine Vertrauten am Kalifenhof hatten ihm bereits mitgeteilt, daß der Herrscher nicht mehr lange zu leben habe und aus diesem Grund mit wachsender Ungeduld auf Musa und die spanische Beute warte, denn diese wolle er unbedingt noch zu Gesicht bekommen.

In diesem Dilemma entschied sich Musa, unbeirrt nach Damaskus zu ziehen; er warf sich seinem Herrn zu Füßen und beeilte sich, seine Geschenke zu überreichen, unter denen die sogenannte Tafel Salomos, der Tisch aus Medinaceli, das Prunkstück war. »Musa brachte dem Kalifen den Tisch Salomos und sagte: ich habe ihn erbeutet. Tarik aber widersprach: Nein, o Beherrscher der Gläubigen, diesen Tisch habe ich erbeutet. Sie stritten eine Weile, bis Tarik sagte: Betrachte den Tisch genau, o Beherrscher der Gläubigen, und sieh, ob etwas an ihm mangelt. Dabei stellte sich heraus, daß der Tisch nun zwar alle vier Füße hatte, daß einer davon jedoch aus Gold war, die anderen aus Marmor. Daraufhin holte Tarik den vierten marmornen Fuß aus seinem Gewand, hielt ihn an den Tisch und bewies, daß er den Tisch erbeutet habe. So war Musa als Lügner bloßgestellt, und Tarik erschien als der Spender dieses wertvollen Beutestückes.« (El Razi in seiner *Geschichte der arabischen Fürsten)*

Auf diese Weise wurde Musa um den Lohn gebracht, den er sich erhofft hatte, aber es kam noch schlimmer für ihn. Bald darauf, im Jahr 715, starb nämlich der Kalif Walid tatsächlich, und Soleiman bestieg den Thron. Er hatte Musa nicht vergessen, daß dieser die spanische Beute noch Walid zugespielt und seinen, Soleimans, Befehl mißachtet hatte. Andererseits war

Musa ein verdienter und erfolgreicher Feldherr, so daß Soleiman seine Herrschaft nicht damit beginnen konnte, Musa den Kopf vor die Füße zu legen, wie er es am liebsten getan hätte, um Musas gewaltiges Vermögen einzuziehen. Er mußte sich damit begnügen, den alten Mann einen ganzen Tag lang der gnadenlosen Sonne von Damaskus auszusetzen, am Pranger, wo alle, die ihn beneideten und die er irgendwann bestraft hatte, sich nun an ihm rächen konnten. Außerdem verhängte er über Musa eine Geldstrafe in der Höhe von 100 000 Mithkalen (umgerechnet etwa eineinhalb Millionen DM); daß manche Autoren diese gewaltige Summe noch verdoppeln, dürfte eine der in arabischen Chroniken beliebten Übertreibungen sein.

War es der lange Tag in der Sonne, war es die ungeheure Geldbuße, die man ihm auferlegt hatte, Musa ben Nusair jedenfalls überlebte die ihm angetane Schmach nur noch um ein Jahr: 716 ereilte ihn der Tod, als er auf einer Pilgerfahrt seinen Geburtsort Wadil Kora berührte. Er war nach einem ruhmreichen Leben von beinahe achtzig Jahren dorthin zurückgekehrt, von wo er ausgegangen war. Tarik ibn Ziyad hingegen, den Kalif Walid noch mit seiner Gunst ausgezeichnet hatte, hielt es angesichts dieses Schicksals des mächtigen Musa für klüger, zu verschwinden. Er tauchte mit dem, was ihm von der spanischen Beute geblieben war, irgendwo im Orient unter; nicht einmal Legenden berichten von den letzten Jahren seines Lebens.

Die Herrin der Armbänder

Im Ausklang des gotischen Spanien, im Aufgang der arabischen Herrschaft, gibt es einen seltsamen Brückenschlag zwischen den beiden Völkern. Abdelaziz, von seinem Vater eingesetzter Statthalter der iberischen Halbinsel, heiratet 713 oder 714 die Witwe König Roderichs, eine junge Gotin namens Egilona, die von den Arabern blumenreich als *Herrin der Armbänder* tituliert wird. Vermutlich nahm sie bei der Eheschließung die Religion ihres Gatten an, und, als sie ihm einen Sohn namens Asim gebar, den arabischen Namen Umm Asim, Mutter des Asim.

Roderich hatte erst kurz geherrscht, als die Berber über die Meerenge nach Spanien kamen; er war offenbar ein noch jüngerer Mann gewesen, und Egilona hatte als junge Witwe mit der für den Araberprinzen fremden und herrischen Schönheit der vornehmen Germanin wenig Mühe gehabt, sich den neuen Herrn des Landes zu unterwerfen, das sie – wenn man den arabischen Chronisten glauben will – noch immer als das ihre ansah. In Merida hatte sie sich Abdelaziz in die Hand gegeben und dabei schon soviel Eindruck auf den jungen Feldherrn gemacht, daß er ihr die persönliche Habe, vor allem aber ihren reichen Schmuck beließ, was ihr den vielleicht nicht ganz ohne Mißgunst geprägten arabischen Spitznamen eintrug. Für uns aber beweisen die übereinstimmenden Berichte über die gotischen Schätze, den reichen Hausrat, den Frauenschmuck und die Kronen der Könige, daß dieses Reich der dreihunderttausend Goten in Spanien zumindest der germanischen Oberschicht eine beträchtliche Prosperität eingebracht hatte. Trotz allem inneren Zwist, allen Auseinandersetzungen zwischen den Adelssippen, waren die Goten keinesfalls bankrott oder als Volksganzes gescheitert; sie hatten im Gegenteil einen guten Teil aller Reichtümer der Alten Welt in ihren Städten angesammelt, ganz ähnlich wie etwa gleichzeitig die Vandalen in ihrem nordafrikanischen Königreich und die Ostgoten in Italien. Byzanz unter Justinian und die der neuen Religion des Islam anhängenden Untertanen der Kalifen hatten dann, seit dem sechsten beziehungsweise siebten Jahrhundert, die militärischen Aktionen eingeleitet, die all diese Reichtümer in den Orient holen sollten – was in dem einen oder anderen Fall vielleicht sogar eine Rückkehr bedeutete.

Die schöne Egilona also herrschte mit und durch Abdelaziz nun wieder über Spanien, zwar nicht von Toledo aus, sondern in Sevilla, aber in einem Palast, der als durchaus königlich gelten konne. Das einzige, was sie störte, war, daß sie keinem Alleinherrscher angetraut war, sondern einem Dienstmann – ein echtes Brunhildenmotiv, aus dem denn auch düstere Geschehnisse folgten. Die stolze Gotin drängte Abdelaziz unermüdlich zu königlicher Pracht- und Machtentfaltung, ja, sie soll jenen niedrigen Bogen über dem Eingang zum Audienzsaal erdacht haben, der alle Besucher nötigte, sich in demütiggebückter Haltung ihrem Gatten zu nähern. Nach anderen Quellen habe sie sogar die orientalische Sitte des Prosternierens gefordert, das heißt, daß jeder, der vor Abdelaziz erschien, sich vor diesem zu Boden werfen mußte.

Einer der so Gedemütigten berichtete darüber nach Damaskus, und da Soleiman ja nie lange fackelte, hielt er sich gar nicht erst mit einem jener Ermahnungsschreiben auf, wie sie sein Bruder und Vorgänger Walid gelegentlich nach Spanien geschickt hatte: Soleiman schickte einen Mörder. Der Mann – sein Name ist überliefert – war seiner Sache so sicher, daß er die in eine Moschee umgewandelte Kirche der heiligen Rufina zu Sevilla als Ort seiner Tat ausersah und dort im März des Jahres 716 Abdelaziz während des Morgengebetes tötete. Der Mörder kann nicht allein gewesen sein, denn Freunde und Leibwache des Statthalters versuchten, Abdelaziz zu retten, wurden aber ebenfalls niedergemacht. Ein Vetter des Getöteten war offenbar mit den Mördern im Bund und errang die Statthalterschaft;

das abgeschlagene Haupt des Abdelaziz wurde als Beweis für die Ausführung des Mordbefehls nach Damaskus geschickt. Soleiman ließ es sich dort nicht nehmen, dem alten Musa ben Nusair die grausige Trophäe – den Kopf des Sohnes – vor die Augen zu halten, was das Ende des greisen Feldherren gewiß beschleunigt hat. Was der Nachfolger des Abdelaziz mit der schönen Egilona machte, ist nicht bekannt; jedenfalls hört man von ihr und ihrem Söhnchen Asim seither kein Sterbenswörtchen mehr in den Chroniken.

Die arabische Herrschaft in Spanien beginnt also mit Hader und Mordanschlägen, so wie die gotische geendet hatte. Die Statthalter des Kalifen folgen aufeinander mit beachtlicher Schnelligkeit, viele halten sich nur ein Jahr oder weniger, nur zwei bringen es vor der Jahrhundertmitte auf eine Amtszeit von fünf Jahren. Erwähnenswert ist unter ihnen allen nur ein einziger: El Samah ben Malek el Khaulani, ein Mann, der zweifellos über alle Gaben verfügte, die das hohe Amt verlangte, ja, der einen guten Fürsten für das unterworfene Spanien abgegeben hätte – ein Coniunctivus hortativus, denn die großen Herren des Mittelalters verstanden es bekanntlich nur selten, vorhandene Gaben und Tugenden friedlich zu nutzen. Samah ben Malek hatte seine Herrschaft zwar mit sehr vernünftigen und höchst notwendigen Ordnungsmaßnahmen begonnen. Er hatte das ganze Land, soweit es erobert war, selbst bereist und aufnehmen lassen, darüber eine genaue Beschreibung für den Kalifen verfaßt und auch vermerkt, welche wirtschaftlichen Möglichkeiten und Hilfsquellen bereits vorhanden seien oder noch erschlossen werden könnten. Er hatte die Fünftel-Steuer eingeführt und ihre Eintreibung bei den Christen so geregelt, daß die Steuergelder tatsächlich dem Staat zugute kamen und nicht bei den Einnehmern verblieben; er hatte aus Steinen der Römermauern von Cordoba die damals schon sechshundert Jahre alte Römerbrücke erneuern lassen, so daß wir sie und ihre sechzehn Bogen heute noch bewundern können. Dann aber, als das Nötigste getan und Spanien selbst befriedet und die Verwaltung geordnet war, verlangte es auch diesen bedeutenden und energischen Mann nach dem kriegerischen Ruhm und der Glorie jener Eroberer, die dem Islam neue Länder unterwarfen. Er hob eine starke Streitmacht aus und zog auf der Küstenstraße nach Nordosten, überschritt die Pyrenäen in ihrem niedrigen Ostabfall und warf sich auf das sogenannte Septimanien, jenen Landzwickel zwischen Toulouse, Narbonne und dem Cabo Creus, den die Franzosen heute Roussillon nennen.

Es ist nicht ganz sicher, ob Samah ben Malek der erste Araber war, der die Pyrenäen überschritt, die Chronologie dieser Ereignisse ist umstritten. Übereinstimmend aber sagen die arabischen und die christlichen Quellen, daß Samah ben Malek Narbonne eroberte und plündern ließ und die Einwohner, soweit sie überlebten, nach Spanien schickte. Im Jahr 721 kam es dann vor den Mauern der Stadt Toulouse zu einer mörderischen Schlacht. Die Araber, deren Stärke die Belagerungen nicht waren, hatten Toulouse so lange vergeblich berannt, daß Herzog Odo von Aquitanien Zeit gehabt hatte, ein Ersatzheer zu sammeln. Salah ben Malek wurde tödlich verwundet, die Stadt Toulouse gerettet, der Arabersturm aber nur abgelenkt: die Bedrohung der französischen Städte blieb mit kurzen Intervallen bestehen. Schon unter Salah ben Maleks Nachfolger wurde Carcasonne erobert, das uns noch heute mit seinem doppelten Mauerring als eine imposante Festung erscheint, und im Jahr 726 stießen die Araber aus Spanien sogar bis Autun vor, kamen also bis auf 85 Kilometer an das burgundische Dijon heran. Damit waren die Razzien, die schnellen kriegerischen Vorstöße mit dem Hauptziel des Beutemachens, bis tief ins Frankenreich hinein ausgedehnt worden, aber Spanien selbst hatte keinen Vorteil davon. Das arabische Spanien hätte die friedliche Verwaltung unter einem Mann wie Salah ben Malek dringender gebraucht.

Aber nun gibt es tote Araber, Tausende von toten Streitern des Glaubens, und damit kommt in den kriegerischen Sinn der Wüstensöhne ein ganz neues Moment, das das Mittelalter be-

Rechts: Die Costa del Sol bei Almuñecar. Die spanische Südküste, wie sie sich den maurischen Eroberern zeigte.
Nächste Seite: Die Moschee von Cordoba. Die Fassade des Mihrab mit Schrift- und Pflanzenmosaiken.

herrschen wird: das Verlangen nach Rache. Aus der großen iberischen Halbinsel, die noch keineswegs über eine wohlgeordnete Verwaltung verfügt, in der sich die neuen Herren noch kaum eingelebt haben – seit der Schlacht am Rio Barbate sind erst gute zehn Jahre vergangen –, aus diesem eben unterworfenen Spanien heraus treten die Araber zu immer neuen Kriegen in Gallien an mit einer Ausdauer, mit einem Selbstvertrauen und einem Mut zur Selbstvernichtung, wie sie erst in den Kreuzzügen wieder in Erscheinung treten werden.

Es kommt zu den seltsamsten Verbindungen quer über den Hauptkamm der Pyrenäen; hinüber und herüber wogen Kämpfe, knüpfen sich schnell geschlossene Bündnisse, und nicht selten genügt ein hübsches Mädchenantlitz, um die Fronten zu verkehren und Halbmond und Christenkreuz nebeneinandertreten zu lassen: Auf einer Razzia in den Bergen war es, daß eine junge Dame von hoher Geburt einem Araberführer in die Hände fiel; es stellte sich heraus, daß sie eine Tochter des Herzogs Odo von Aquitanien sei, des Siegers von Toulouse. Welch eine Gelegenheit, sich an dem Araberschlächter zu rächen, sein Liebstes den Troßbuben zum Spiel zu überlassen, bis das Mädchen tot ist und man dem Vater nur noch einen blutigen Menschenstumpf zuzuschicken braucht! Aber es kommt ganz anders, die Prinzessin unterwirft sich dem Araber, er bittet um ihre Hand und verbindet sich mit dem Christenherzog gegen einen glücklicheren Rivalen, der inzwischen arabischer Statthalter von Spanien geworden war. Auch Odo selbst ist nicht zimperlich; ärgert ihn der herrische Karl, der später Karl Martell genannt werden wird, so sucht er Stütze bei den Muslimen jenseits der Pyrenäen, und so spielt man mit Freundschaften und Feindschaften, bis das Volk in den Bergen aufsteht und selbst sein Recht sucht, den arabischen Eidam des Odo erschlägt und die abtrünnige Prinzessin an Abderrahman weiterschickt, den energischen Statthalter südlich der Gebirge. Der betrachtet das ansehnliche Beutestück, ist aber wohl selbst gut

Links: Der Alcazar von Sevilla. Säulenstellung im Gesandtensaal mit Blick in den Garten.

Vorherige Seite: Die Moschee von Cordoba. Die Mittelkuppel der Kibla ist mit byzantinischen Mosaiken ausgeschmückt.

versorgt und schätzt auch Herzog Odo nicht, mit dem er bald die Klingen kreuzen wird: die aquitanische Prinzessin tritt den weiten Weg in den Harem des Kalifen an und verschwindet aus dem Gesichtskreis der Geschichtsschreiber.

Der Ort, wo dies alles geschah, ist einer der schönsten im ganzen Grenzgebiet und heute einer der friedlichsten, denn hier besitzt Spanien eine dreiecksförmige Enklave auf französischem Gebiet, und von den Berghängen zwischen Puigcerda und Font Romeu schwingen sich die Skifahrer ins Tal der Cerdagne, wo die Autoschlangen aus Frankreich nach Süden streben: der Paß ist geblieben, die Prinzessin ging auf Nimmerwiedersehen.

Abderrahman, wir wissen es aus dem Schulunterricht, warf alles vor sich nieder, um Rache zu nehmen und um Gallien zu erobern, das inzwischen zu einem Frankenland geworden war und vom Hausmeier Karl regiert wurde. An der Dordogne stellte sich Herzog Odo und wurde vernichtend geschlagen; da er aber noch bis 735 lebte, sah er noch oder erfuhr, wie sein Land verwüstet und von den rachedürstenden Arabern mit grausamster Kriegführung überzogen wurde.

Sankt Hilarius, die berühmte Kathedralkirche von Poitiers, ging in Flammen auf, auch wenn die Stadt selbst nicht ganz von den Arabern erobert wurde. Die Schätze der Martinsklöster von Tours blieben den Arabern ebenfalls verwehrt. Denn hier, an der Loire, hatte Karl, der Hausmeier, seine eilends zusammengeraffte Armee aus Burgundern und Franken aufgestellt, und die Reitertruppen der beiden Heerführer hatten bei verschiedenen Gelegenheiten Kampfberührung miteinander.

Abderrahman war nicht der blutrünstige Haudegen, den so mancher verschreckte Mönch in seiner Chronik aus ihm machen will; man weiß, daß er vor dem Beginn des großen Feldzugs als Statthalter mit Großmut und Gerechtigkeit tätig war; aber Kriege haben ihre eigenen Gesetze, und vielleicht hätte es eines härteren Feldherrn bedurft, um der Truppe nach Wochen widerstandslosen Plünderns ihre Kampfkraft wiederzugeben.

»Abderrahman und andere weise Reiterführer sahen die Unordnung der mohammedanischen Truppen«, schreibt ein arabischer Historiker, »welche mit Beute beladen waren, aber sie wagten es nicht, das Mißfallen ihrer Soldaten zu erregen durch den Befehl, alles liegen zu lassen außer ihren Waffen und die Schlachtrosse nicht zu beschweren. Abderrahman vertraute auch auf die Tapferkeit seiner Krieger und auf das gute Glück, welches ihn bis dahin immer begleitet hatte. Solch ein Mangel an Disziplin ist jedoch immer verhängnisvoll für ein Heer. Abderrahman und seine Krieger griffen die Stadt Tours an, um noch mehr Beute zu gewinnen, und sie kämpften so gewaltig, daß sie die Stadt beinahe vor den Augen der Armee, die zu ihrer Rettung heranmarschierte, noch erstürmten. Die Wut und die Grausamkeit der Rechtgläubigen gegen die Giauren in der Stadt war wie die Wut und die Grausamkeit rasender Tiger. Es war augenscheinlich, daß Gottes Strafe solchen Übertretungen folgen mußte, und das Glück wandte daraufhin den Muslimen den Rücken.«

Das ist einer der ganz seltenen ausführlichen Berichte über das Debakel der arabischen Armee, den uns die sonst nur bei siegreichen Schlachten so wortgewaltig schwelgenden arabischen Historiker geben; und wenn auch weder Poitiers noch Tours erobert wurden, so nutzen die Araber die Tatsache, daß sich in den Vororten außerhalb der Mauern Kämpfe abspielten, dazu aus, die schwere Niederlage durch eine letzte große Waffentat zu beschönigen. Bezeichnend ist, daß die Grausamkeit der im Angesicht der Entsatzarmee kämpfenden arabischen Sturmtruppen dabei keineswegs kaschiert wird. Möglich ist auch, daß die in Kampf und Beutegier verbissenen Araber den Aufmarsch Karl Martells am Nordufer des Flusses zu spät bemerkten oder in seinem Umfang nicht erkannten, denn das Nordufer des Flusses steigt unmittelbar nach der Loirebrücke ziemlich steil an; der Hügelrand verdeckte aber die herannahenden Franken, während die vor Tours kämpfenden Araber vom Hochufer aus gut zu überblicken waren.

Abderrahman jedenfalls hatte praktisch keine Möglichkeit, seine im Blut- und Beuterausch verstreuten und rings um

Tours mit Vergewaltigungen beschäftigten Reiter zusammenrufen, als Karl Martell unterhalb von Tours, durch Buschinseln gedeckt, über den breiten, aber seichten und in vielen Armen dahinströmenden Fluß ging, um die Belagerer von Tours im Rücken zu fassen.

»Bei dem Flusse Owar (= Loire) standen die beiden großen Heere der zwei verschiedenen Sprachen und Glaubensbekenntnisse einander gegenüber«, fährt der arabische Chronist fort. »Die Herzen Abderrahmans, seiner Offiziere und Soldaten waren erfüllt von Zorn und Stolz, und darum begannen sie als erste den Kampf. Die mohammedanischen Reiter stürzten wütend und in großer Zahl auf die Bataillone der Franken ein, welche jedoch kräftig widerstanden, und von beiden Seiten fanden viele bis zum Untergang der Sonne den Tod. Die Nacht trennte die beiden Heere, aber mit dem Morgengrauen erneuerten die Muslimen die Schlacht. Ihre Reiter hatten sich bald den Weg bis zur Mitte des christlichen Heeres gehauen; aber viele unserer Streiter fürchteten für die Sicherheit der großen Beute, welche sie in ihren Zelten aufgehäuft hatten, und ein falsches Gerücht ging durch die Reihen, daß einige der Feinde bis zum Troß durchgebrochen seien und nun das arabische Lager plünderten. Daraufhin verließen verschiedene der arabischen Schwadronen die Schlachtreihe und ritten ab, um das Lager und die Beute zu schützen. Daraus entstand für die Verbleibenden wiederum der Eindruck einer Flucht, und das ganze Heer geriet in Verwirrung. Während Abderrahman sich mit seinen Offizieren bemühte, die Ordnung wiederherzustellen und die Reiterei in die Schlacht zurückzuführen, umdrängten ihn die fränkischen Krieger, und er fiel, von zahlreichen Speeren durchbohrt. Bei diesem Anblick floh das arabische Heer vor dem Feinde, und viele der unseren starben auf dieser Flucht.«

Nach einer christlichen zeitgenössischen Darstellung hätten die Franken, als sie nach einer nächtlichen Kampfpause am Morgen weiterstreiten wollten, das arabische Lager in voller Ordnung, aber vollkommen leer vorgefunden: die Araber hätten sich im Schutz des Dunkels mit ihrer Beute aus dem Staub gemacht. So oder so, die Beute hatte jedenfalls eine entscheidende Rolle gespielt und wieder einmal bewiesen, daß reiche Soldaten schlechte Kämpfer sind...

Irgendwann im Oktober 732, dem Monat mit dem niedrigsten Wasserstand der Loire, und irgendwo zwischen Poitiers und Tours, war ein Bastard, unehelicher Sohn des Pipin von Herstal, zum Retter des Abendlandes aufgestiegen, und man hat eben über dieser großen Tat gelegentlich vergessen, daß er dieses von ihm mit energischen Hammerschlägen geschmiedete Reich keineswegs nur gegen die Araber, sondern auch gegen Friesen und Sachsen, gegen Thüringer und Bayern festigen mußte, und daß er den Grundstein zu dem legte, was sein Enkel Karl, auch Charlemagne genannt, so großartig vollenden würde.

Für unser Thema hingegen ist die Niederlage von der Loire keine so tiefe Cäsur, wie die Schulbücher es uns glauben machen. So bewegt die arabische Welt sich ausnimmt, wenn man sie im Detail und aus der Nähe betrachtet, so kräftig und ungebrochen sind die Konstanten, sind die seit der Hedschra in ihr waltenden offensiven Kräfte, denn sie haben keine politischen, sondern religiöse Ursachen. Die Politik kann für Jahrzehnte, ja Jahrhunderte zur Ruhe kommen und zumindest ihren expansiven Charakter verlieren, wie es uns jene einst mächtigen und einflußreichen Staaten beweisen, die heute bedeutungslose Anhängsel der Weltpolitik geworden sind. Der religiöse Impetus, der ewige, aus der Lehre selbst kommende Auftrag, sie zu verbreiten und zum Sieg zu führen, erlischt hingegen nie. Der Islam hat keine Missionare wie die christlichen Kirchen und Sekten, aber er hatte zu allen Zeiten seine Soldaten, ob sie nun unter der Fahne des Propheten durch das Frankenreich stürmten oder im eleganten Gesellschaftsanzug und ohne die Stimme zu erheben die Ölpreise erhöhen.

Für dieses eine Mal waren die Araber geschlagen: sie hatten sich, kaum nennenswert verfolgt, auf vielen Wegen nach Süden zurückgezogen, aber unverlierbar in der Erinnerung behalten, wie herrlich es war, in die reichen Städte des südlichen Frankenreichs einzubrechen, in den gepflegten steinernen Häusern Beute zu machen und die schönen Frauen und Mädchen aus Narbonne und Béziers, aus Agde oder Maguelonne wegzuschleppen. Aus dem westlichen und nördlichen Frankenreich vertrieben, werden sie darum doch immer wieder längs der Mittelmeerküsten ins Languedoc und in die Provence vorstoßen, Nîmes, Avignon, Uzès und andere berühmte Städte erobern, von Karl Martell abermals geschlagen werden und dennoch nicht aufgeben: Noch im neunten Jahrhundert, ja sogar an seinem Ende, werden die Araber feste Stützpunkte in der Provence haben und in Ligurien; sie werden über die Alpenpässe bis in die Schweiz vorstoßen, wo noch heute der Ort Pontresina, die »Brücke der Sarazenen«, an sie erinnert, und sie werden wegen des Fehlens einer organisierten militärischen Abwehr jahrzehntelang in kleinen Reichen wie dem von Forcalquier oder Fraxinetum Landschaften beherrschen, die wir heute alle aus unseren Ferienzeiten kennen und die uns unzweifelhaft und ungefährdet europäisch anmuten – die Provence der großen Lavendelfelder ebenso wie das Saint Tropez der unbeschwerten Sonnenanbeter.

Im Rücken dieser seltsamen arabisch-christlichen Gemeinschaftsexistenz mit ihren bisweilen geradezu absurden Arrangements zwischen arabischen Kriegern und christlichen Bauern vollzog sich jedoch ganz langsam die Vorbereitung jener großen Gegenbewegung, die einst *Reconquista* genannt werden wird. Sie ist ein von vielen Rückschlägen unterbrochenes, ein dreiviertel Jahrtausend beanspruchendes Unternehmen, in dem wiederum die armen Soldaten Sieger über die reichen Soldaten sein werden, in dem die halbbarbarischen Kleinkönige karger Bergherrschaften zur Rückeroberung der reichen Gebiete der Halbinsel antreten, obwohl und weil sich dort, im fruchtbaren Süden, inzwischen eine strahlende Kultur entfaltet hat.

Bis heute ist das nordspanische Baskenland für Reisende nicht sonderlich gemütlich; kaum hat man die Autobahn verlassen, kann es einem passieren, daß man auf Waffen untersucht wird, und wendet man sich von Arriondas über Cangas de Onis nach Süden, hinein in die prachtvolle Wildnis der Picos de Europa, so stößt man auf verschiedene Posten der Guardia Civil, die diesen heiligen Bezirk, die Keimzelle der Reconquista, gegen den baskischen Nationalismus schützen.

Da die arabischen Historiker sich über ihre Niederlagen standhaft ausschweigen, wissen wir von den Kämpfen in diesen Küstengebirgen zunächst sehr wenig. Es ist bis heute keineswegs sicher, ob die Araber jemals die ganze Küstenlinie von Santander bis Ribadeo besetzt hatten, und die eigentliche Gebirgszone wurde von ihnen zweifellos nur dort betreten, wo dies sein mußte, um Verbindungswege zu den Hafenorten zu sichern.

Der Gote, der diesen Umstand zur Errichtung einer kleinen Restgemeinschaft nutzte, konnte sich nicht auf eine schlagkräftige Armee stützen wie Theudemir, der in dem ausgedehnten südostspanischen Küstengebiet zwischen Valencia und Lorca ein eigenes Reich aufrichtete und vertraglich absicherte. Hier im kantabrischen Norden gab es zwar Verstecke, aber keine Subsidien, gab es Höhlen, aber keine reichen Städte, gab es Überleben, aber kein Erstarken. Die Picos de Europa, wie sie heute heißen, waren zunächst nichts anderes als eine Zuflucht für Don Pelayo, wie die Spanier heute ihren Nationalheros nennen.

Graf Pelagius entstammte zweifellos gotischem Adel; er war vielleicht ein Sohn jenes Herzogs Favila, den der vorletzte Gotenkönig Witiza hatte ermorden lassen, was ein Grund dafür sein mag, daß wir Pelagius unter den treuesten Anhängern des Thronräubers Roderich finden. Kurze Zeit als Geisel aus dem gotischen Hochadel bei den Arabern gehalten, entfloh Pelagius, sammelte versprengte Truppenteile und führte sie durch das unwirtliche Nordwestspanien bis hinauf in die Küstengebirge.

Sieben Jahre etwa ließen die Araber, die genug zu tun hatten, ihn dort in Ruhe, und weder Tarik noch Musa erwarteten sich besondere Reichtümer von diesem nebligen Bergland an der stürmischen Biskaya, dessen Schätze ja tief im Verborgenen liegen. Um 718 kam es zu den ersten Vorstößen arabischer Erkundungstrupps und damit zu den für die Araber wohl ziemlich überraschenden Kampfberührungen mit Pelayos Truppen, die man zuerst für wilde Bergbewohner ähnlich jenen in den Pyrenäen hielt, bis es den Arabern gelang, Gefangene zu machen und den wahren Sachverhalt herauszufinden.

In den Pyrenäen hatten sich die arabischen Armeen immer wieder blutige Köpfe geholt; darum ließen sie die Basken, damals Vasconen geschrieben, weitgehend unbehelligt als einen neutralen Volksstamm, von dem sich ja bald herausstellen sollte, daß er selbst dem großen Frankenkarl völlig ehrfurchtslos seine schwerste Niederlage beibringen würde. Basken also waren die Männer um Pelagius nicht, und zahlreich waren sie auch nicht. Zeitweise sollen es nur zwanzig Goten mit ihren Frauen gewesen sein, die Pelayos Miniaturreich bewohnten und sich von wildem Honig, Bachforellen und Früchten ernährten. Selbst Bischof Oppa, der die Araber inzwischen kannte und wußte, daß sie in Pampluna und in Oviedo die christlichen Kirchen nicht angetastet hatten, selbst dieser Bischof gotischen Blutes also kletterte einmal zu Pelagius-Pelayo hinauf in die Bergwildnis und bat ihn, seinen Widerstand aufzugeben, der für die ganze Gegend nur Gefahr bedeute und die Araber nervös mache, die nun einmal die Herren seien.

Aber Pelayo, von den arabischen Chronisten »ein Querkopf mit ein paar Dutzend Eseln« genannt, gab nicht auf, bis schließlich die Araber eine starke Abteilung gegen ihn schickten. Nicht zweihunderttausend Mann, wie man in christlichen Chroniken lesen kann, nicht zwanzigtausend, was etwa aus einem Schreibfehler resultieren könnte, sondern höchstens zweitausend, aber immer noch viele Streiter für ein enges Tal.

Don Pelayo war ein gebildeter Mann; zweifellos wußte er, wie hartnäckig und wie erfolgreich die keltiberische Bevölkerung Spaniens sich gegen die weit überlegene Bewaffnung und Organisation der Römer verteidigt hatte, und allzuweit von jener Heldenstadt Numantia, an die nun, unter den Arabern, alle dachten, lag ja auch die Höhle von Covadonga nicht, die Pelayo und seine kleine Truppe sich als Zuflucht gewählt hatten.

Die Waffen der etwa dreihundert Kämpfer waren die der Bergbewohner, nicht der Goten: sie hatten sich Schleudern angefertigt und jene kleinen Lanzen, mit denen jeder, der das Gebirge durchqueren mußte, sich gegen Bären und Wölfe zu wehren verstand. Daneben gab es die Dolche und Pfeil und Bogen. Es handelte sich also zu einem guten Teil um Fernwaffen, und das war auch notwendig, denn während die Araber die offene Schlacht suchten, bestand die Chance der Christen darin, sie möglichst so lange zu vermeiden, bis die Angreifer nicht mehr so stark überlegen waren.

Die Schlacht von Covadonga, die inzwischen so emsig studiert wurde und diesseits wie jenseits des Ozeans gelehrte Kommentatoren gefunden hat, ist dieser Kampfesform wegen gewiß nicht auf einen einzigen Tag anzusetzen, und da wir ohnedies nicht wissen, ob sie 722, 723 oder 724 stattgefunden hat, kann auch das genaue Datum keine Bedeutung haben. Immerhin war es ein bedeutendes arabisches Kontingent, das der Gouverneur von Gijon in die Berge entsandt hatte, und vermutlich verfolgten die Einheimischen, die alle Don Pelayo

Covadonga und die Basilika »Virgen de las Batallas«. Stich des 19. Jh.

kannten, angstvoll und durch Wochen den arabischen Nachschub in die Täler der Picos de Europa. Sie bekreuzigten sich, denn nun kämpfte der tapfere Graf wohl seinen letzten Kampf. Aber als sie sich eben eingestanden, daß nun auch die letzte Hoffnung für das christliche Spanien geschwunden sei, da kamen die ersten Araber mit blutigen Köpfen in die Ebene heraus, humpelten zu ihren Feldschern und berichteten, noch immer vor Angst zitternd, von den Geistern an den Berghängen und dem Verderben, das aus Höhen und Höhlen auf sie niedergegangen war.

Eine christliche Chronik, unter König Alfons III. niedergeschrieben, schildert den Höhepunkt der langen Auseinandersetzung zwischen Don Pelayo und den Arabern wie folgt:

»Pelayo befand sich mit seinen Leuten im Berg Auseva, als das (arabische) Heer erschien und seine zahllosen Zelte vor dem Zugang zur Höhle aufschlug. Bischof Oppa stieg auf eine Anhöhe gegenüber der Santa Cueva und rief: ›Pelayo, wo bist du?‹

Dieser antwortete aus einer Felsspalte heraus: ›Ich bin hier!‹

Der Bischof fuhr fort: ›Ich glaube, es ist dir nicht verborgen geblieben, wie das gesamte Heer der Goten den Sarazenen nicht zu widerstehen vermochte. Wie also willst du Widerstand leisten in diesem Berg? Höre meinen Rat und laß ab! Auf der Seite der Mauren wirst du dir Ruhm erwerben und in den Genuß großer Güter kommen, wie so mancher gotische Graf.‹

Pelayo aber antwortete: ›Du mußt es doch gelesen haben in der Heiligen Schrift, daß die Kirche des Herrn dem Senfkorn gleicht, aus dem, so klein es auch ist, durch Gottes Erbarmen Größeres hervorwächst als aus anderen Samen? Unsere Hoffnung liegt in Christus. Aus diesem Berg und aus meiner kleinen Streitmacht wird die Rettung kommen für das gotische Volk und für Spanien. Christi Erbarmen wird uns von jenen Scharen befreien, die ich verachte!‹

Da wandte sich Bischof Oppa achselzuckend zu Alcaman, dem Oberbefehlshaber der Araber, und sagte: ›Ihr habt gehört, was Don Pelayo mir geantwortet hat. Bereitet euch zum Kampf!‹ «

Auf diese Einleitung nach klassischem Vorbild – auch vor die Schlachten auf den Katalaunischen Feldern oder am Rio Barbate sind Feldherrenreden gesetzt, die meist nur wenig authentisches Material enthalten – folgt in jener Chronik eine dramatische Schilderung der Schlacht, die jeder, der jemals die Talschlucht von Covadonga besucht hat, als reine Legende erkennen muß. Hier konnten keine hundertfünfzigtausend Araber aufmarschieren, und hier konnten auf dem Rückzug nicht dreiundsechzigtausend von ihnen durch einen Erdrutsch vernichtet werden, der sie in das Flüßchen Deva drückte. Im übrigen aber konnte das Tal durchaus eine Todesfalle werden – auch für eine sehr stark überlegene arabische Expeditionstruppe. Im Feindesland geschlagen werden, im Feindesland mit Verwundeten und einem Troß einen Rückzug vorzunehmen, das mußte angesichts der wilden Begeisterung der Gebirgsbewohner für Don Pelayo tatsächlich zu einem Debakel für die Araber führen.

Die Folge der Schlacht von Covadonga war zweifellos eine lokale Erhebung, die den ganzen nordspanischen Küstenbereich zwischen den späteren Städten Oviedo und Gijon befreite. Im Norden die schwer zu befahrende stürmische Bucht von Biscaya, im Süden die unwirtlichen und beinahe weglosen Gebirge, so konnte Pelayo tatsächlich das erste der neuen christlichen Reiche begründen, denn Theudemirs Reservat war ja ein Lehen der Araber an einen standhaften Goten und bedeutete für die arabische Herrschaft keine unmittelbare Gefahr.

Aus den drei Dutzend wilden Eseln und dem einen Querkopf war tatsächlich so etwas wie ein fruchtbares und fruchttreibendes Senfkorn geworden, ein kleines, festes Königtum, dessen erster Monarch Pelayo selbst war. Vermutlich hatte er ohnedies königliches Blut durch die enge Versippung innerhalb der westgotischen Hochadelsgeschlechter; aber eifrige Genealogen haben aus diesem letzten gotischen Helden auch den ersten spanischen Monarchen gemacht, einen Enkel des Westgotenkönigs Chindaswinth und den Begründer einer Dynastie, von der auch die ruhmreichen kastilischen Könige abstammen.

Nun, das sind verzeihliche Liebedienereien, über die ein Felix Dahn sich im vorigen Jahrhundert noch alterieren konnte; wir wissen inzwischen alle, daß auch die berühmtesten europäischen Dynastien keine lupenreine Deszendenz vorweisen können, ja, daß es nicht selten die einst vielumraunten Unregelmäßigkeiten waren, denen so manches alte Geschlecht einen gewissen Auftrieb verdankte.

Wichtig ist und bleibt an Pelayo, an seinem sensationellen Alleingang und an der Herrscherreihe, die er begründet, daß der christliche Brückenkopf im arabischen Spanien nun zur Institution wird. Fortan beginnen die Araber von der Vorstellung abzugehen, sie könnten sich tatsächlich die ganze Halbinsel unterwerfen, woraus wiederum folgt, daß die kleine Christeninsel im Norden einen natürlichen Drang zur Expansion entwickeln muß. Wer läßt sich schon gerne jahrein, jahraus auf einen schmalen Küstenstreifen an der Biscaya beschränken...

Pelayo I. blieb auch als König in den Bergen, und zwar in Cangas de Oniz, was die Vermutung nahelegt, daß draußen an der Küste die Araber noch die Oberhand hatten. Der heute so freundlich wirkende kleine Ort muß damals eine Pforte zur tiefen Wildnis gewesen sein, denn Pelayos Sohn Favila, der im Jahr 735 Nachfolger seines Vaters in der jungen Königswürde geworden war, wurde bei dem Dorf Luevas, nur eine halbe Wegstunde von Cangas entfernt, von einem Bären getötet. Nach den Königen Fruela und Aurelio, der 774 gestorben war, hatte sich der christliche Bereich in Nordspanien immerhin so erweitert, daß Oviedo zur Residenz erwählt werden konnte. Mindestens drei Kirchen, Santullano in der Stadt und zwei andere auf dem Monte Naranco, erinnern an diese Frühzeit Asturiens und gleichen mehr Königshallen als christlichen Gotteshäusern.

Daß dies alles möglich war, daß diese Keimzelle des Widerstands und der Rückeroberung nicht von der überlegenen militärischen Macht der Araber hinweggefegt wurde, hat seine Ursache freilich nicht nur in der Härte und der Tapferkeit dieser asturischen Helden, von denen man gern wesentlich mehr wüßte, als uns überliefert ist. Die Hauptgründe für die Atempause, die den Christen gegönnt war, schufen die Sieger selbst: auf die Kunst friedlichen Zusammenlebens verstanden sich die Araber nämlich damals ebensowenig wie heute.

Abgesehen von den alten Reibereien zwischen einzelnen einflußreichen Araberstämmen gab es vor allem und noch immer den Gegensatz zwischen Berbern und Arabern. Er war nicht erst durch die Rivalität zwischen Tarik und Musa entstanden, sondern datierte schon aus der Zeit, in der beide Völker auf nordafrikanischem Boden sich gegenüberstanden.

Nun, da Spanien so gut wie erobert war, da das weite und fruchtbare Andalusien von einer zwar lauten, aber zahlenmäßig nicht sehr starken arabischen Oberschicht überzogen worden war, mußten die Berber erkennen, daß sie die blutige Hauptarbeit geleistet, von der Beute aber nicht eben die besten Stücke abbekommen hatten. Arabischer Adelsdünkel und die Notwendigkeit, sich unter den Goten Freunde zu machen, hatten dem eingesessenen Germanenadel einen großen Teil seiner Güter und Grundstücke gesichert. Mögen die Goten, die sich mit den Arabern arrangiert hatten, auch nicht sehr zahlreich gewesen sein, so wissen wir doch zum Beispiel aus der Ansprache des Bischofs Oppa an Pelayo, daß die Araber dort, wo kriegerische Auseinandersetzungen langwierig und verlustreich zu werden drohten, die Gegner ganz einfach kauften, ihnen Besitz versprachen und ungestörtes Leben als Christen. Wer dies akzeptierte, wurde zum unechten Araber, zum *Mozaraber*, und manche fanden sich sosehr in diese Rolle, daß sie die ein wenig modifizierte Liturgie auch nach dem Sieg des Christentums im sechzehnten Jahrhundert noch beibehielten.

Die Mozaraber, deren die Sieger aus verschiedenen Gründen bedurften, und die meist ohnedies begüterten Juden standen im arabischen Spanien also besser da als die allerdings sehr zahlreichen Berber, die man schon darum, weil sie eben zu viele waren, nicht alle reich und glücklich machen konnte. Damit aber waren nun die Sieger vom Rio Barbate, die Eroberer von Cordoba und Toledo, die Partisanen des Tarik ibn Zayid, von der ersten Stelle an die vierte gerückt, und sie gedachten nicht, das widerspruchslos hinzunehmen.

Den Zündfunken lieferte jedoch kein Zwischenfall auf europäischem Boden, sondern die Berberheimat Afrika selbst, wo sich die arabischen Statthalter mit dem vollen Prunk orientalischer Herrscher umgaben, die unterworfenen Provinzen mit harten Steuern belegten und die stolzen Berber vor allem dadurch aufbrachten, daß sie in ihren Städten und Dörfern die schönsten Mädchen für die Harems der arabischen Großen rekrutierten.

Um 740 kam es in den Ebenen von Tandja zu einer ersten bewaffneten Auseinandersetzung, bei der die Wut der Berber über die besser bewaffneten Araber siegte und der Statthalter des Maghrib verwundet wurde. Die Hilfsarmee, die der Kalif mit bemerkenswerter Schnelligkeit aufstellte und nach Westafrika entsandte, marschierte 742 am Masfa-Fluß auf, eine imposante Heeresmacht unter Kommandanten mit berühmten Namen. Die Geschlechter aus der ersten Phase der Eroberung traten mit ihren jüngeren Mitgliedern noch einmal zu einem großen Kampf an, aber die fast nackten Berber, unbändig auf ihren schnellen Pferden und nach dem ersten Erfolg durch den Zulauf aus den Bergen verstärkt, bereiteten der glanzvollen arabischen Armee ein zweites fürchterliches Debakel: Die feinnervigen arabischen Pferde, die sonst gepflegt und geschont wurden, waren dem Staub, der Hitze und der langen Dauer des Kampftages nicht gewachsen gewesen.

Vor der Blutgier der berberischen Verfolger flohen die Araber teils nach Osten, in ihre Küstenstädte, teils aber auch an die Nordküste, in der Hoffnung, sich nach Spanien retten zu können. Spaniens Statthalter Abdelmelek jedoch, ein neunzigjähriger, einst tüchtiger General, befürchtete Rückwirkungen auf den inneren Frieden seines Herrschaftsbereichs und hielt die Flotte, auf die seine Glaubensgenossen angstvoll warteten, in den südspanischen Häfen zurück. Nur zwei große Schiffe arabischer Händler konnten heimlich auslaufen und Flüchtlinge bergen.

Die Lage ist charakteristisch und offenbart die innere Zerissenheit des arabischen Lagers in einem Augenblick, da es doch ums Ganze ging. Denn die zwei eindrucksvollen Siege, die von den Berbern in Afrika errungen worden waren, konnten ja den Berbern in Spanien nicht verborgen bleiben. Sie erhoben sich ebenfalls und zogen in drei Heeressäulen gegen die Hauptstützpunkte der Araber: gegen Toledo, wo Abdelmeleks Sohn kommandierte, gegen Cordoba, den Sitz des Statthalters, und gegen die Küste, wo sie die aus Afrika fliehenden Araber gebührend empfangen und ins Meer zurücktreiben wollten.

Es zeigte sich, daß es zweierlei war, in Spanien gegen die Araber zu kämpfen oder sie auf dem den Berbern vertrauten Boden des nordafrikanischen Berglandes zu schlagen. Vor Toledo vernichtete ein mutiger Ausfall der Araber die angreifenden Berber, vor Cordoba ging es ihnen nicht besser, und an der Küste gerieten sie sogar zwischen zwei Fronten, denn Abdelmelek hatte, um gegen die Berber genug Kräfte zu haben, nun doch Schiffe nach Afrika geschickt.

Die gelandeten Araber stammten größtenteils aus Syrien, also aus der Hilfsarmee, die der Kalif gegen die Berber in Marsch gesetzt hatte. Sie sahen sich als Elitetruppe an und gedachten nicht, die Tage angstvollen Wartens an der afrikanischen Küste zu vergessen, die Abdelmelek ihnen zugemutet hatte. Darum zogen sie nach ihrem Sieg an der Küste gegen Cordoba. Hier brauchten sie freilich Abdelmelek nicht mehr zur Rechenschaft zu ziehen: Die Bewohner von Cordoba hatten, um ihre Unterwerfung gegenüber den heranziehenden Syrern deutlich zu machen, den Statthalter schon selbst gerichtet.

Es ging, wie wir sehen, im arabischen Spanien und im eroberten Maghrib kaum anders zu als in den europäischen Reichen der gleichen Epoche, vielleicht ein wenig spektakulärer, da der Orientale das große Schauspiel liebt und die christlichen Fürsten sich vor ihren geistlichen Beratern doch ein wenig in acht nehmen mußten. Aber schon bald darauf, eben, als sich im Abendland eine neue große Ordnung durchzusetzen begann und ein Reich von tatsächlich überzeitlicher Kraft und Bedeutung entstand, erhielt auch das von so vielen Wirren heimgesuchte arabische Spanien seine erste tatkräftige und über Generationen hinwegwirkende Dynastie: die Omayaden.

Die erste Dynastie

Als im großen Spanien beinahe jeder gegen jeden focht, als Jemeniten und Syrer, Berber und Ägypter einander zwischen Saragossa und Sevilla die blutigsten Schlachten lieferten und die Christen nur auf den Augenblick warteten, da sie diese ineinander verbissene Meute im ganzen aus dem Land treiben konnten, da kam, tatsächlich wie von Allah gesandt, ein junger Mann von edler Geburt mit wenigen Getreuen über die Straße von Gibraltar und brachte dem aus allen Wunden blutenden Spanien den Frieden.

Der Vorgang hat, auch wenn man ihn näher betrachtet, tatsächlich etwas Wunderbares, und zwar nicht von jener romanzenhaften orientalischen Spielart, die hinter jeder politisch-historischen Wendung nach der erotischen Anekdote sucht, sondern beinahe im Sinn eines Charismas: der, den Gott gesandt hat, der große Dinge tun wird, kommt aus dem Dunkel gefährdeter Zeiten, wird vielfach errettet, als wüßten viele insgeheim um seine Sendung, und siegt schließlich nicht nur über die Waffen, sondern auch über die Herzen der Gegner.

Abderrahman el Dachil war ein Enkel des Kalifen Hischam aus dem Geschlecht der Omayaden, das sich wiederum aus den Koraschiten herleitet. Dieser mächtige Stamm hatte das Sonderlingsdasein, die Predigten und die Religionsgründung Mohammeds zunächst mit größter Zurückhaltung, ja geradezu mit Feindschaft aufgenommen und in ihm ein schwarzes Schaf des berühmten und durch den Handel auf der Teestraße reich gewordenen Stammes gesehen. Eben diese großen Kenntnisse und tragfähigen Verbindungen aber hatten die Koraschiten später befähigt, im neuen islamischen Reich zentrale Verwaltungsaufgaben zu übernehmen. Zu eifrigen Muslimen waren sie noch immer nicht geworden, galt doch seit jeher der Prophet im eigenen Land am wenigsten; auch als sie schon Statthalter gestellt hatten, als diese Statthalter zur Alleinmacht aufgestiegen waren und eine Kalifendynastie begründet hatten, waren ihre Ziele und ihre Handlungsweise stets mehr politisch als religiös akzentuiert, aber eben dieser politische Weitblick der Omayaden an der Spitze und der Anhänger des Propheten auf der mittleren und der unteren Ebene hatten dem Islam an der Wende vom siebten zum achten Jahrhundert sein riesiges Reich geschaffen. Es reichte vom Atlantik vor Portugal und vor Marokko bis zum Indus und von Mittelasien mit den alten Städten Samarkand und Buchara bis zu den Nilquellen in Afrika. Schon 662 war Kabul erobert worden, also die Metropole des heutigen Afghanistan mitten in hohen Bergen, 711 gelang gleichzeitig die Eroberung so extremer Territorien wie Spanien und Belutschistan.

In diesem ausgedehnten Reich lebten natürlich nicht nur gläubige Anhänger des Propheten; das aber hatte die Omayaden – abgesehen von dem frommen Kalif Omar II. – zu keiner Zeit gestört, denn sie hatten ein Steuersystem entwickelt, das im wesentlichen auf den Ungläubigen ruhte und die Rechtgläubigen schonte. Ein Massenübertritt aller Untertanen zum Islam hätte den Kalifen somit seiner Einnahmen beraubt.

Die Omayaden-Herrschaft, die viele fremde Kulturelemente vor allem aus Byzanz, aus Jerusalem und aus Ägypten in sich aufgenommen hatte, erlag schließlich der unermeßlichen Ausdehnung des Reiches, für dessen Beherrschung die damaligen Organisationsformen und Verkehrsstrukturen eben noch nicht ausreichten. Trotz aller Versuche, die Zentralmacht zu stärken, flackerten in den Provinzen immer wieder Revolten auf, und es war der Iran, als das große, ruhmreiche, eigene Traditionen pflegende Persien, aus dem mit den Abbasiden die Überwinder der Omayaden kamen.

Überwinden, das hieß um die Mitte des achten Jahrhunderts noch: ausrotten. Auf alle Mitglieder der Kalifensippe wurde so konsequent Jagd gemacht, daß sie nach und nach alle ihren Mördern erlagen, wo immer sie sich auch versteckt gehalten hatten. Schließlich war nur noch Abderrahman ben Moawijah ben Hescham übrig, ein zwanzigjähriger Jüngling, der nicht zum engsten Kreis der Thronanwärter gehört hatte, weil seine Mutter ein Berbermädchen im Harem des Moawijah gewesen war, keine Gemahlin, sondern eine sogenannte Beischläferin.

Eben das aber, was Abderrahman bis dahin zurückgesetzt hatte, brachte ihm nun die Rettung. Als die iranischen Mordkommandos ihn auch in Ägypten aufspürten, floh er weiter durch Tripolitanien bis zu den Berbern im Atlas und fand Zuflucht bei den Zanaten von Mogila, dem Stamm, aus dem seine Mutter nach Damaskus fortgeführt worden war. Ihre Verwandten lebten noch, und der Sohn jener damals entehrten Berberin war nun ein Prinz, wenn auch ohne Land, letzter Nachkomme der erfolgreichsten Dynastie seit Menschengedenken. Es ist nicht verwunderlich, daß die Berber, die ja verfolgten, was sich in Spanien abspielte, in Abderrahman ihre Trumpfkarte sahen. Er selbst freilich gedachte nicht als Vorreiter einer Berberrevolte in Spanien zu landen, sondern dank seiner besonderen Herkunft die Gegensätze zu überbrücken, die das maurische Spanien an den Rand des Abgrunds gebracht hatten. Ein Prinz aus dem Stamm des Propheten, der zudem ein Berbermädchen als Mutter hatte – wer, wenn nicht er, sollte der Friedensbringer des blutenden Spanien werden!

Es hatte in Andalusien nicht an Versuchen gefehlt, dem Land eine stabile Ordnung zu geben und den einzelnen miteinander rivalisierenden Arabergruppen jenes Maß an Zufriedenheit zu sichern, welches das ganze Land beruhigen mußte. Der energische Vorkämpfer für das, was man einen Sieg-Frieden im Innern nennen könnte, war ein General namens Jussef, der sogar versucht hatte, für die einzelnen Arabergruppen Landschaften zu finden, die ihrer Heimat ein wenig ähnelten, eine Sisyphusarbeit angesichts der konstanten Unzufriedenheit und Rivalität dieser durch ihre Religion mehr erweckten als beruhigten Wüstensöhne. Gigantische Umsiedlungen, die dieses Projekt verlangte, hatten Unfrieden und Leid über viele Familien auch der Christen gebracht, und als endlich die Fronten des Widerstands quer durch das ganze Land liefen, als Jussef und sein Stabschef Samail eben vor Toledo lagen, landete Abderrahman mit einem noch kleinen Häuflein von Getreuen, aber schon erkennbarem Zulauf aus dem südlichen Spanien.

Jussef hatte nichts Eiligeres zu tun, als die hochgestellten Gefangenen, die er als Geiseln mit sich führte, allesamt umbringen zu lassen. Das trug natürlich auch dazu bei, dem Neuankömmling el Dachil aus Afrika weitere Sympathien zu sichern, und so waren denn die beiden Armeen, die einander im Mai 756 bei Cordoba gegenüberstanden, etwa ebenbürtig. Durch eine Kriegslist – er gab vor, verhandeln zu wollen – sicherte Abderrahman sich den Übergang über den Guadalquivir und griff an. Die fanatischen Berber und Jemeniten, die hofften, Cordoba plündern zu dürfen, warfen Jussef und Samail und töteten jedem der gegnerischen Kommandierenden einen Sohn.

Während die Jemeniten noch im gegnerischen Lager nach Beute suchten, hielt Abderrahman mit seiner Leibgarde Einzug in Cordoba, konnte den Emiratspalast im letzten Augenblick vor der Verwüstung durch seine eigenen Truppen bewahren und nahm auch den Harem seines geschlagenen Vorgängers unter seinen Schutz. Es ist also nicht zuviel behauptet, wenn man sagt: er legte sich ins gemachte Bett. Rasend vor Wut, daß man sie um die cordovanische Beute geprellt, ihnen den Palast und die Haremsdamen vorenthalten hatte, machten die jemenitischen Sturmtruppen Miene, den eben inthronisierten Abderrahman umzubringen. Aber nun erwies sich die Wachsamkeit aus fünf Jahren der Flucht als hilfreich: Abderrahman reagierte mit verblüffender Geschwindigkeit, und als die ersten Rebellen öffentlich hingerichtet waren, erkannten die anderen, daß Spanien wieder einen Herrn hatte – nicht irgend jemanden, sondern einen Omayaden.

Eine Herrschaft, die beinahe dreiunddreißig Jahre währte, hatte es in Spanien seit Römerzeiten nicht mehr gegeben; auch die westgotischen Könige hatten ja erhebliche Schwierigkeiten im Innern zu bekämpfen und mußten sich begehrlicher Adelssippen erwehren. Die im allgemeinen positive Wirkung langer Regierungszeiten, der nach und nach einkehrende Friede, die Beruhigung des inneren wie des äußeren Daseins einer Nation, dies alles konnte sich unter Abderrahman I. nicht in dem Maß einstellen, wie es uns die Beispiele aus der europäischen Geschichte sonst zeigen. Dennoch bringt man diesem ersten Omayaden-Emir in Spanien instinktiv eine starke Sympathie entgegen, weil er das ermüdende Hin und Her der Bürgerkriege zwar noch nicht beendet, aber doch überwindet, und weil unter ihm so etwas zu existieren beginnt wie eine arabische Nation auf spanischem Boden. Obwohl das geistige Leben Spaniens zu dieser Zeit noch nicht sonderlich rege ist, erfahren wir genug über seine Persönlichkeit, um seine nimmermüden Bemühungen mit Anteilnahme verfolgen zu können. Aus einem Dutzend wilder Haudegen, die sich der buntesten Machtansprüche rühmen, die aus einer Fatimah heißenden Mutter gleich eine Abkunft von Mohammeds Tochter machen und jede großmütige Handlung Abderrahmans zu einer neuen Schlechtigkeit nützen, hebt sich sein Charakterbild als das eines echten Fürsten heraus, wie er auch aus ruhmreichen Herrscherfamilien nicht oft hervorgeht. Die unablässigen Kämpfe, zu denen ihn innere wie äußere Feinde nötigen, werden als die tragische Komplikation eines Lebenswerkes empfunden, das andernfalls, in friedlicheren Zeiten, zu großen und bleibenden Leistungen hätte führen können, so etwa, wie wir auch unserem vierten Heinrich, dem Kaiser des Canossa-Ganges, eben seiner Lebenstragik wegen uns enger verbunden fühlen und ihn besser im Gedächtnis behalten haben als die weniger komplizierten Vorgänger und Nachfolger.

Abderrahman beging manche seiner Fehler aus dem Gefühl einer Verpflichtung, die man heute Sendungsbewußtsein nennen würde; als Omayaden und als Überlebendem einer rücksichtslos ausgerotteten ruhmreichen Sippe widerstrebte es ihm offenbar, mit jener Grausamkeit vorzugehen, die während des Interregnums in Spanien gang und gäbe geworden war. Immer wieder versuchte er, Gegner zu versöhnen, ihren Söhnen die Hand zum Frieden zu reichen, ihnen begrenzte Aufgaben zuzuweisen oder doch, sie zumindest am Leben zu lassen. Dies schlug in allen Fällen fehl. Alle so Behandelten brachen ihre Treueschwüre, flohen aus den Gefängnissen, intrigierten noch von ihren Alterssitzen aus, so daß Badr, des Emirs tüchtigster General, nicht selten selbst ein Todesurteil fällte, um der Großmut seines Herrn zuvorzukommen.

Unversöhnlich finden wir Abderrahman nur gegenüber den Abbasiden, den Mördern seiner Familie, dem Kalifenclan in Syrien. Als sie aus ihrem nordafrikanischen Reich eine Invasionsarmee gegen Abderrahman losschicken, die der von stetem Waffenglück begünstigte Emir in alle Winde treibt, da läßt der sonst so hochherzige Omayade dem gegnerischen Oberkommandierenden, El Ala, Haupt und Glieder abschlagen und ein grausiges Paket für Damaskus zusammenstellen. Als man es vor Abu Djafer, dem Kalifen, auf den Boden legt, wendet dieser sich erschüttert ab und flüstert: »Wohl uns, daß die Fluten des Meeres uns von diesem Schrecklichen trennen!«

Mit dem verstümmelten Feldherrn El Ala hatten nicht weniger als siebentausend Muslimen bei Sevilla das Leben lassen müssen, und man sollte meinen, daß dies genug sei für einen Bruderkrieg. Aber Nordafrika und Spanien waren einander eben zu nahe, und Rivalitäten lagen den heißblütigen Arabern offenbar auch stets näher als die Selbstbescheidung zu gutem Einvernehmen. Als Abderrahman eine Gesandtschaft nach Damaskus reisen läßt, um seine zwei Schwestern nach Spanien zu holen und an seiner Seite zu haben, ergreift der Kalif diese Gelegenheit zu einer Verständigung nicht: die beiden Damen, die unbehelligt in besten Verhältnissen leben, werden zwar an der Ausreise ncht gehindert, aber auch nicht zu ihr veranlaßt; ein Brückenschlag zwischen dem Orient und Spanien unterbleibt, und neue Raubflotten aus Nordafrika suchen die Küsten zwischen Valencia und Cadiz heim.

Sie holen sich zwar blutige Köpfe, denn Theudemir, der nun

nicht mehr lebt, hatte in seinem südostspanischen Reich für Ordnung über den Tod hinaus gesorgt und die lokalen Garnisonen sind schlagkräftig genug, Landungsversuche abzuwehren. Einmal, als Abderrahman alarmiert wird und wegen der großen Zahl der ausgeschifften Kämpfer in eigener Person nach Valencia eilt, findet er die Lage längst bereinigt vor: hier stehen, ohne viel von sich reden zu machen, noch die Goten; sie mengen sich nicht in die arabischen Händel, aber sie wollen auch in Ruhe gelassen werden.

Abderrahman ist also beschäftigt, und statt wie so mancher seiner Vorgänger nach ruhmreichen Beutezügen in Südfrankreich zu verlangen, erscheint ihm die Begründung einer Kriegsflotte als dringend, die er tatsächlich ausrüstet und in allen Hafenorten des südlichen und südöstlichen Spanien stationiert. Wir kennen sogar den Namen seines Admirals, es ist Temam Ben Alkama, und der nördlichste Flottenstützpunkt Tarragona wird von ihm ebenso aufmerksam beobachtet wie Almeria, Cartagena oder Cadiz. Unbeachtet blieb die so oft umkämpfte Stadt Saragossa, wo sich – in vermeintlich hinreichender Entfernung von der Residenz Cordoba – einige Unzufriedene gesammelt hatten. Es begann, was nicht ganz neu ist und was auch christliche Fürsten nicht als unwürdig empfunden hatten: Man spann heimliche Verbindungen über die Pyrenäen hinweg an, also zum Glaubensfeind, zum ererbten Gegner, zu den erstarkten Franken jenseits des Gebirges.

Warum das kleine asturische Christenreich hier noch nicht in Erscheinung tritt, ist ziemlich klar: Abderrahman hat noch keine Schlacht verloren. Er ist stets schnell zur Stelle, er schlägt furchtbar zu, seine Reiterei entwickelt einen Angriffsschwung, den inzwischen die ganze islamische Welt kennt. Die Könige, die in Oviedo auf die ersten tapferen Gebirgskrieger gefolgt sind, erscheinen demgegenüber als zu schwach, mögen sie auch an ihren Grenzen den einen oder anderen Erfolg gegen die Araber errungen haben. Jenseits der Pyrenäen haben sich hingegen neue Kräfte entwickelt, die auch einem Abderrahman überlegen zu sein scheinen.

Emsig und blutig mit sich selbst beschäftigt, hatten die Araber ihre Eroberungen im südlichen Frankreich nicht halten können, obwohl diese, längs der Mittelmeerküste verteilt, aus Spanien oder sogar Nordafrika hätten gut versorgt werden können. Einer jener Männer, die wie Theudemir ein beinahe gespenstisches Überlebensvermögen beweisen, hat hier zwischen den großen Gegnern ein kleines, aber schönes Reich aus einigen wenigen Städten begründet: der Gote Ansemund, vom Namen her vielleicht ein Amaler-Sproß, einer der versprengten Adeligen, in denen das Herrschenwollen und Kämpfenkönnen über die Gotenzeit hinaus lebendig geblieben ist.

Zu Ansemunds Küstenreich gehörten so reizvolle Zentren wie das Inselbistum Maguelonne, von dem uns die ehrwürdigen Ruinen der Kathedrale inmitten lachender Badestrände erhalten geblieben sind, aber auch die in römischen Steinen prunkende Stadt Nîmes, dazu Agde und die Hügelstadt Béziers. Nur in Narbonne hielten sich die Araber noch, weniger aus eigener Kraft als durch die dicken Mauern.

Als das Frankenreich unter Karl Martells Sohn Pippin erstarkte, nahm Ansemund friedliche Verbindung mit dieser christlichen Macht auf und stellte auch das geheime Einverständnis zum gotischen Narbonne her, das unter seiner Maurenbesatzung seufzte. Gegen die Zusicherung, daß die Franken und Aquitanier die Sonderrechte der Goten und ihre Gewohnheiten in und um Narbonne respektieren würden, überfielen die gotischen Stadtbewohner die Maurengarnison und öffneten den vereinigten Truppen Pippins und Ansemunds die Tore.

Noch attraktiver wurden die Franken als Bündnispartner, sobald Karl der Große in Erscheinung trat. Deutschland, von jüdischen Händlern zu allen Zeiten durchreist, war auf der spanischen Halbinsel nicht völlig unbekannt. Darum ist es erstaunlich, aber nicht gerade ein Wunder, daß sich im Jahr 777, bald nach dem großen Sieg Karls über die Sachsen, arabische Gesandte aus dem ungebärdigen Saragossa bis nach Paderborn durchschlugen, wo Karl einen großen Reichstag abhielt. Die Reichsannalen bezeugen den Vorgang mit den Worten: »Auch kamen zu diesem Reichstag Sarazenen aus

Spanien, nämlich Ibn el Arabi und ein Sohn des Jussef, sowie sein Eidam.« Abderrahmans alte Feinde suchten also nach einem mächtigen Verbündeten.

Karl der Große war noch nie in Spanien, aber er weiß natürlich, welche Bedrohung die Sarazenen für alle Küsten seines Reiches darstellen. In Italien, auf Korsika, auf Sardinien und in Südfrankreich sind die Wachtürme errichtet worden, die vor dieser Gefahr warnen sollen, und die Markgrafen dieser südlichen Gegenden haben nicht die Wenden oder die Wikinger abzuwehren, sondern die Überfälle aus dem nördlichen Afrika. Irgendwann wird es also zu einem großen Waffengang mit den Sarazenen kommen müssen, und da Spanien ihre vorgeschobene Bastion ist, da Ibn el Arabi verspricht, Karl die Tore von Saragossa zu öffnen, wäre die Gelegenheit günstig. Die Sachsen sind geschlagen, zwei Zwingfestungen halten sie nieder; wenn überhaupt, so könnte man jetzt nach Spanien ziehen.

Im Jahr 778 ist es dann soweit. In zwei Herressäulen dringen die Christen gegen Nordspanien vor, die eine, vorwiegend aus Franken und Burgundern bestehend, zieht durch das westliche Frankreich nach Süden und erreicht über den Col de Ibaneta Pampluna; die andere verstärkt sich in der Provence und in Septimanien und marschiert über den niedrigen Col de Perthus gegen Barcelona.

Die Vasconen, wie man damals die Basken noch nannte, sind christliche Bergbewohner von großer Armut, in Felle gehüllt, scheu und stolz zugleich; obwohl die Franken doch eigentlich als Befreier kommen und die Muslimen vertreiben wollen, lassen die Basken nicht erkennen, wer ihnen lieber sei: die Fremden aus Afrika oder die Fremden aus dem Frankenland. Beinahe unbeteiligt verfolgen sie, wie Karl Pampluna belagert und nach kurzem Kampf den Mauren entreißt. Nun liegt das Ebrotal offen vor den fränkischen Truppen, man marschiert talab gegen Saragossa, dem sich inzwischen vom Osten her der andere Heereswurm nähert, jener, der Barcelona genommen hat.

Die schnellen Siege scheinen Karl zu beweisen, was Ibn el Arabi in Paderborn behauptet hat: daß Spanien groß sei und der Emir weit; daß man sich eben darum in Saragossa schon seit geraumer Zeit ziemlicher Unabhängigkeit erfreue, ja daß kürzlich sogar Emissäre der Abbasiden bei Murcia heimlich gelandet seien, also Anhänger der neuen Kalifensippe in Damaskus, und von dort, vom wahren Beherrscher der Gläubigen, den Befehl mitgebracht hätten, Abderrahman I., den Omayaden, zu töten.

Für Karl sind die Namen neu und verwirrend, die dunkelhäutigen Männer mit den großen Gesten und dem wilden Blick wirken auch nicht gerade vertrauenerweckend; aber er läßt sie reden. Saragossa im Ebrotal ist eine große und wichtige Stadt, soviel steht fest; hat man von ihr erst Besitz ergriffen, so wird man eine spanische Mark errichten wie in anderen Grenzregionen des großen Reiches, und dann hat dieser weite Zug seinen Sinn gehabt.

Aber Saragossa ziert sich. Im Intrigenland der spanischen Araber ist offensichtlich alles möglich. Obwohl Ibn el Arabi Stein und Bein schwört, daß innerhalb der Mauern seine Freunde herrschen, sind eben diese Freunde mit ihrer Lage durchaus zufrieden und haben offensichtlich keine Lust, den fernen Emir gegen einen allzunahen König zu vertauschen. Vielleicht trauen sie auch Ibn el Arabi nicht, der sich diesen übermächtigen Verbündeten aus Deutschland geholt hat, einen Christen, von dem man gehört hat, daß er deutsche Heiden zu Tausenden über die Klinge springen ließ.

Karl muß Saragossa regelrecht belagern; das ist genau das, was er nicht tun wollte, denn nach und nach beginnt die ganze Sache, zuviel Zeit zu verschlingen. Als auch noch Boten kommen, die zu berichten wissen, der Sachsenherzog Widukind habe sich abermals erhoben, da befiehlt Karl, den geschwätzigen Araber in Ketten zu legen und die Belagerung abzubrechen. Er hat Spanien gesehen, aber er hat zwei Armeen mitnehmen müssen; das war ein teurer Spaß, für den Ibn el Arabi nun bezahlen soll.

Durchs heiße Ebrotal zogen Ritter und Mannen wieder gegen Pampluna; wer an die Berge dachte, dem wurde unbehaglich. Allzu wild waren die Schluchten gewesen, wo die Felsen da und dort eng zusammentraten, und über die endlosen Hochflächen, auf denen es kein Wasser gab und keine Nahrung, würde man in die kleinen Dörfer am Nordhang hinabsteigen müssen, die außer ein paar Ziegen und Schafen keine Besitztümer aufwiesen.

Die Hauptmacht war durch das Défilé marschiert und mochte den Ort erreicht haben, der heute Arnéguy heißt, als über die Nachhut mit dem Troß das Unheil hereinbrach. Aus den steilen Felswänden, von den Geröllhalden, auf denen Buschwerk Deckung bietet, schwirrten plötzlich Pfeile in die weit auseinandergezogenen Kolonnen der Karren und Tragtiere. In der engen Passage wurden die scheuenden Mulis und die zusammenbrechenden Pferde zu den ersten Hindernissen und hemmten jede Bewegung. Dann donnerten die ersten Steinlawinen herab, hinter Baumstämmen aufgeschichtet, die dann losgelassen wurden und polternd zwischen dem Geröll herniedersausten, wobei sie mehr Schrecken verursachten als Schaden stifteten.

Aber nun stehen die Kämpfer im Schutt, zwischen um sich schlagenden Tragtieren, zwischen schreienden Troßknechten, und noch immer ist kein Gegner zu sehen. Nur die Pfeile zischen von den Wänden herab.

So hat es begonnen, so muß es begonnen haben, ob es nun die Basken allein waren, die sich dafür rächen wollten, daß Karl der Große die Festungsmauern der Stadt Pampluna schleifen ließ, oder ob es Basken und Araber waren, die gemeinsame Sache machten: die einen, um den Troß zu erbeuten, die anderen, um Ibn el Arabi zu befreien, den man doch nicht in den Händen der Christen lassen durfte. Zwei Söhne hatte Ibn el Arabi jedenfalls, und es war ihnen zuzutrauen, daß sie den armen Basken die Beute versprachen, wenn dafür der Vater vor Karls Zorn gerettet wurde.

Die *Annales Regni Francorum* sagen in ihrer kühlen Sprache, wie es weiterging: »Nun wandte sich die Armee in die Pyrenäen hinein. Auf den Höhen derselben hatten sich die Vaskonen in den Hinterhalt gelegt, griffen den Nachtrab an und brachten das ganze Heer in große Verwirrung. Obgleich ihnen die Franken, was Bewaffnung und Mut betrifft, sichtbar überlegen waren, erlitten sie doch wegen der Ungunst des Ortes und der ungleichen Kampfesweise eine Niederlage. Viele von seinem Hof, die Karl an die Spitze dieser Truppe gestellt hatte, wurden in diesem Kampf getötet, das Gepäck geplündert; der Feind aber zerstreute sich bei seiner Kenntnis der Gegend sogleich nach verschiedenen Seiten. Dieser Verlust überlagerte wie eine Wolke im Herzen des Königs einen großen Teil der spanischen Erfolge.«

Cuius vulneris acceptio magnam partem rerum feliciter in Hispania gestarum in corde regis obnubilavit... Wenn ein Chronikenschreiber sich zu so düsterer Poesie aufschwingt,

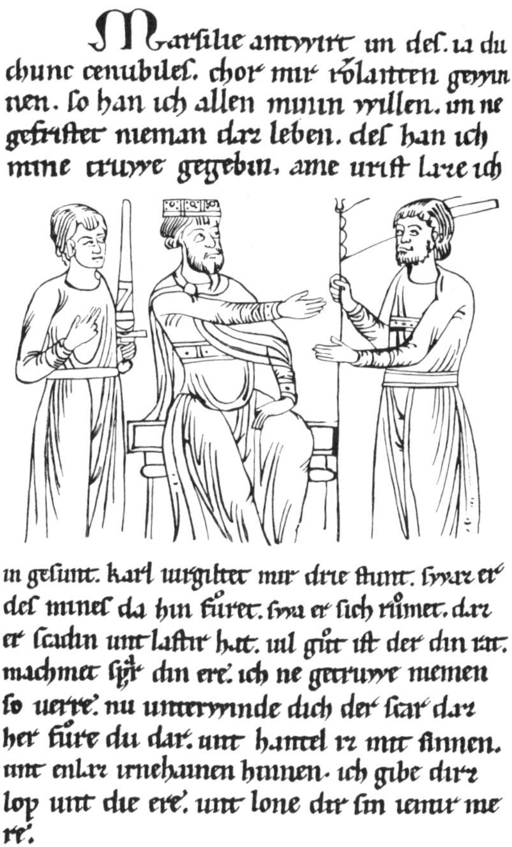
Marsilie antwurt un des. ia du chunc cenubiles. chor mir rolantten gewinnen. so han ich allen minin willen. un ne gefrister nieman daz leben. des han ich mine truwe gegebin. ane urist laze ich in gesunt. karl urgiltet mir die stunt. swaz er des mines da hin füret. swa er sich rümet. daz er scadin unt lastir hat. ul gut ist der din rat. machmet sp't din ere. ich ne getruwe niemen so uerre. nu unterwinde dich der scar daz her füre du dar. unt hantel iz mit sinnen. unt enlaz irnehainen hinnen. ich gibe dir lop unt die ere. unt lone dir sin iemir mere.

Roland und Kaiser Karl. Miniatur aus dem »Rolandslied des Pfaffen Konrad«. Heidelberger Handschrift des 12. Jh.

dann ist tatsächlich Unvergeßliches geschehen, und aus der Wolke im Herzen des großen Königs wurde schließlich das erste jener drei weltliterarischen Ereignisse, bei denen die Araber Spaniens Pate standen: das *Chanson de Roland* mit Hruotlandus, Markgrafen der Bretagne, als Helden, dem Mann, der nach dem Bericht des Karl-Biographen und königlichen Sekretärs Einhard diese unglückliche Nachhut in Roncesvalles kommandierte. Einhard nennt von den vielen Toten noch den Seneschall Eggihard und den Pfalzgrafen Anselmus. Die Sage aber nimmt sich Rolands besonders an, obwohl auch er kein junger Mann mehr war, als er fiel, sondern ein erfahrener Kämpfer, und obwohl man von ihm nicht mehr weiß als von den anderen. Aber das Chanson de Roland entstand eben in Frankreich, und als Markgraf der Bretagne war Roland beinahe ein französischer Held, als Opfer maurischer Tücke und vasconischer Gier war er zudem der erste Ritter jener neuen Kreuzzugsidee, die das hohe Mittelalter beherrschen sollte.

Der mit 1057 Metern Seehöhe vergleichsweise niedrige Paß von Alto Ibaneta ist heute der stillste und schönste Weg nach Spanien, wegen der dauernden Unruhe im Baskenland und der abseitigen Lage wenig befahren, eine düstere Idylle zwischen Waldhängen, Schluchten, abgestürzten Felsen. Der Rio Luzanne begleitet die Straße ein Stück, kleine, graue Kirchen sind in der Einsamkeit zu Zufluchtstätten geworden, und die Basken des Umlands, die kaum wissen, wer Carlomagno gewesen ist und *La mocedad de Roldán* für ein Stück über einen spanischen Helden halten, ziehen dennoch hier herauf zum Gedenken an den Tag, da namenlose Bergbauern, in Ziegenfelle gehüllt und schlecht bewaffnet, dem größten Herrscher des Abendlandes eine Niederlage zufügten – eine Niederlage, die eine Wolke in seinem Herzen blieb, denn er hat Spanien nie wieder betreten...

Noch ehe der Sieg über die Franken zur Legende wurde, versuchten alle etwa in Frage kommenden Kräftegruppen, ihn sich an die Fahnen zu heften, woraus man vor allem schließen muß, daß er damals keineswegs als Untat gewertet wurde, sondern als ein durchaus legitimer Erfolg. Es wurde ja allgemein gemordet und geplündert, warum also nicht gegen den Frankenkarl, der ja noch weit davon entfernt war, als Kaiser und Haupt des *Saint Empire* zu einer Vaterfigur über den Parteiungen zu werden. Im ersten Zorn, angesichts der Ohnmacht gegenüber den wohlversteckten und unauffindbaren Gebirgsvasconen, hatte Karl noch selbst für eine Zuschreibung gesorgt, die heute nicht mehr aufrechterhalten wird: er hatte Lupus, den Sohn des bei Lebzeiten so unbequemen Herzogs Waifar von Aquitanien, für das Debakel verantwortlich gemacht; er als Herr Aquitaniens hätte für sichere Wege sorgen müssen. Lupus wurde gehängt, eine ungemein schimpfliche Todesart und äußerst selten gegen den Hochadel angewendet, woraus man Karls Erbitterung ablesen kann. Noch Karl der Kahle glaubte an die Schuld des Herzogs, die Historiker jedoch nie.

Auch die zweite implizierte Macht war christlich, nämlich das kleine Königreich Asturien. Die antiarabische Trotzgründung des mutigen Don Pelayo, unter dem ersten Omayaden re-

Roland in der Schlacht von Roncesvalles. Miniatur aus dem Codex Palatinus Germanicus, Universitätsbibliothek Heidelberg.

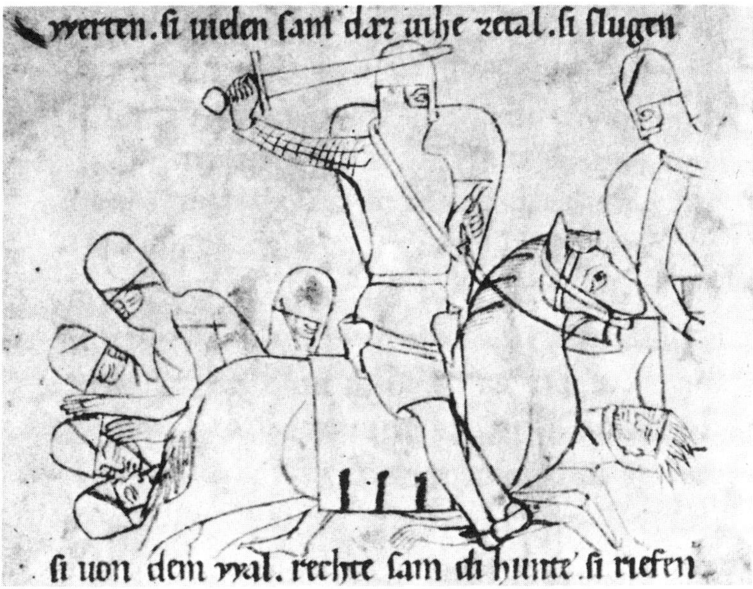

lativ friedlich und in enge Grenzen beschieden, scheute sich nicht, diesen Sieg über eine ebenfalls antiarabische und allerchristlichste Streitmacht zu beanspruchen. Man war an Erfolgen eben noch nicht reich, und man war vielleicht auch der Meinung, daß in diesen Bergen niemand anderer gegen die Mauren zu marschieren habe als eben die ruhmreichen Asturier. Im siebten Buch des Juan de Mariana heißt der Sieger über Roland Bernardo del Carpio und kommandiert die asturischen Truppen als Verbündeter des Statthalters Marsilius von Saragossa. Bernardo sei der Neffe König Alfons des Keuschen, des Alfonso el Casto, und da dieser sehr tüchtige Monarch zwar historisch ist, aber erst 792-842 regierte, darf man wohl auch den siegreichen Bernardo ins Reich der Legende verweisen.

Das hinderte freilich die Spanier nicht, mit Hilfe dieses Bernardo die tragischen Ereignisse von Roncevaux nun in die spanische Heldendichtung einzubeziehen, als erstes Stück jener Trilogie, die der Cid und die Eroberung des maurischen Granada komplettieren werden. Bei den großen spanischen Dramatikern des sechzehnten Jahrhunderts erscheint Bernardo del Carpio bereits als spanischer Nationalheld, der Spaniens Freiheit gegen fränkisch-französische Übergriffe verteidigt: Juan de la Cueva nennt sein Stück *Libertad de Espana por Bernardo del Carpio* und Lope de Vega *El Casamiento en la Muerte*.

Karl jedenfalls hatte von allen Provinzgrößen des nördlichen Spanien genug; er bemühte sich weder um eine Verbindung mit Asturien noch mit Saragossa, sondern scheint gewisse Sympathien für den Mann genährt zu haben, der diesen räuberischen Norden seines Landes bekämpfte: für den Omayaden-Emir von Cordoba, Abderrahman I. el Dachil. Zu einem effektiven Bündnis zwischen den beiden Herrschern scheint es jedoch trotz zeitweise verheißungsvoller Ansätze nicht gekommen zu sein. Abderrahman war offensichtlich im eigenen Land zu beschäftigt, um als interessanter Verbündeter zu erscheinen, und der aufgehende Stern des Abbasiden Harun al Raschid (786 bis 809) ließ deren omayadische Gegner in Spanien vollends in den Schatten treten. Die herzliche und prunkvolle Aufnahme einer karolingischen Gesandtschaft am Kalifenhof besiegelte dann die Ostorientierung in den Interessen des großen Karl. Daß sie mit der Zusendung eines Elefanten im letzten Jahrzehnt des achten Jahrhunderts begonnen hatte, und daß Karl eine ganze Flotte auslaufen ließ, um weitere Elefanten nach Porto Venere zu holen, sei als Kuriosum über politisch-historische Motive nur am Rande vermerkt, ebenso die wenig bekannte Tatsache, daß die Vermittler all dieser diplomatischen Kontakte mit dem nahen Osten, aber auch mit Fez, die Juden waren: »Der Jude Isaak«, wie Einhards Annalen ihn bündig nennen, reiste wie ein Weberschiffchen zwischen den

Bagdad, die Residenzstadt Harun al Raschids. Stich aus »Les Voyages du Sieur Adam Olearius«, 1679.

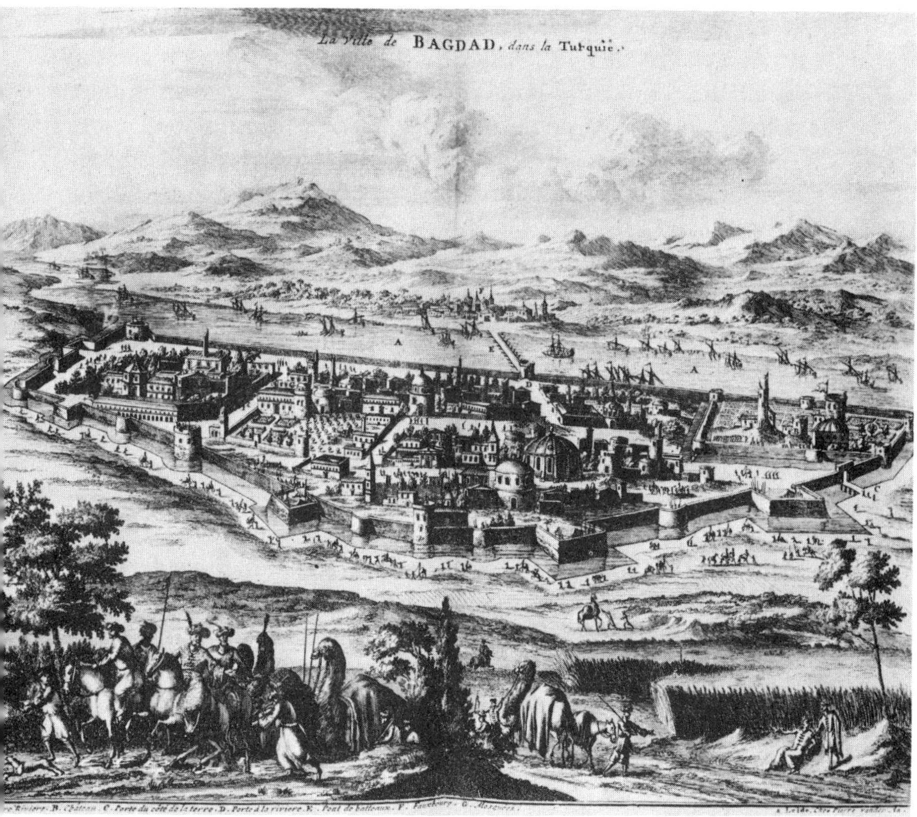

deutschen Pfalzen, dem Orient und Nordafrika hin und her und überstand diese Strapazen offensichtlich auch viel besser als die großen Herren, denen er als Dolmetsch und Reisemarschall diente, denn sowohl der Gesandte Lautfried als auch sein Gefährte Sigimund starben im Morgenland offenbar an einer Krankheit, da keinerlei Gewalttaten berichtet werden, und auch der Gesandte Radbert, der im Jahr 807 am Kalifenhof geweilt hatte, überlebte seine Rückkehr nach Europa nur um wenige Tage. Als widerstandsfähiger erwies sich Abulabas, der Elefant: er lebte in Aachen zum größten Vergnügen der Einwohner noch acht Jahre.

Die Kontakte zwischen den beiden größten Herrschern der damaligen Welt und zwischen den weit voneinander entfernten Städten Aachen und Bagdad beschäftigten die Phantasie der Zeitgenossen außerordentlich und führten in typischem Wunschdenken zu den schönsten Geschichten von Kaiser Karls Reise ins Morgenland, wo Harun al Raschid, der weise Kalif, seinem großen Freund Karl gerührt das Heilige Land als Geschenk gibt, damit die Christen ungehindert zum Grabe Christi reisen könnten. Die arabischen Chronisten haben Harun al Raschid diese guten Beziehungen zum Abendland so wenig verziehen, daß sie in ihren Berichten von jener Zeit eisig darüber schweigen. Und der weitere Verlauf der Geschichte hat ja auch gezeigt, daß eben um dieses heilige Land im Nahen Osten nach Karl dem Großen und Harun al Raschid mehr als tausendjähriger Streit entbrannte.

Nicht viel besser entwickelten sich die Beziehungen zwischen dem Frankenreich und den spanischen Omayaden. Karl hatte in einer Reihe von nordspanischen Städten Garnisonen zurückgelassen und im übrigen auch freiwillige Unterwerfungen entgegengenommen, weil zum Beispiel der lokale Machthaber von Huesca aus Abneigung gegen den Emir lieber dem Frankenkönig unterstehen wollte. Politische Sympathien hatten an dieser Wende des achten zum neunten Jahrhundert also da und dort noch stärkeres Gewicht als die Religion; der Gegensatz zwischen den Muslimen und den Christen war weder auf spani-

Rechts: Die Alhambra in Granada. Blick vom Stalaktitensaal in den Löwenhof.
Nächste Seite: Wasserspiele im Park des Generalife in Granada.

schem Boden noch an den spanisch-fränkischen Grenzen unüberbrückbar. Aber Abderrahman war nicht der Herrscher, der Grenzmarken einer fremden Macht dulden konnte; er wollte Herr im eigenen Haus sein, und so scheint es, daß schon in den Jahren 780/81 die erste spanische Mark des karolingischen Reiches praktisch nicht mehr existierte.

Mehr Erfolg war einem neuen Vorstoß beschieden, den Karl der Große jedoch nicht mehr persönlich anführte: 785 erschienen abermals fränkische Truppen in Nordspanien. In der Festungsstadt Gerona erhoben sich die Christen und öffneten die Tore; die als Bischofsstadt bis heute berühmte kleine Bergresidenz Urgel wurde erobert, aber auch Vique in der heutigen Provinz Barcelona und das schon erwähnte Huesca.

Vique ist die interessanteste von diesen zeitweiligen Eroberungen; es liegt an der Einfallstraße aus der Cerdagne über Puigcerda, das ja schon wiederholt eine besondere Rolle in den fränkisch-spanischen Beziehungen gespielt hat, und war in römischen Zeiten Hauptort des Ausetaner-Gebietes. Bei den Römern Ausa genannt, wurde die kleine Stadt im Westgotenreich Bischofssitz und als solcher Ziel eines arabischen Angriffs, der die Stadt schon im Jahr 713 zerstörte. Nach beinahe einem Jahrhundert erhielt die Stadt neuen Glanz, als die Franken sie zu einer starken Festung ausbauten und Vicus Ausoniensis nannten. Aus dem Vic d'Osona, wie die Spanier sich den komplizierten Namen zurechtmachten, wurde dann die moderne Bezeichnung Vich oder Vique. Die Festung in beinahe fünfhundert Metern Höhe war durch das ganze Mittelalter hindurch eine eigene Grafschaft mit bewegter Geschichte.

Vique und andere fränkische Stützpunkte an der Südwestgrenze des Reiches beweisen, daß Karl der Große trotz seiner tiefen Enttäuschung über das Ergebnis des ersten Feldzugs die Verpflichtung zu Aktivitäten in dieser Richtung nicht zu leugnen gedachte. Er war nur ernüchtert, er war mit dem schnellen Wechsel der innerpolitischen Konstellationen konfrontiert worden, wie er im arabischen Spanien immer wieder neue Situationen schuf, und er gedachte zweifellos nicht mehr, arabischen Bündnissen allzuviel Vertrauen zu schenken.

Links: Restaurierungsarbeiten in Medina Azzahara (oben); »Säulenwald« in der Moschee von Cordoba (unten).
Vorherige Seite: Nacht im Myrtenhof der Alhambra.

Seine wichtigste Maßnahme zur Überwachung dieser unruhigen Grenze war darum weitgehend unabhängig von allem, was sich jenseits der Pyrenäen ereignen würde: Da von der spanischen Mark nicht viel übriggeblieben war, andererseits die Hinrichtung des Herzogs Lupus Aquitanien zu einem verwaisten Land gemacht hatte, beschloß Karl die Errichtung eines Königreichs Aquitanien, das über die Grenzen besser wachen sollte als es – Karls Meinung nach – die Herzöge von Aquitanien bis dahin getan hatten.

»Dann entschloß Karl sich«, schreiben die Reichsannalen, »zum Gebet nach Rom zu ziehen zusammen mit seiner Gemahlin, der Königin Hildegard. Er feierte Weihnachten in der Stadt Pavia und die Jahreszahl änderte sich in 781. Und am Ende der genannten Reise feierte er Ostern im Rom, den 15. April 781. Dort wurde Pippin, der Sohn des genannten großen Königs Karl, getauft von Papst (H)Adrian (I.), der ihn auch selbst aus der Taufe hob, und zwei Söhne des genannten Königs Karl wurden zu Königen gesalbt von dem genannten Papst... Pippin zum König in Italien und Ludwig zum König in Aquitanien.«

Die Gascogne und das alte Septimanien, also die nördlichen Vorlande der Pyrenäen, lagen damals in einer recht unsicheren Zone, so wie auf der südlichen Seite des Gebirgswalls die exponierten Städte Tortosa oder Barcelona. Nicht die Omayaden und nicht die Franken gefährdeten den Frieden in dieser Weltgegend, sondern die lokalen Machthaber, die ihre königlichen Herren in großer Entfernung wußten, suchten sich dadurch Vorteile zu verschaffen, daß sie sich – ohne Rücksicht auf den Glauben – bald an den arabischen Süden und bald an den fränkisch-aquitanischen Norden anlehnten.

Narbonne und Elne, ja sogar Carcassonne haben gefahrvolle Zeiten vor sich, denn der Feind bleibt nahe, und den spanischen Städten der Pyrenäenzone geht es nicht viel besser. Daß die ehrwürdige Felsenstadt Gerona von ihren christlichen Einwohnern den Franken ausgeliefert wird, ist eine der letzten tiefen Enttäuschungen im Leben des großen Abderrahman, des ersten Omayaden (756-788). Mit Toleranz und Großmut hatte er es nicht erreicht, diese Andersgläubigen zu treuen Staatsbürgern zu machen; sie waren bei der ersten Gelegenheit zum Feind übergelaufen und hatten damit jenen seiner Berater Recht gegeben, die ihm ein Leben lang in den Ohren gelegen und härtere Maßnahmen gegen Christen und Juden verlangt hatten. Noch härtere! Denn Abderrahman wußte nur zu gut, daß er kein bequemer Herr gewesen war...

Hatte er unter großen finanziellen Opfern eine Söldnerarmee von vierzigtausend Berbern und Mameluken aufgebaut, damit ihm trotz dieses gewaltigen stehenden Heeres christliche Handstreiche den Lebensabend trübten?

Man ahnt Enttäuschungen, unbefriedigte Sehnsüchte, vielleicht sogar Resignation in diesem Lebensabend in Al-Rusafa, der Residenz unweit Cordoba. Abderrahman hatte auf einem Ausritt eines Tages plötzlich einen einzelnen Palmbaum entdeckt und sich dadurch an seine Heimat Palmyra erinnert gefühlt, weswegen er bei jener Palme seinen Palast erbaute. Die fernen syrischen Ursprünge, die Verbrechen gegen seine Familie, das alles verlor in seinem Leben nie an Bedeutung und verdüsterte eine lange Regierungszeit, über deren Größe und Bedeutung die arabischen Chronisten sich dennoch einig waren. Als Abderrahman I. am 30. September 788 in Cordoba die Augen schloß, überboten Geschichtsschreiber und Hofpoeten einander in Lobsprüchen und Huldigungen für Abderrahman el Dachil, den Ankömmling, der dem arabischen Spanien seine erste große Dynastie gegeben hatte.

Hischam und Hakem

Nach mehr als drei Jahrzehnten einer allzu bewegten Herrschaft soll Abderrahman I. über die Nachfolge so unschlüssig gewesen sein, daß er in einem Augenblick der Resignation bestimmte, jener seiner drei Söhne, der zuerst in Cordoba eintreffe, solle sein Werk fortsetzen. In Wahrheit herrschte die Unsicherheit, welcher wohl der Würdigste sei, nur zwischen dem Ältesten und dem Zweiten, denn für den noch im Orient geborenen Soleiman sprach eben dieses reifere Alter - er zählte vierundvierzig Jahre -, für den knapp dreißigjährigen Hischam hingegen seine umfassende Bildung und sein glühender Glaube. Er trug eben dieser Eigenschaften wegen den Beinamen *al Rida,* das heißt: jener, der uns zufriedenstellt. Und dieser den Vater so sehr zufriedenstellende jüngere Sohn wurde schließlich auch als Nachfolger designiert und ritt mit großem Gefolge durch Merida, um sich zunächst dort als Emir huldigen zu lassen, wo er als Statthalter seines Vaters regiert hatte.

Hischams jüngerer Bruder Abdallah weilte zu diesem Zeitpunkt gerade in Cordoba. Er besetzte blitzschnell den Alcazar und die Palmenresidenz, während Soleiman in Toledo unverzüglich Truppen aushob und die Stadt gegen Hischam in Verteidigungszustand setzte. Auf den Gedanken, daß man den letzten Willen des Vaters friedlich hinnehmen und sich mit der glanzvollen Existenz eines Provinzstatthalters begnügen könne, scheint keiner der beiden Brüder gekommen zu sein.

Dennoch kam es dann nur zu verhältnismäßig kurzen Kämpfen, vielleicht, weil Soleiman wie Abdallah doch ihr Unrecht einsahen, und weil es Hischam gelang, eine friedliche Regelung zu treffen, bevor allzuviel Blut geflossen war und ehe die

Fronten sich verhärtet hatten. Die beiden benachteiligten Brüder erhielten eine hohe finanzielle Abfindung – für Soleiman, den Erstgeborenen, soll sie mit 60 000 Mitkalen eine ungeheure Summe ausgemacht haben – und gingen nach Nordafrika, wo sie sich mit ihrem Vermögen ankauften. (Ein Mitkal entsprach etwa dem römischen Solidus, also 4,54 Gramm Gold. Soleiman erhielt demnach 272 Kilogramm Gold, für die er sich bei Tanger ausgedehnte Besitzungen kaufen konnte.)

Neben diesen Thronfolgekämpfen, in denen Hischam nicht nur Umsicht, sondern auch großen persönlichen Mut bewies, hatte er an inneren Wirren nur einen Berberaufstand zu bestehen, gegen den er mit der gleichen Entschlossenheit vorging. Obwohl die Berber sich in der bis heute schwer zugänglichen Berglandschaft rund um das schöne Ronda verschanzt hatten, wurden sie von Hischams Truppen so fürchterlich gezüchtigt, daß der ganze Bereich der sogenannten Takoronna sieben Jahre lang unbewohnt blieb. Hischam al Rida, der Fürst der allgemeinen Zufriedenheit, hatte mit den Berbern also reinen Tisch gemacht. Es muß damals Tausende von Toten gegeben haben, und zweifellos wurden auch die Frauen und die Kinder nicht verschont, wie die Tatsache der jahrelangen Verödung dieser Landschaft beweist.

Es könnte uns zu denken geben und an zwiespältige Erscheinungen unserer Zeit gemahnen, wenn wir erfahren, daß der Berber-Schlächter Hischam, der zudem den eigenen Sohn ins Gefängnis geworfen hatte, sich zeit seines Lebens den Künsten sehr geneigt zeigte. Er liebte die Poesie in noch höherem Maß als sein Vater und mühte sich als erster Herrscher seiner Zeit ernsthaft ab, seinem ganzen Volk Bildungsmöglichkeiten zu geben. Während Alcuin und der große Karl über die Klöster als Pflanzstätten der Bildung nicht hinauskamen und die Laien im wesentlichen unversorgt blieben, ließ Hischam in allen Städten seines Reiches Schulen einrichten, in denen die Christen arabisch lernen konnten. Hischam selbst hielt zahlreiche Symposien mit Gelehrten ab, die sich in Cordoba um ihn scharten; es waren Theologen und Rechtslehrer, die ihr Wissen aus den Bildungsstätten des Vorderen Orients bezogen und dort den berühmten Malik ibn Anas gehört hatten. Damit war die Keimzelle jener Universität Cordoba gegeben, von der stärkste geistige Einflüsse ins Abendland, aber auch nach Afrika ausstrahlen sollten. Noch sind wir weit von jenen Blütezeiten entfernt, in denen die Stadt Cordoba mit einer halben Million Einwohnern so berühmt sein wird, daß selbst unsere Hrozwith von Gandersheim von ihr spricht; aber der Anfang ist gemacht, ist in sehr frühen Zeiten gemacht, in der zweiten Generation der Emire aus dem Haus der Omayaden.

Hischam hat bei einer dieser gelehrten Zusammenkünfte auch eine vertrauliche Mitteilung erhalten, die ihm zweifellos nicht willkommen war. Einer der Astrologen, die sich ihr Wissen an den alten Schulen des Orients erworben hatten, sagte Hischam ganz offen, daß er nicht lange leben werde: Acht Jahre Regierungszeit, mehr sei ihm von den Sternen nicht zugemessen. Diese vielfach bezeugte Prophezeiung verstärkte die Einflüsse des Glaubens auf Hischams Leben und Wirken; sollte es ihm auch nicht vergönnt sein, so lange zu regieren wie sein Vater, so wollte er in diesen acht Jahren für seine Religion doch nicht weniger tun, als Abderrahman I. in der vierfachen Zeit. Und als habe das ganze sonst so unruhige Volk diesen Entschluß respektiert, als habe es sich vor dem Schicksal gebeugt, das diesen hochbegabten Monarchen so bald wieder abzuberufen gedachte, regierte Hischam tatsächlich begünstigt durch einen inneren Frieden, wie er vor und nach ihm auf der Halbinsel der vielen Völker und Religionen selten war.

Dies kam einer Stabilisierung des Islam zugute, der im Kalifenreich bereits durch Neuerer und Umdeuter in eine zweite Phase seiner Existenz getreten war. Hischam blieb der Anhänger einer reinen und traditionellen Lehre und ließ an diesen orthodoxen Auffassungen keinen Zweifel aufkommen. Gnadenlos hart gegen jene, die sein Reich gefährdeten – die gefangenen Berber-Rebellen wurden einer neben dem anderen gepfählt –, zeigte Hischam sich seinem eigenen rechtgläubigen Volk als ein Fürst, wie alle Araber ihn sich erhofft hatten. Er liebte seine Gärten, pflegte seine Blumen, spielte Schach mit dem Astrologen, der ihm den nahen Tod verkündet hatte, und schonte sein Privatvermögen nicht, wenn es darum ging, Glaubensbrüder aus christlicher Gefangenschaft freizukaufen.

Die herausragenden Bauten des Regierungssitzes Cordoba, die Römerbrücke und die große Moschee, lagen ihm gleichermaßen am Herzen. Die Brücke erneuerte er nach einem Hochwasser, das sie beschädigt hatte, und die Moschee wurde, wie beinahe unter jedem Omayaden, unter Hischam größer und weitläufiger, als sein Vater sie begonnen hatte. An diese gewaltige Aufgabe, deren Umfang wir heute noch erkennen können, wenn wir in der Mezquita stehen und die Symphonie der Bogen über uns wogt, dachte Hischam, wo immer er weilte. Ja, in gewissem Sinn führte er sogar seine Feldzüge gegen die christlichen Reiche im Norden und Nordosten ein wenig auch zum größeren Ruhm und zum schnelleren Gedeihen dieses ungeheuren Bauwerks.

Der hochgebildete Hischam wußte genug von der Welt, um Karl den Großen als einen Gegner zu erkennen, dem man höchstens ein paar Außenwerke, die eine oder andere vorgeschobene Bastion würde abjagen können. Wie groß das Frankenreich inzwischen geworden war, wie viele Länder es umfaßte und wie es innerlich gefestigt worden war durch die engen Verbindungen zum Papst in Rom, das war einem geschulten Verstand wie dem Hischams ungleich deutlicher geworden als seinen oft blindwütig kriegführenden Vorgängern. Darum wandten sich die Armeen, die Hischam für den Islam ausrüstete und marschieren ließ, in erster Linie gegen das christliche Asturien.

Nur ein halbes Jahrhundert war seit dem ersten halblegendären Sieg des Pelayo im engen Tal von Covadonga vergangen, und wie eindrucksvoll hatte sich dieses einst winzige Bergkönigtum inzwischen vergrößert, begünstigt durch den andauernden inneren Unfrieden des Maurenreiches unter Abderrahman I. Aus dem Raum Cangas de Onis heraus hatte sich Asturien im Norden bis zum Meer hin geweitet, im Westen aber ganz Galicien geschluckt und mit Leon, Lugo und La Coruña einige städtische Zentren hinzugewonnen, so daß der

Duero nun die Südgrenze Asturiens bildete. Damit war, wenn man die karolingischen Städte in Nordostspanien hinzunahm, etwa ein Viertel der Halbinsel inzwischen wieder christlich geworden, obwohl doch wenige Jahrzehnte zuvor die arabischen Reiter selbst in Gijon und Lugo das Banner des Propheten aufgepflanzt hatten.

Die Kerngebiete des asturischen Reiches hießen bezeichnenderweise *Campi gothici,* also die gotischen Felder, und Alfons I. und seine Nachfolger verstanden sich auch als gotische Könige, wie uns eine Reihe wunderschöner gotischer Frauennamen aus der asturischen Genealogie belegt: Don Pelayo war mit einer Gaudiosa verheiratet und hatte seine Tochter Hermisenda dem Herzog Alfons von Kantabrien zur Frau gegeben; der wiederum hatte eine Tochter namens Adosinde...

Aber auch von diesen Namen abgesehen muß noch viel Gotisches oder auch Suebisches hier im spanischen Norden wirksam geblieben sein, denn in Asturien verstand man sich eben zu wehren. Pelayo mit seinem westgotischen Königsblut und einer vermutlich aus dem lokalen Adel stammenden Gemahlin bildet den Ursprung der einen Linie, die sich mit den Herzögen von Kantabrien verband. Und wer Kantabrien kennt, der vermag sich unschwer vorzustellen, wie es dort im achten Jahrhundert aussah: das war keine Gegend für Palmengärten, Blumenbeete und Poesien, hier fanden auch zweifellos keine gelehrten Symposien statt, hier kämpfte ein Restvolk um sein Überleben, und es tat dies mit bemerkenswerter Bravour.

Abderrahman I. hatte wegen seiner zahllosen Fehden im Innern an dieser Nordfront weitgehend Frieden gehalten, und da in Asturien mit Mauregat ein unehelicher Sohn Alfons I. geherrscht hatte, der ohnedies nicht allzufest im Sattel saß, hatte diese Übereinkunft auch bis 788 im ganzen gut funktioniert. In diesem Jahr aber waren beide Vertragspartner gestorben, Hischam fühlte sich aller Verpflichtungen ledig und proklamierte, kaum daß er die Ansprüche seiner Brüder abgefunden hatte, *Alighet,* den heiligen Krieg. So wie die Christen in den Selbstbehauptungs- und Expansionskämpfen der asturischen Waffen den Beginn der Reconquista und die Erfüllung einer heiligen

Pflicht sahen, so faßten auch die Muslimen die Totaleroberung der Halbinsel, ja vermutlich sogar die Raubzüge nach Gallien, als Aktionen zum größeren Ruhm des Propheten und seiner Religion auf.

Wir wissen von insgesamt zwei großen Feldzügen Hischams gegen Asturien. Den ersten trugen zwei Armeen, von denen die weiter westlich operierende neununddreißigtausend Mann stark gewesen sein soll. Nach Verheerungen in Galicien habe sie viel Vieh weggetrieben und viele Gefangene als Sklaven eingebracht. Die zweite Armee stieß in die Campi Gothici hinein, also in den Raum südlich von Burgos und Leon. Die Stadt Cauca, Vorgängerin des erst 900 begründeten Burgos, ging damals vermutlich an die Mauren verloren und wurde zerstört. Doch als die Armee Hischams sich den Weg durch die Cordillera Cantabrica zu erkämpfen suchte, schlug Alfonso el Casto zu und erreichte zumindest, daß die Muslimen nach Süden zurückströmten und ihr Vorhaben für dieses Jahr aufgaben. Im Zusammenhang mit diesem Sieg, der den bis dahin nicht sonderlich beliebten König seinem Volk näherbrachte, verzichtete Bermut, des Alfons mitregierender Vetter, auf die bis dahin ihm unterstehenden Landesteile und ging wieder in das Kloster zurück, aus dem er 788 auf den Thron gerufen worden war (14. September 791). Der Ort der Schlacht, in den Chroniken einmal mit Burbia, einmal mit Burebia angegeben, ist bis heute nicht ermittelt, vor allem, da nicht von einer Stadt oder Brücke dieses Namens, sondern von einem Gebirge die Rede ist. Es kann sich nach Lage der Dinge aber nur um den Pajares-Durchbruch gehandelt haben, etwa 130 Kilometer nördlich von Leon an der Straße nach Oviedo, einer trotz ihrer relativ geringen Höhe von 1370 Metern eindrucksvollen Gebirgsszenerie. Heute ein Forellen- und Skiparadies mit einem schönen Staatshotel, war die Gegend den Königen Asturiens noch lange des Gedenkens an diesen entscheidenden Sieg wert, wie uns das aus dem neunten Jahrhundert stammende Heiligtum von Santa Cristina, etwa zwanzig Kilometer nördlich der Paßhöhe heute noch beweist.

Nach dieser offensichtlich ziemlich schweren Niederlage

kam es 792 zu keinem jener Sommerraubzüge oder Razzien, wie sie zumindest für die örtlichen maurischen Statthalter bereits zur Tradition geworden waren, sondern Hischam rüstete wiederum überlegt und umfassend und sandte 793 abermals zwei Armeen in den Norden. Die eine stieß durch die Ostpyrenäen nach Gallien vor, die andere aber fiel, von einem Grenzstatthalter geführt, in Asturien ein.

Auch sie hatte die üblichen Anfangserfolge, denn in jenen Zeiten ohne funktionierende Warnsysteme oder Geheimdienstarbeit war der Angreifer zunächst stets im Vorteil. In dem ohnedies armen Land wurden die unter Opfern errichteten bescheidenen Kirchen niedergebrannt, die Gehöfte wurden verheert und sogar die Festungen erobert, ehe die durch die leichten Erfolge unvorsichtig gewordenen Sarazenen in die damals noch ausgedehnten Sumpfgebiete der Flüsse Nora und Norena gerieten und hier, wo sich nur der Ortskundige gefahrlos bewegen kann, durch Alfons I. eine fürchterliche Niederlage hinnehmen mußten. Die Chroniken von Albelda und des Sebastiano Salmanticensis nennen als Ort der Schlacht keine Stadt, sondern eine Gegend: *loco qui dicitur Lutos*. Bei Rodericus Toletanus heißt der Ort Lucos. Es mag sich demnach um Lugones, nordwestlich von Oviedo an der Straße nach Gijon gelegen, oder aber um das Dorf Lugo in der Nähe des Flughafens von Oviedo handeln. Die Verluste der Mauren werden von den Siegern mit sechzigtausend Mann angegeben, das ist die Ziffer aus der wohl wertvollsten Chronik (Albelda); die anderen Quellen haben siebzigtausend, ja neunzigtausend, was als unwahrscheinlich bezeichnet werden muß. Sicher ist, daß den Geschlagenen bei dieser Gelegenheit die ganze Beute wieder abgenommen werden konnte, die sie bis dahin gemacht hatten. Davon wurden zwar die Toten dieses Jahres nicht wieder lebendig, aber die Gefangenen konnten befreit werden, und angesichts der großen Zahl maurischer Gefangener kam es auch zu einem gewissen Austausch gegen jene Untertanen Königs Alfons, die zwei Jahre zuvor aus Galicien fortgeführt worden waren. Unter den toten Mauren fanden sich, wie die Chroniken mit Befriedigung melden, die Feldherren.

Mehr Erfolg hatte Hischam mit dem gleichzeitigen Vorstoß gegen Narbonne, denn König Ludwig von Aquitanien stand zu dieser Zeit gegen den Herzog von Benevent in Italien. Hischams Feldherr rückte über Narbonne, das leergeplündert und niedergebrannt wurde, bis Carcassonne vor, und erst hier, am Orbieu, trat ein aquitanisches Heer unter Wilhelm von Toulouse den Arabern entgegen. Die Araber hatten offenbar wegekundige Führer; sie ließen das zerklüftete Hügelland der Corbières links liegen und drangen in der Schneise von Lezignan längs der Römerstraße nach Westen vor. Das Flüßchen konnte sie dabei ebensowenig aufhalten wie die eilig zusammengeraffte, zahlenmäßig viel zu schwache Streitmacht des tapferen Herzogs. Als seine Reserven bereits dahingeschmolzen waren, führten die Araber noch immer frische Truppen ins Feld, so daß sich die Franken aus Toulouse, das zweite Aufgebot nach den in Italien stehenden Kriegern, schließlich zur Flucht wandten. In der *Histoire du Languedoc* von René Nelli wird die Schlacht sogar als unentschieden bezeichnet: Herzog Wilhelm mit der kurzen Nase, *Guillaume au court-nez,* habe wahre Wunder an Kampfesmut vollbracht und es die Araber teuer erkaufen lassen, daß sie die Walstatt schließlich behaupteten.

Einvernehmen herrschte darüber, daß die Mauren sich nach der Schlacht nicht weiter ins Land vorwagten, sondern mit ihrer reichen Beute den Rückmarsch über die Pyrenäen antraten, was für ein unentschiedenes Treffen spricht. Vor allem aus Narbonne aber - oder aus den Vorstädten, wenn die Chronik von Moissac recht hat und die Stadt selbst nicht erobert wurde –, führten die Araber diesmal besonders viele gefangene Frauen, Kinder und Männer mit sich, eine Sklavenbeute, deren fünfter Teil, wie er auf den Emir Hischam entfiel, noch fünfundvierzigtausend Köpfe betragen haben soll. Angesichts damaliger Bevölkerungszahlen und der bekannten Neigung arabischer Chronisten, die eigenen Erfolge in den Himmel zu heben, kann man diese Zahl natürlich nicht ernst nehmen; aber selbst wenn Hischam nur zwei- oder dreitausend Sklaven aus Septimanien erhielt, wenn insgesamt also zehntausend Menschen fortgeführt wurden, war das ein bitterer Verlust.

Wie viele oder wie wenige es auch waren, man hatte fortan etwas ganz Besonderes mit ihnen im Sinn, hüben wie drüben: Die muslimischen Gottesstreiter halsten ihren Gefangenen all das auf, was sie an frommem Gerät in Kirchen und Klöstern jenseits der Pyrenäen geraubt hatten. Unbesorgt um die christliche Magie ließen sie alles was glitzerte oder gläsern blinkte, alles was schön und edel und vor allem schwer von Vergoldungen und kunstvollem Schnitzwerk war, auch noch mitschleppen, zusätzlich zum eigentlichen Raub für die eigene Tasche. So versöhnten sie Allah mit ihren Untaten, trübten ihm den Blick für all das, was sie mit den Christenweibern getrieben hatten, und brachten dem Emir den Schmuck für seine große Moschee mit.

Diese große Moschee in ihrem ersten Bauplan zu vollenden, das wurde tatsächlich die letzte Aufgabe Hischams I. an seinem Lebensabend. Abderrahman I. hatte drei Jahre vor seinem Tod, also doch ein wenig spät, den Entschluß zu dem großen Werk gefaßt und nach dreißig Regierungsjahren den Christen die Kirche abgehandelt, in der bis dahin – durch eine eingezogene Wand getrennt – sowohl unser Herrgott als auch Allah angebetet worden waren. Abderrahman hatte die christliche Hälfte nicht einfach enteignet – dazu kannte man sich inzwischen schon zu gut –, sondern er hatte Geld geboten. Aber ein Nein hatte es dennoch nicht geben können. So war also im Herzen der Stadt Cordoba nun Raum für eine Moschee, für die größte Moschee des islamischen Spanien, ja des ganzen Westens. Mit ihrem Bau gedachte der erste Omayade die Abbasiden von Damaskus und Bagdad zu übertreffen, aber der Tod hindert ihn an der Vollendung des Werkes.

Aus der abgetragenen westgotischen Kathedrale stammten die ersten Steine für die Moschee; der heilige Vinzenz hielt also stumm seinen Einzug in die Mezquita. Auf elf Schiffe berechnet, erhielt sie von Hischam I. noch ein Minarett und war so in ihrer Art und ihren Abmessungen vollendet, als Hischam I. im April des Jahres 796 starb. Wenn wir heute, die Puerta del Perdon im Rücken, durch den Orangenhof auf den Bau zugehen, der ja inzwischen wieder zur Kathedrale geworden ist, haben

Die Moschee von Cordoba, heute eine Kathedrale. Holzstich des 19. Jh.

wir die *Mezquita primitiva,* die erste Moschee der Omayaden, genau vor uns und betreten sie durch die Puerta de las Palmas. Die elegante Doppelbogen-Architektur, die dem großen Bau eine beinahe verspielte Leichtigkeit gibt, erklärt man sich aus dem Vorhandensein besonders zahlreicher Säulen aus römischer Zeit, die jedoch nicht die volle notwendige Länge gehabt hätten. Darum habe der erste maurische Architekt aus der Not eine Tugend gemacht und – statt der simplen Bogenreihung, wie man sie sonst findet – diese wunderbaren Wände aus Luft und steinernem Spiel erdacht, in denen auf der unteren Bogenreihe eine zweite steht. Die Tatsache, daß diese steinerne Kunst damit an einen Hain, an Palmstämme erinnert, wie sie Abderrahman I. wegen der Stimmungsanklänge an seine Kindheit in Palmyra so teuer waren, könnte die Vermutung nahelegen, daß der Emir selbst an dieser überraschenden architektonischen Konzeption beteiligt war.

Ob Hischam diese Vollendung in der ersten Gestalt noch erlebte, ob er den Muezzin vom befohlenen Minarettbau herab zum Gebet rufen hörte, muslimischen Triumph hinausschreiend an der Stätte der alten westgotischen Kathedralkirche, das weiß man nicht. Nur daß er gefaßt und wie ein Weiser starb, der junge Hischam, das steht fest. Nach nur acht Regierungsjahren abberufen und doch in einem Punkt mit Sicherheit eine ganz wesentliche Erscheinung: mit ihm beginnt die neue Reihe maurischer Herrscher, jener, die nichts Barbarisches mehr an sich haben und die sich von den ersten kriegerischen Generationen tatsächlich deutlich abheben als Fürsten einer jungen, selbstbewußten und die neue Religion in allen Lebensäußerungen des Staates verwirklichenden Dynastie.

Hakem, Hischams ältester Sohn, war etwa zweiundzwanzig Jahre alt, als sein Vater starb, und da er so früh an die Macht gelangte, waren ihm schließlich sechsundzwanzig Regentenjahre zugemessen, obwohl auch er nicht alt wurde, sondern starb, noch ehe er das fünfzigste Lebensjahr erreicht hatte. Noch eindrucksvoller ist jedoch die Bilanz seiner Nachkommenschaft: als er starb, beweinten ihn nicht weniger als neunzehn Söhne und einundzwanzig Töchter, so daß man sich zunächst an den Kopf greift, wie derlei denn möglich sei, und danach aufatmend feststellt, daß der Prophet seinen Gläubigen ja *vier* Frauen gestattet hatte. Wozu noch kommt, daß ein Emir von Cordoba sich ganz gewiß auch an diese vierfache Möglichkeit, Nachwuchs in die Welt zu setzen, nicht gebunden fühlte.

Die Jahre 796 bis 800 seiner Regierung, also der schwierige Anfang, glichen so sehr dem, was sein Vater und sein Großvater an Schwierigkeiten zu überwinden hatten, daß wir die Einzelheiten des militärischen Hin und Her übergehen dürfen, sie wären als Wiederholungen doch nur ermüdend. Die Oheime nämlich, die von Hischam seinerzeit so großzügig abgefundenen

Brüder Soleiman und Abdallah, kamen auf die Nachricht von Hischams Tod aus ihrem luxuriösen Exil bei Tanger und versuchten, dem Neffen die Herrschaft streitig zu machen. Erwähnenswert an diesen Aktionen bleibt lediglich, daß die Invasion über See den jungen Hakem auf die Wichtigkeit einer Flotte hinwies. Sein Großvater hatte in seinen letzten Regierungsjahren einige große Schiffe bauen lassen, weil er ja Damaskus angreifen und seine Verwandten an den Abbasiden rächen wollte. Hakem, sein Enkel, sah nun, daß ihm ein paar gute Kriegsschiffe jahrelang verlustreiche Feldzüge erspart hätten.

In diesen Jahren innerer Schwäche des Omayadenreichs stießen die Franken wieder über die Pyrenäen vor und Barcelona wurde nach neunzig Jahren unter dem islamischen Joch wieder eine christliche Stadt – allerdings erst nach sieben Monaten harter Belagerungskämpfe und nachdem König Ludwig sich in eigener Person vor der Stadt eingefunden hatte.

In dieser Bedrängnis von innen und außen hatte Hakem mit König Alfons dem Keuschen von Asturien schließlich einen langen Frieden verabreden müssen, der naturgemäß beiden Staaten zugute kam. Hakem konnte zwischen dem verlorenen Barcelona und dem ruhigen Asturien immerhin Saragossa und die Ebrogrenze halten. Alfonso I. von Asturien aber hatte die Ruhejahre vielleicht noch nötiger als der Emir, denn ihn hatte seine Verehrung für Karl den Großen mit dem eigenen Adel entzweit. Während das Volk dem tapferen König in unwandelbarer Treue anhing, sah der gotische Adel Asturiens mit wachsendem Mißbehagen, daß König Alfons alljährlich Gesandtschaften nach Aachen und an andere Residenzorte des inzwischen wirklich zum Herrn des Abendlandes gewordenen Königs Karl abfertigte. Sie überbrachten Geschenke und Ergebenheitsadressen und vielleicht sogar das Angebot, Asturien nach Alfons' Tod zur Gänze an das Frankenreich fallen zu lassen, da der keusche König ja keinen Leibeserben hatte. Die Goten und die Franken waren nämlich Feinde seit nunmehr vierhundert Jahren, und was half es, sich gegen die Mauren so mannhaft behauptet zu haben, wenn Alfons nun das ganze Land den Franken in die Hände spielte?

Alfonso el Casto wurde von einer Adelsfronde abgesetzt und ins Kloster gesperrt, bald darauf jedoch wieder von seiner eigenen Partei befreit und, bei seiner Rückkehr auf den Thron, vom Volk herzlich gefeiert. Immerhin hatte der Zwischenfall ihn gewarnt, und er widmete sich fortan einer weniger gefährlichen Verehrung: der des Spanienapostels Jakob, Sant'Jago genannt. König Alfons begründete über den Gebeinen des Heiligen die nachmals so berühmte Pilgerstätte Santiago de Compostela.

In einem Wald bei der heutigen Stadt Padrón, die damals noch ihren römischen Namen Iria trug, waren nächtliche Lichter gesehen worden und vom Himmel herabsteigende Engel. Als man bald darauf auch noch einen unbekannten, unverwesten männlichen Leichnam in diesem Gehölz fand, glaubte das kleine, vom Islam ständig bedrohte Land fest an einen in der Bucht von Iria angetriebenen Heiligenleichnam aus dem Morgenland. Der fromme König verschloß sich dieser Überzeugung nicht, sondern ließ ein paar Meilen weiter landeinwärts ein hölzernes Heiligtum errichten, über dem Grab jenes Unbekannten und für Pilger gut zugänglich.

Damit hatte Alfonso el Casto vermutlich mehr für die Reconquista, für die Rückeroberung des ganzen Spanien, getan als durch seine erstaunlichen Waffentaten, denn die Pilgerfahrt zu jenem Grab ließ im gesamten abendländischen Rittertum die Verpflichtung entstehen, sich für die Rückgewinnung Spaniens einzusetzen. Papst Innozenz I. (402-417) hatte schon mit aller Deutlichkeit gesagt, daß keiner der zwölf Apostel jemals in Spanien gewesen sei, und jener Jakobus der Ältere, Sohn des Fischers Zebedäus, der angeblich Spanien missioniert hatte, war ja auch im Jahr 44 von Herodes Agrippa I. öffentlich hingerichtet worden. Aber wenn man schon an Wunder glaubt, dann kann man auch glauben, daß dieser Leichnam durchs Mittelmeer und die Straße von Gibraltar den Weg in jene schmale Bucht an Spaniens Nordwestecke gefunden habe. Es ist beinahe so wahrscheinlich oder unwahrscheinlich wie die heutige Annahme der Kirche, daß die Gebeine des Jakobus im siebten Jahrhundert vor den anstürmenden Mohammedanern aus dem Morgenland gerettet und nach Spanien gebracht worden seien, wo sie schließlich nicht viel sicherer ruhten.

Überqueren wir heute die westlichen Pyrenäen in Richtung Spanien, so empfangen uns schon auf den windumtobten Höhen des Gebirges die ersten verwaschenen Schilder mit der Aufschrift *El Camino de Santiago*, der Weg zum Heiligtum des Spanienapostels. Auf ihm zogen seit dem neunten Jahrhundert die Gläubigen durch Nordspanien, um die kleine Stadt zu besuchen, die sehr schnell rund um das zunächst hölzerne Heiligtum aus den Zeiten des Königs Alfons entstanden war. Um diese Pilger zu schützen – in Frankreich gegen Wegelagerer, in Spanien gegen die Razzien der Mauren –, waren jene kampfkräftigen Ritterorden entstanden, die Spaniens Rechristianisierung zu einer Sache des ganzen Abendlandes werden ließen und die schließlich auch die Hauptträger des Kreuzzugsgedankens wurden.

Die ersten Bischöfe, die sich dieser Legende annahmen und aus ihr den Ort mit Europas berühmtester Wallfahrt machten, waren Odoar von Lugo und Theudemir von Iria, zwei Goten; das Bistum Iria wurde bald darauf nach Santiago verlegt. Und König Alfons, solchermaßen beflügelt und in seinem Glauben bestätigt, versuchte es fortan seinem großen Gegner Hakem I. gleichzutun und errichtete in seinem armen Land die schönsten Kirchen, vor allem natürlich in seiner Residenz Oviedo. Von San Tirso hat sich der Chorschluß erhalten, und San Julian de los Prados, genannt El Santullano, steht in seiner ganzen reizvollen, an westgotische Vorbilder gemahnenden Architektur noch vor uns; daneben entstanden noch San Pedro de Nora und verschiedene Paläste. Von diesen Bauten sprechen die zeitgenössischen Berichte mit ehrlichem Erstaunen, denn man hatte so viel Kunst und Schönheitssinn, so viel Reichtum der Innenausstattung und Energie der Vollendung dem armen

Asturien offensichtlich nicht zugetraut. Aber Alfons der Keusche war eben keiner jener ein wenig pauschalierend Faulenzerkönige genannten kleinen Herren, wie sie vor ihm regiert hatten, sondern ein Fürst der karolingischen Epoche mit ihrem großen ersten Aufschwung aus den Niederbrüchen des frühen Mittelalters. Hakem I., der in Cordoba ein höchst unkeusches Leben führte, hatte wiederholt Gelegenheit, die Härte seines frommen Nachbarn kennenzulernen.

Alfonso schien aus dem Kloster Abelania, wohin seine Gegner ihn für den Rest des Lebens hatten verbannen wollen, mit neuen Kräften auf den Thron zurückgekehrt (802), Hakem hingegen hatte in den größten Städten seines Reiches – in Merida, Cordoba und Toledo – hartnäckige Verschwörungen zu bekämpfen. In Toledo war es die starke christliche Bevölkerungsmehrheit, die im Vertrauen auf die Felsenlage ihrer Stadt dem Emir jahrelang zu schaffen machte, in Cordoba aber waren es die eigenen Glaubensbrüder und Verwandten.

In Toledo war es Hakems Statthalter Amruz, der durch eine sehr riskante Kriegslist die Lage rettete: Er führte Hakems vierzehnjährigen Sohn Abderrahman mitten hinein in die aufrührerische Stadt mit ihren vielen unzufriedenen Bürgern. Dem Prinzen konnten sie die Huldigung jedoch nicht verweigern, sondern kamen schon um der Opposition gegen den Vater willen. Dabei ließ Amruz die Falle zuschnappen. Ob es nun fünftausend oder nur vierhundert Empörer waren oder eine dritte Anzahl zwischen diesen Extremen der Quellenberichte, Toledo jedenfalls war befriedet, die Gegenströmung ihrer Häupter beraubt.

In Cordoba kam Hakem der Wankelmut eines Vetters zu Hilfe – der vielleicht auch ein Onkel war. Dieser Casim sollte von einer offenbar religiös-orthodox orientierten Gruppe an Hakems Stelle gesetzt werden, da der Emir durch die zahlreichen Hinrichtungen nach der Revolte von Merida und dem Handstreich von Toledo die Gläubigen ebenso gegen sich aufgebracht hatte wie durch seine Ausschweifungen. Casim aber verriet Hakem, daß er am kommenden Freitag in der Mezquita ermordet werden sollte und übergab, um sich zu retten, auch eine Liste aller Verschworenen. In der Nacht von Donnerstag auf Freitag wurde nach dieser Liste verhaftet, und am Freitag morgen, der Stunde seiner geplanten Ermordung, lagen vor dem Emir, auf dem roten Teppich des Alcazars von Cordoba, nicht weniger als dreihundert Köpfe vornehmer Cordovaner.

Der Zwischenfall hatte Hakem gezeigt, daß er auch in seiner Metropole nicht sicher war, und er begann mit der Aufstellung einer Leibwache, die bezeichnenderweise nicht aus Arabern, sondern aus ehemaligen Christen bestand. Von den insgesamt fünftausend Mann waren dreitausend übergetretene spanische Christen, sogenannte Benicazzi, weitere zweitausend jedoch gekaufte Sklaven aus Slavonien, von manchen Christen auch Mameluken genannt. Es ist keineswegs sicher, daß sie zum Islam übertraten, denn sie hießen bei den Arabern *die Stummen*, Menschen, die keine der in Cordoba üblichen Sprachen beherrschten und daher ohne Kontakt mit der Bevölkerung blieben. Nach einer Quelle sollen sie sogar Eunuchen gewesen sein, was nicht ganz unwahrscheinlich ist: schließlich bewachten sie einen Palast, in dem es von schönen Frauen und Mädchen nur so wimmelte, und mußten Hakem auch bei seiner Lieblingsbeschäftigung – dem phantasievollen Umgang mit all dieser Weiblichkeit – beschützen. Den Import der Slavonier, kräftiger Männer von Dalmatien und aus dem Hinterland der adriatischen Slawenküste, hatten die Venezianer bewerkstelligt, bei denen ja schon im achten Jahrhundert gegen Geld alles zu haben war und die über Gefangene vom anderen Adriaufer in hinreichender Anzahl verfügten.

Das Geld für diese Käufe gedachte Hakem sich von den aufmüpfigen Cordovanern zu holen, da ja sie es gewesen waren, die ihn zu dieser Ausgabe genötigt hatten. Also belegte er die Lebensmittelverkäufe auf dem Markt mit einer entsprechenden Steuer. Die Stadt, die unter Hakem schon mindestens dreihunderttausend Einwohner zählte, hatte eine besonders unruhige Proletariervorstadt südlich der Römerbrücke. Als dort die Steuereinnehmer erschienen, wurden sie tätlich angegriffen, wobei sich vor allem zehn Männer besonders hervortaten. Hakem befahl wütend, diese zehn öffentlich zu pfählen, aber die abschreckende Wirkung dieser Strafe blieb nicht nur aus, sie verkehrte sich sogar in ihr Gegenteil: ein allgemeiner Aufruhr war die Folge, gegen den Hakem I., die Bitten seines Sohnes und seiner Berater nicht achtend, in eigener Person mit der gesamten Leibwache anstürmte und wie ein zorniger Racheengel die Vorstadt eroberte. Nun waren die Unglücklichen, die auf ihren Pfählen langsam dahinstarben, überhaupt nicht mehr zu zählen, ja Hakem hätte in seiner besinnungslosen Wut auch die noch am Leben gebliebenen etwa fünfundzwanzigtausend Einwohner jener Vorstadt umbringen lassen, wäre nicht ein besonnener Minister dazwischengetreten. So wurden die Rebellen lediglich des Landes verwiesen und gingen in die wenige Jahre zuvor begründete und durch diesen Bevölkerungszustrom bald aufblühende Stadt Fez.

Die unbotmäßige Vorstadt wurde tagelang zur Plünderung freigegeben, und die Slavonier Hakems sollen bei dieser Gelegenheit die schlimmsten Grausamkeiten verübt haben, die je auf spanischem Boden geschehen sind. Die Vorstadt wurde nicht mehr besiedelt, bis 1369 der Brückenkopf La Calahorra errichtet wurde, Hakem I. aber führte fortan den Beinamen *der Grausame,* Abul Aasi, gelegentlich auch *der von der Vorstadt,* Alrabdi.

Der kluge Hadschib Abdelkerim, Hakems Erster Kriegs- und Friedensminister, wie der Rang übersetzt lautet, war über die Ereignisse tief bekümmert, denn er sah nach den Schlächtereien von Cordoba eine Reihe weiterer Aufstände voraus. Er bemühte sich insgeheim, die Vertriebenen wenn schon nicht mit dem Emir, so doch mit dem Emirat zu versöhnen und half den Idusiden Nordafrikas, die kurz zuvor die Stadt Fez begründet hatten, sich von den Abbasiden zu lösen und im Bündnis mit Cordoba eine kleine selbständige Herrschaft aufzubauen. So blieben die Vertriebenen in einer gewissen Verbindung mit ihrer Heimat, und Fez hatte den Vorteil einer regsamen Einwohnerschaft, die unter dem südlicheren Himmel immerhin ein wenig mehr Freiheit genoß als am Guadalquivir.

Eben dieser Minister – der gute Geist eines von vielen als böse angesehenen Herrschers – war es wohl auch, der Hakem I.

vor Augen führte, daß man die Muslimen beschäftigen müsse, wenn sie ihre Tatenlust nicht gegen den Emir selbst richten sollten. Sie waren nun einmal Nomaden, sie waren insgeheim stets auf Raub aus, und wenn er den Frieden mit dem so tapfer kämpfenden König von Asturien noch nicht brechen wollte, so könne man andererseits ohne großes Risiko mit der Flotte auf Raub ausgehen.

Wozu eine Flotte dienen konnte, das hatte Hakem ja schon in den ersten Jahren seiner Herrschaft erkennen müssen. Seither waren immer, wenn er Geld erübrigen konnte, neue Schiffe auf Kiel gelegt worden, und etwa seit dem Jahr 800 schwärmten die kleinen Flotten Hakems, randvoll mit kampflustigen Muslimen beladen, in das westliche Mittelmeer aus. Die Balearen hatten zu wiederholten Malen kriegerischen Besuch, vor allem seit sie 799 mit einer fränkischen Besatzung versehen worden waren. Auf der kleinen Insel Pantellaria zwischen Sizilien und Afrika wurde ein Kloster überfallen, und Hakems Leute brachten sechzig Mönche als Gefangene ein. Die heftigsten Kämpfe gab es jedoch auf den großen Inseln: auf Korsika, das noch heute den Mohrenkopf mit dem blauen Band der Omayaden im Wappen führt, weil man sich an die Siege von damals zu erinnern wünscht, und auf Sardinien, das sich noch besser zu verteidigen verstand, weil es an der gefährdeten Westküste nicht so zerklüftet ist wie Korsika und die Alarmtruppen schneller an Ort und Stelle sein konnten.

Die Reichsannalen erwähnen verschiedene dieser Einfälle, so im Jahr 806: »In diesem Jahr wurde nach Korsika gegen die Mauren, welche diese Insel verwüsteten, von (Karls Sohn) Pippin eine Flotte aus Italien abgeschickt; die Mauren aber machten sich, ohne die Ankunft derselben abzuwarten, davon. Einer von den Unsrigen, der Graf Hadumar von Genua, fiel in einem Kampf, in den er sich unvorsichtig mit ihnen eingelassen hatte... (809). Die Mauren kamen von Spanien nach Korsika herüber, plünderten am heiligen Ostersabbat eine Stadt und ließen nichts in ihr zurück als den Bischof und einige Alte und Kranke.«

Obwohl zwei Annalisten diesen Überfall erwähnen, ist die

Stadt nicht genannt; es scheint sich aber um Grossa gehandelt zu haben, eine bis heute sehr still wirkende kleine Stadt auf dem Landvorsprung westlich von Sartène. Sie hatte unter den Maurenangriffen besonders zu leiden, diente jahrzehntelang den Schiffen der spanischen Araber gleichsam als Aktionsbasis und wurde von der einheimischen Bevölkerung darum völlig aufgegeben. Noch heute gibt es hier zwischen dem Leuchtturm, der bezeichnenderweise Campomoro heißt, und dem Capo di Roccapina mit dem nahen Sarazenenturm von Olmeto keine nennenswerte Siedlung. Der Papst selbst, dem die Insel unterstand und der ihren Schutz den Franken übertragen hatte, mußte in einem Sendschreiben die Bauern und Fischer von Korsika auffordern, nicht zu fliehen, ihre Insel nicht aufzugeben, man werde der Mauren schon Herr werden – eines Tages...

Während Korsika offensichtlich nie ein ständiges fränkisches Flottenkommando hatte, war für Sardinien, das sich recht tüchtig selbst verwaltete, ein eigener Markgraf bestellt worden. Er hieß zu Hakems Zeiten Burchard und scheint ein guter Kämpe gewesen zu sein. »Die Mauren fuhren wie gewöhnlich von Spanien aus«, lesen wir unter dem Jahr 807 in den Reichsannalen, »landeten zuerst in Sardinien, wo sie in einem Treffen mit den Sarden dreitausend ihrer Leute verloren, und wandten sich dann gegen Korsika. Hier gerieten sie in einen Kampf mit der Flotte des Burchard in einem Hafen dieser Insel, wurden abermals besiegt und verjagt, wobei sie dreizehn Schiffe verloren und von ihren Leuten sehr viele ums Leben kamen.« Das war zweifellos ein Unglücksjahr für Hakem, aber es kam für die Mauren noch schlimmer: 828 nämlich, als Hakem I. nicht mehr lebte, erhielt der Graf Burchard einen Nachfolger in dem Grafen Bonifacio, diesmal nicht vom Kaiser, sondern vom Papst ernannt. Der tüchtige Graf uns unbekannter Herkunft begründete den ersten Flottenstützpunkt auf der Klippe, die heute seinen Namen trägt und die Meeresstraße zwischen Sardinien und Korsika beherrscht. Hier hatte vermutlich schon Burchards Flotte die Mauren abgefangen, und hier erhob sich nun, hoch über dem Meer und über Steilwänden uneinnehmbar, jene Festung, die wir bis heute bewundern können.

Hakem I., von Jahr zu Jahr menschenfeindlicher geworden, verließ seinen Palast beinahe überhaupt nicht mehr. Nach dem Tod seines fähigen Ministers Hadschib Abdelkerim hatte er diesen Posten gar nicht mehr besetzt; der einzige Muslim, dem er noch traute, war sein Sohn Abderrahman, und den brauchte er als Reichsfeldherrn gegen die stets unbotmäßigen Statthalter an der Nordgrenze. Es ist seltsam und mit anderen historischen Beispielen nicht zu vergleichen, daß die Omayaden gerade an dieser stets gefährdeten Grenze ihre unverläßlichsten Würdenträger sitzen hatten. Ob man China nimmt mit den tapferen Generalen der Hunnengrenze, den Wehrbauern und den Besatzungen der Großen Mauer oder, aus einer ganz anderen Zeit, die österreichische Militärgrenze gegen die Türken an der mittleren Donau, stets gewinnt man den Eindruck, daß in diesen Gefahrenzonen die Treuesten der Treuen säßen und, soweit notwendig, auch kämpften. Am Ebro jedoch war es ganz anders. Prinz Abderrahman, von Hakem längst als Mitregent eingesetzt, hatte mit den Franken und mit Asturien weit weniger Ärger als mit Hakems Statthaltern, die zwar nicht offen gemeinsame Sache mit den Franken machten, aber stets bestrebt waren, ihr eigenes Süppchen an diesem großen Dauerfeuer zu kochen.

Nicht viel anders hielt es der Gebirgskleinstaat Navarra, südlich und nördlich der Westpyrenäen gelegen. Man lehnte sich zwar gelegentlich an die Franken an, war aber im übrigen eifersüchtig auf eine Selbständigkeit bedacht, die ja doch nur von der relativen Unzugänglichkeit des Staatsgebietes lebte, nicht von einer nennenswerten militärischen Macht.

Ernst wurde es hier und in der ganzen Spanischen Mark, als Hakem, der Flottenexpeditionen müde und das eigene Lebensende vor Augen, seine Regierungszeit durch einen großen militärischen Erfolg im Norden zu krönen wünschte. Es sollte sein eigener Erfolg werden oder doch der seines Sohnes und ein richtiger Krieg, nicht jenes Dauergeplänkel, wie es etwa zwischen dem Statthalter von Merida und dem bis tief ins heutige Portugal vorgestoßenen Alfons von Asturien herrschte. Abderrahman ließ seine Armeen sowohl gegen Navarra als auch gegen Asturien marschieren, im Jahr 816, wie ein Teil der Quellen sagt, oder 821, wie wir im kastilischen *Chronicon de Cardenna* lesen können. Angesichts der Gefahr trat das kleine Navarra aus seiner selbstgewählten Isolation heraus und verbündete sich mit Asturien. Gemeinsam wurden die über den Ebro nach Norden vorgedrungenen Mauren angegriffen und mit großen Verlusten in die Flucht geschlagen. Sie wichen auf den Fluß zurück, der aber war durch die Schneeschmelze im Juni hoch angeschwollen, und die Muslimen mußten, soweit sie das reißende Gewässer nicht zu durchschwimmen wagten, sich im Ufergebüsch oder in den Bäumen verbergen. Die Bogenschützen aus Asturien und Navarra töteten dabei viele von ihnen, aber unter Abderrahmans energischer Führung sammelten sich die Mauren am südlichen Ebroufer wieder.

Man scheint auf christlicher Seite unschlüssig gewesen zu sein, ob man sie dort in Ruhe lassen oder angreifen sollte. Setzte man ihnen nicht nach, so konnten sie schon binnen Tagen wiederkommen, denn der Sommer war noch lang. Es kam zu dreizehn Tagen unschlüssigen Wartens, die diesen Kämpfen den somit nicht ganz berechtigten Namen *Schlacht der dreizehn Tage* eingebracht haben. Erst am dreizehnten Tag nämlich trafen zwei kleinere Abteilungen aufeinander, aus deren Gefecht sich dann die große Schlacht an beiden Flußufern entwickelte und zu einem großen christlichen Sieg wurde. Nach el Razi, einem sonst recht verläßlichen Chronisten, ist der Minister Abdelkerim nicht im Palast zu Cordoba gestorben, sondern hat bei dieser Schlacht sein Leben verloren. Dann müßte sie allerdings schon 811 oder 812 stattgefunden haben. Daran, daß Tausende toter Mauren das Schlachtfeld bedeckten, ist nach den übereinstimmenden Berichten jedoch nicht zu zweifeln.

So berühmt diese Schlacht wurde, wo sie genau stattfand, steht dennoch bis heute nicht fest. Die Araber nennen sie die Naharron-Schlacht, die Schlacht am Fluß, und sie scheint trotz der Geländeschwierigkeiten die glänzendste Waffentat des ausdauernden Alfons gewesen zu sein, eines Königs, der fünfzig Jahre über ein kleines und armes Land herrschte und in diesem halben Jahrhundert einen Sieg nach dem anderen errang, fast stets über zahlenmäßig überlegene Maurenheere. Diesmal hatte er dabei nicht einmal die gewohnte Hilfe seiner heimischen Gebirgspässe oder Sümpfe gehabt.

Hakem I., ob er nun in dieser Schlacht seinen treuen Ratgeber verlor oder schon früher, resignierte nun so gut wie völlig. Der Druck seiner Flotte auf die christlichen Küsten indes blieb aufrecht, Nizza wurde angegriffen und verheert, auch Civitavecchia am Tyrrhenischen Meer, siebzig Kilometer nördlich von Rom. Dort hausten Hakems Mannen so fürchterlich, daß die Einwohner erst Jahre später wagten, in die zerstörte Stadt zurückzukehren. Aber Barcelona zum Beispiel, diesen christlichen Pfahl im Maurenfleisch, wagte Hakem nicht anzugreifen. Er schob geschickte Emissäre vor und bestach den karolingischen Statthalter, den Grafen Bera, was jedoch nicht verborgen blieb:

»In derselben Pfalz (Aachen), schon zur Winterszeit (Januar 820), hieß der Kaiser sein Volk sich versammeln. Auf jener Reichsversammlung erschien auch Graf Bera von Barcelona, von einem gewissen Sanila der Untreue angeklagt, und kämpfte mit diesem nach ihrem eigenen Recht, da sie beide Goten waren, zu Pferde und wurde besiegt. Da aber nach dem Gesetz gegen ihn verfahren und er als des Majestätsverbrechens (des Hochverrats) schuldig mit dem Tode bestraft werden sollte, schenkte ihm der Kaiser nach seiner Gnade das Leben und bestimmte ihm Rouen zum Aufenthaltsort.«

Der sogenannte Astronomus, anonymer Verfasser einer Lebensbeschreibung über Karls Sohn König Ludwig, bringt eine ganze Reihe anekdotischer und sehr ins einzelne gehender Berichte über fränkisch-maurische Kämpfe im Raum der Spanischen Mark; der interessanteste aber ist dieser Hinweis auf ein gotisches Gottesurteil vor dem versammelten Volk zu Aachen. Da die Anschuldigung des Sanila schwer zu beweisen war und Aussage gegen Aussage stand, sollte Gott selbst entscheiden. Das Mittelalter war überzeugt, daß der ehrliche Mann im

Ordal, dem Zweikampf zur Wahrheitsfindung, stets siegen würde. Graf Bera unterlag, was etwa einem Geschworenenspruch gleichkam: seine Schuld war nun klar, das Urteil mußte aber noch gesprochen werden. Kaiser Karl, der vielleicht insgeheim seine Zweifel an diesem archaischen Modus hegte und Bera aus früheren Maurenkämpfen als verdienten Ritter kannte, milderte die Strafe in die Verbannung nach Rouen, wo Bera möglicherweise sogar zu Hause war und wo er jedenfalls mit den Mauren nicht mehr paktieren konnte. Sein Schwert aber war an der unteren Seine gegen die räuberischen Wikinger gewiß ebenso von Nutzen wie in Spanien.

So endete die Regierungszeit des Hakem ohne große Erfolge auf militärischem Gebiet, ja, man mußte eher annehmen, daß Graf Bernward, der neue fränkische Statthalter von Barcelona, und Kaiser Karls Enkel Lothar die Spanische Mark noch stärker befestigen und aus ihr heraus Angriffe gegen das Omayadenreich vortragen würden.

Es scheint, daß dies alles den Emir gar nicht mehr so sehr interessierte. Obwohl noch nicht fünfzig Jahre alt, führte er in Cordoba das Leben eines von seinen Erinnerungen und frühen Sünden geplagten alten Mannes. Immer wieder geschah es, daß er mitten in der Nacht seine engsten Berater und die Kadis von Cordoba zusammenrief, als gelte es, wichtige Beschlüsse zu fassen. Waren die Herren dann aber erschienen, so ließ Hakem nackte Mädchen vor ihnen tanzen und schöne Sklavinnen auf verschiedenen Musikinstrumenten spielen, ohne daß irgend etwas besprochen wurde, was von Wichtigkeit gewesen wäre.

Seinen engsten Vertrauten, unter denen sich einige Dichter befanden, gestand er, daß ihn die Gesichter aus der Vorstadt heimsuchten, daß ihm von jenem Sturmlauf, den er selbst angeführt hatte, unauslöschliche Bilder im Sinn geblieben seien, die ihm den Schlaf raubten und ihn mit alphaften Ängsten quälten. Hakem schrieb in diesen schwermütigen Stimmungen selbst einige Gedichte, vor allem aber trank er von dem spanischen Wein, der unter seiner Regierung wieder getrunken werden durfte, während der fromme Hischam ihn gemäß den Geboten des Propheten nur exportiert hatte.

Die Zeugnisse über ein reges Geistesleben unter Hakem sind eindeutig. Neben den Poeten soll er die großen Tonkünstler seiner Zeit nachdrücklich gefördert haben, und auch in seiner Gegnerschaft konnte es an Männern von Geist und Begabung nicht gefehlt haben. Denn zumindest in der Erhebung von Toledo hatte ein Dichter namens Ghirbib ibn Abd Allah eine bedeutende Rolle gespielt. Er stammte aus Toledo, hatte dann in Cordoba gelebt und schließlich, aus Abneigung gegen den tyrannischen Monarchen, seinen Wohnsitz wieder in die Stadt am Tajo verlegt, von wo aus er mit seinen Liedern seine Mitbürger zum Aufruhr anstachelte. Da es sich – wie berichtet – um christliche Revolten handelte, darf man daraus schließen, daß Ghirbib ein Mozaraber war, also ein Gote oder ein romanisierter Iberer, der den Glauben der Mauren angenommen und ihre Sprache vollkommen erlernt hatte. Weniger wissen wir von einem anderen Oppositionsführer, Ubaid Allah ibn Kamir, auch Ubaida ibn Humaid geschrieben. Er war der begabteste Agitator unter den verschiedenen Rebellenströmungen und machte Hakem das Leben besonders schwer.

Je näher der Tod ihm kam, desto enger schloß Hakem I. sich an seinen ersten Kadi an, den frommen Muhammad ibn Baschir. Es ist der übliche Lebensausklang der großen Übeltäter, aber das Mittelalter empfand dies wohl anders. Auch spätere arabische Chronisten, die von dem längst verstorbenen Tyrannen nichts mehr zu fürchten hatten, konzedieren ihm Frömmigkeit, entschlossenen Kampf für die Größe der Dynastie und sogar die Begünstigung geistigen Lebens, das sich in dem langsam sich festigenden maurischen Staatswesen durchzusetzen beginnt. Es wird vor allem der Residenz Cordoba bald zu weltweitem Ruhm verhelfen.

Am 6. Mai 822 bezeichnete Hakem I. seinen ältesten Sohn, den erfolgreichen Feldherrn Abderrahman, als seinen Nachfolger, und Al Mughira, den zweiten Sohn, als Ersatzmann für den Thronfolger, falls diesem etwas zustoßen sollte. Dann begab er sich in seine Gemächer zu seinen Frauen und blieb dort, ohne sich noch einmal zu zeigen, bis er am 21. Mai das Zeitliche segnete.

Zweites Buch:

Die Goldenen Wiesen

Die erste Blüte

Blüten und Früchte sind zweierlei, und die Historiker gehen oft recht streng mit jenen Fürsten ins Gericht, die sich von Farben und Düften berauschen lassen, das eigentlich Lebensnotwendige aber vernachlässigen. Auch sind die kriegerischen Fürsten für unsere Väter und Vorväter viel eher die Großen gewesen als die schwächeren Bindeglieder der Dynastien, unter denen sich höchstens ein paar Dichter an Sängerkriege gewagt und ein paar Maler vergangene Zeiten farbenprächtig nachgestaltet haben.

Bei den Arabern jedoch kommt nun zustande, was wir stets am meisten bewundert haben, weil wir es guten Gewissens bewundern durften: jene Herrschernaturen, die in sich beides zu vereinigen wissen, die Kraft nach außen und den persönlichen Wissensdurst, die Förderung der Künste und Wissenschaften, ohne die Wirtschaft zu vernachlässigen oder die Grenzen preiszugeben. Universale Begabungen dieser Art sind auf den Thronen der Welt ungemein selten, ja, man kann sie an den Fingern abzählen, selbst wenn man Asien noch zu unserem kleinen Europa hinzunimmt und Tai-Tsung, Ming-Huang-ti oder Akbar den Großen unseren wohlvertrauten Edelmonarchen, dem zweiten Friedrich der Staufer und dem der Hohenzollern, dem zweiten Josef der Habsburger oder auch dem Sonnenkönig an die Seite stellt. Ein wenig billiger muß man's noch geben im mittelalterlichen Spanien der Araber, aber Abderrahman II. nähert sich doch schon jenen großen Idealen, und hätte er seine drei Regierungsjahrzehnte nicht mit dem überflüssigen Makel der Intoleranz behaftet, so könnte man ihn den gleichzeitig herrschenden europäischen Fürsten, vor allem den einander so heftig bekriegenden Enkeln des großen Karl, geradezu als ein leuchtendes Beispiel entgegensetzen.

Politisch-historisch gestatten die Jahre 822 bis 852 keine großen Fortschritte über das hinaus, was seine Vorgänger schon erreicht hatten. Alfonso el Casto, der unbeugsame König von Asturien, herrscht noch bis 842, und sein nach ihm regierender Neffe Ramiro war nicht viel schwächer. An dieser Front also waren Erfolge nicht zu erzielen, was – so ganz nebenbei – uns die Vermutung eingibt, dieser keusche König eines bergigen und unendlich armen Landes sei einer der besten Feldherrn gewesen, die je auf einem Thron gesessen, nur daß niemand von ihm spricht. Eine einzige strahlende Mätresse hätte ihm mehr Ruhm eingebracht als ein Halbjahrhundert fortgesetzter Siege.

Günstiger stand es für Abderrahman an der Frankenfront, denn der Streit um das Erbe Karls des Großen war nun voll entbrannt, und die Spanische Mark interessierte nur noch den alten Grafen Bernhard selbst. Da nichts schwieriger ist, als zwischen vier Kaiserenkeln stets den richtigen zum Freund zu haben, lebte der treue Graf nur noch bis zum Jahr 844: Gegen die Zusage freien Geleits nach Toulouse gekommen, um sich persönlich vor Karl dem Kahlen zu rechtfertigen, wurde er, als er sich vor seinem königlichen Herrn niederwarf, scheinbar gnädig von diesem aufgehoben und dabei erdolcht. Der Vorgang wirkte in seiner ganzen Grausamkeit stark auf Toulouse und die Spanische Mark, war doch Bernhard der Sohn des tapferen Grafen Wilhelm I. von Toulouse, der so manchen Maurensieg errungen hatte. Vor allem aber stand es für alle Beteiligten so gut wie fest, daß dieser Eidbruch und Mord zugleich ein Vatermord war, denn Graf Bernhard von Toulouse war der Geliebte der Kaiserin Judith gewesen, und Karl der Kahle war nach allgemeiner Überzeugung aus dieser heimlichen Beziehung entsprossen.

Damals scheint die seit Jahrzehnten so heiß umkämpfte Spanische Mark so gut wie ganz verlorengegangen zu sein, so daß Abderrahman II. bis zu den Pyrenäen herrschte. Wilhelm, der Sohn des so verräterisch Getöteten, stand in diesen Kämpfen auf der Seite der Mauren, was man ihm nicht verdenken kann. 848 hatte Wilhelm mit maurischen Hilfstruppen nicht nur Barcelona, sondern auch Ampurias und damit die Pforte nach Septimanien in der Hand, wurde bald darauf aber in Barcelona von Parteigängern Karls des Kahlen auf der Straße ermordet. Abderrahman übernahm nun selbst den Oberbefehl, rückte in Septimanien ein und drang sengend und plündernd bis Marseille vor. Nur das feste Gerona blieb auch in dieser Zeit immer noch in der Hand der Franken.

Damit haben wir Ereignisse vorweggenommen, die erst gegen Ende der Regierungszeit Abderrahmans zu berichten gewesen wären, des Zusammenhangs wegen. Die Franken und die Nordgrenze nämlich spielten für diesen Fürsten im allgemeinen eine geringere Rolle als für seine Vorgänger, denn ihn hatten besondere Entwicklungen zu Beginn dieses Jahrhunderts auf das Meer hinaus gezwungen: Das Mittelmeer, auf dem schon die Flotte seines Vorgängers so manchen Erfolg errungen hatte, gehörte auch unter Abderrahman weitgehend den Schiffen der Mauren; an der atlantischen Küste Spaniens jedoch hatte sich ein neuer, furchtbarer Feind gezeigt, dem auch die deutschen Fürsten nur selten gewachsen waren: die Seeräuberflotten aus dem skandinavischen Norden.

Hundertfünfzig Jahre hatte es gedauert, bis die Wikinger ihre Raubzüge auf die spanischen Küsten ausdehnten. Ende des siebenten Jahrhunderts melden die Klosterchroniken von Lindisfarne und Jona die ersten Überfälle dieser wilden Seeräuber, die mit den Mönchen der britischen Inselklöster naturgemäß leichtes Spiel hatten. An den Küsten des Frankenreichs hatten sie so gehaust, daß sich alle, die es sich leisten konnten, in Gebiete zurückzogen, die weiter landeinwärts lagen; selbst Bischofssitze am Meer verödeten in dieser Zeit.

Abderrahman scheint dennoch von den ersten Überfällen der Nordmänner völlig überrascht worden zu sein, vielleicht, weil die Mauren ja selbst eine starke und schnelle Seemacht

Rechts: Der »Saal der beiden Schwestern« in der Alhambra;
folgende Doppelseite: Morgendämmerung über Sevilla mit Kathedrale und Giralda.

hatten und sich darum für unverwundbar hielten. Aber die Wikinger plünderten nicht nur, sie verbreiteten auch Schrecken und taten alles, um den Widerstandswillen zu lähmen. Männer, Frauen und Kinder wurden gleichermaßen erschlagen, ja sogar das Vieh, das man nicht mitnehmen konnte, wurde getötet, so daß überfallene Orte in Blut schwammen und den oft zu spät eintreffenden Alarmtruppen einen fürchterlichen Anblick boten. Vielleicht erhielten die Nordmänner darum in Spanien den seltsamen Namen *Magiogen*, abgeleitet von den Reichen Gog und Magog, die nach dem Propheten Hesekiel im Norden (Palästinas) lagen. Daß die Araber auf diese Bezeichnung aus dem Alten Testament verfielen, kommt vielleicht daher, daß der erste Wikingerangriff auf spanische Küsten nicht maurisches Gebiet betraf, sondern Ramiros Hafen La Coruña. Der tüchtige Nachfolger des keuschen Alfons war mit seinen an Überfälle gewöhnten Truppen bei dieser Gelegenheit so schnell zur Stelle, daß er einige tausend Wikinger gefangennehmen und nicht weniger als siebzig von ihren Schiffen verbrennen konnte. Auch die Beute wurde ihnen wieder abgenommen, aber die verwüstete Stadt bot einen so fürchterlichen Anblick, daß man tatsächlich an die Worte der alten Unheilspropheten denken mußte.

Abderrahman II. lebte – von einigen kurzen Waffengängen abgesehen – mit Ramiro I. im Frieden, aber beschämen lassen wollte er sich nicht und rüstete darum ebenfalls gegen die Wikinger, die bei ihren ersten Überfällen auch im Maurengebiet grausam gehaust hatten. Die bei La Coruña entronnenen Wikingerschiffe hatten sich aus der Heimat verstärkt und erschienen, als Flotte nunmehr 54 Fahrzeuge zählend, vor dem maurischen Lissabon, das sie dreizehn Tage lang berannten. So lange brauchte damals Abderrahman noch, um in dieser Südwestecke seines Reiches wirkungsvoll zu reagieren, und das Land um die gut verteidigte Stadt Lissabon hatte dafür zu büßen. Die Wikinger segelten weiter nach Süden, überfielen Niebla und

Links: Die christliche Kathedrale mit der maurischen Giralda in Sevilla.

Cadiz und drangen bis Medina Sidonia ins Land vor. Ja, im Jahr darauf segelten sie mit flachgehenden Schiffen den Guadalquivir aufwärts bis Sevilla, schlugen in einer dreitägigen mörderischen Schlacht die maurischen Truppen und erstürmten die Stadt, deren Einwohner sich auf den Felsen von Carmona retteten und Sevilla den Räubern preisgaben. Als fünfzehn Schiffe mit Elitetruppen aus Cordoba den Guadalquivir hinabfuhren, um Sevilla Hilfe zu bringen, kam es zu einer zweiten Schlacht, in der nun die Wikinger Haare lassen mußten und auch Schiffe verloren. Dennoch gelang es ihnen, nicht nur die ganze Beute wegzubringen, sondern beim Abzug auch noch vier der fünfzehn großen Schiffe Abderrahmans in Brand zu stecken.

Damit war der Krieg in Gegenden getragen, in denen die Mauren sich sicher gefühlt hatten; sogar die Straße von Gibraltar durchfuhren die Wikinger, was auf beträchtliches Selbstvertrauen schließen läßt, denn hier war ihnen der Rückzug doch tatsächlich leicht zu verlegen. Dazu aber brauchte Abderrahman noch mehr Schiffe. Die Werften von Cadiz, Cartagena und Tarragona bekamen Arbeit, und zwischen den schnell errichteten Wachttürmen an den Küsten wurden berittene Alarmeinheiten postiert, die schnell an Ort und Stelle sein und den Einwohnern zu Hilfe kommen konnten. Dank all dieser Anstrengungen konnte Abderrahman die Wikinger schließlich von seinen Küsten vertreiben und hatte zudem noch von ihnen gelernt: die schnellen Überfälle von See her, gegen die es damals so gut wie keine Gegenwehr gab, entsprachen offenbar auch dem Volkscharakter der Araber, die lieber kurz und heftig kämpfen als lange und mühsame Feldzüge durchzustehen. Sie schlossen ein Bündnis mit dem Stammelnden Michael, Kaiser von Griechenland, der gegen die Kalifen Krieg führte, aber sie plünderten vor allem von ihrem Stützpunkt Tarent aus das ganze südliche Italien. Im Jahr 846 erschienen sie sogar vor Rom, und da nur die Annalen von Saint Bertin richtig zwischen *Mauri*, aus Spanien, und *Saraceni*, aus Nordafrika, unterschieden, bezeichnet in diesem Fall selbst der große Gregorovius die Plünderer des Vatikans irrtümlich als Afrikaner:

»Im August 846 segelte eine sarazenische Flotte in die Tibermündung; die päpstlichen Wachen in Neu-Ostia wurden übermannt oder verachtet. Während ein Schwarm von Civitavecchia anrückte, schiffte ein anderer den Fluß hinauf, und zu gleicher Zeit drangen die Sarazenen auf dem Weg von Ostia und Portus vor. Wir wissen nicht, ob sie Rom wirklich bestürmten, da kein Chronist davon erzählt; aber es ist sehr wahrscheinlich, daß die Römer ihre Mauern gut verteidigten, während der mauerlose Vatikan und Sankt Paul preisgegeben wurden. Zwar wehrten sich Sachsen, Langobarden, Friesen und Franken, welche am vatikanischen Borgo angesiedelt waren, aber sie erlagen der Übermacht, worauf die Sarazenen ungehindert den Sankt Peter plünderten. Dieser Tempel (*sic*) war durch ein halbes Jahrtausend seines Bestehens und durch große Akte der Weltgeschichte der ganzen Christenheit heilig geworden. Die Fußstapfen der Jahrhunderte, die Spuren vom Leben, Pilgern und Sterben der Menschheit auf Erden schienen dem nie entweihten Boden dieser Basilika eingedrückt. Wieviele Kaiser und Könige waren in ihr, und zu welchen Zeiten, ein- und ausgegangen, deren Namen verschollen und deren Reiche schon zerfallen waren, und wieviele Päpste ruhten dort in ihren Grüften. Keine geweihtere Stelle kannte die Ehrfurcht des Abendlandes, und dies Schatzhaus des christlichen Kultus, welches weder Goten noch Vandalen noch Griechen oder Langobarden angetastet hatten, wurde jetzt die Beute eines Räuberschwarms von Afrikanern.« (I, 619 f.)

Die Indignation des großen Historikers ist begreiflich, nur: es waren eben nicht simple Piraten aus Nordafrika, sondern es waren die Männer Abderrahmans II., der zu diesem Zeitpunkt, gegen Ende seiner Herrschaft, schon manchen Grund hatte, gegen die Christen vom Leder zu ziehen, und der selbst sehr schwere Zeiten mitmachte, für die er – wie einst die Ägypter ihre jüdischen Sklaven – die große christliche Minderheit des Maurenreiches verantwortlich machte. Etwa zugleich mit den Nordmännern waren als zusätzliche Plagen die Heuschrecken und eine große Trockenheit über Spanien gekommen; sie erreichte ihren Höhepunkt in eben jenem August 846, da die

Maurischer Edler. Holzschnitt des 19. Jh. (links) – Arabischer Lanzenreiter. Miniatur aus einem arabischen Papyrus des 10. Jh. (rechts).

Araber Rom angriffen. Im Jahr darauf gab es dafür fürchterliche Unwetter; Wolkenbrüche vernichteten die Ernte, und da es nun in zwei aufeinanderfolgenden Jahren keinen nennenswerten Feldertrag gegeben hatte, breitete sich eine entsetzliche Hungersnot über das ganze Maurenland aus. Die regenreichen Gebiete an der Biscaya, das Reich des Ramiro also, blieben von diesen Heimsuchungen verschont, so daß in Cordoba und Sevilla oft von christlichem Schadenszauber gesprochen wurde und von einem Anschlag der Ungläubigen auf Reich und Volk Abderrahmans.

Der tatkräftige Emir tat sein Möglichstes; er erließ den betroffenen Gebieten die Steuer, versuchte Lebensmittel aus Nordafrika heranzuschaffen und bemühte sich, das Wenige, was im Land vorhanden war, gerecht zu verteilen. Dennoch starben in dieser Notzeit Tausende am Hunger und weitere Tausende wanderten nach Nordafrika aus, wo die Lage besser war. Die zu einem gut Teil von Cordovanern bevölkerte Stadt Fez und ihr Umland erhielten bei dieser Gelegenheit neuen Zuzug von der iberischen Halbinsel.

Abderrahman empfing aus diesen Ereignissen die doppelte Verpflichtung, nach außen wie im Innern etwas gegen die Christen zu unternehmen. So sichtbaren Zorn Allahs konnte er sich nicht – wie einige seiner Berater andeuteten – durch seine Ausschweifungen zugezogen haben, sondern nur durch seine relative Untätigkeit gegen den Glaubensfeind im Norden.

Zwischen Alfons dem Keuschen und Abderrahman II., die ja zwei Jahrzehnte gleichzeitig geherrscht hatten, bis Alfons starb, war es zu keinen nennenswerten Auseinandersetzungen gekommen, ein überraschendes Faktum, das jedoch im Mittelmeerraum nicht ganz vereinzelt dasteht: auch zwischen Chaireddin Barbarossa und seinem großen Gegner, dem genuesischen Admiral Doria, scheint es ähnliche Absprachen oder zumindest stillschweigende Übereinkünfte gegeben zu haben. Das aber war offenbar die große Sünde seines Lebens gewesen, mußte Abderrahman sich nun sagen, und rüstete trotz der Nöte seines Volkes gegen Ramiro, den Nachfolger des nicht zu bezwingenden Alfons.

Über die kriegerischen Begegnungen zwischen dem Omayadenreich und Asturien in den vierziger Jahren dieses Jahrhunderts gibt es viele prächtige Legenden auf beiden Seiten der Frontlinie. Die Araber sprechen von der Eroberung des festen Leon trotz seiner siebzehn Fuß starken Mauern und von einem Sieg über Ramiro bei Medina Celi, über tausend Meter hoch am Nordhang der Sierra Ministra gelegen – demnach hätte Ramiro also die Vorwärtsverteidigung bevorzugt. Die christlichen Schriftsteller hingegen wissen von einer Schlacht bei Clavijo im Raum Calahorra, bei der Sankt Jakob auf einem weißen Roß neben Ramiro in den Kampf geritten sei, mit einem weißen Banner, das ein rotes Kreuz trug. Weder die arabischen noch die von der späteren Kreuzzugsstimmung gefärbten christlichen Berichte finden irgendwelche Bestätigung in den ernstzunehmenden Quellen. Es scheint zwar zu Kämpfen gekommen sein, die aber keinen größeren Umfang annahmen und Ramiro nicht mehr einbrachten als Calahorra und Albayda. Zu größeren Aktionen wäre Ramiro auch gar nicht imstande gewesen, denn auch er hatte innere Schwierigkeiten, zwar nicht mit den Heuschrecken, aber mit Räuberbanden. Die beginnenden Pilgerzüge nach Santiago de Compostela hatten die Wegelagerer des nördlichen Spanien auf die Möglichkeit aufmerksam gemacht, sich zumindest die Zehrpfennige dieser frommen Scharen anzueignen, und in einem armen Land wie Asturien bot eben auch das Anreiz genug.

Ramiro reagierte mit der Entrüstung des Glaubensstreiters: die aufgegriffenen Räuber wurden nicht umgebracht, sondern geblendet, und wenn sie mit leeren Augenhöhlen durch die Städte und Dörfer irrten, so war das mehr Abschreckung, als wenn sie am Galgen baumelten. Damals rauchten auch die ersten Scheiterhaufen auf spanischem Boden: Ramiro ließ Zauberer verbrennen, woraus man schließen kann, daß die Mauren sich für die Heuschrecken zu revanchieren trachteten...

Der Lebensausklang Abderrahmans II. ähnelt in mancher Hinsicht dem seines Vaters und Vorgängers, ganz so, als hätten drei Jahrzehnte unumschränkter Alleinherrschaft, ja orientalischer Despotie die gleiche *deformatio professionalis* abermals hervorgebracht, ungeachtet der bedeutenden Geistesgaben, über die diese beiden Emire verfügten. Was für Hakem jene rebellische Vorstadt war, wurden für seinen Sohn die Christen, und weil es schwer ist, aus den parteiischen arabischen oder den ebenso parteiischen christlichen Chronisten ein klares Bild zu gewinnen, hören wir zu dem Problem am besten Simon Dubnow, der in seiner unschätzbaren *Geschichte des jüdischen Volkes in Europa* schreibt:

»Der Massenübertritt der Christen zum Islam hat nunmehr seinen Grund nicht allein in dem Bestreben, sich von der Sonderbesteuerung zu befreien, sondern zugleich auch in dem Wunsche, sich auf diese Weise den Weg zu den Regierungsämtern innerhalb des arabischen Herrschaftsbereiches zu bahnen. Die Araber pflegten nämlich Andersgläubigen, die das Dogma von der prophetischen Mission Mohammeds anerkannten, überall gern zum Staatsdienst zuzulassen, und so sagten sich denn die Schafe der Herde Christi, durch die staatliche Futterkrippe angelockt, der Form nach von ihrem Glauben los. Im Laufe der ersten Jahrhunderte arabischer Herrschaft in Spanien bildete sich auf diese Weise eine ganze Bevölkerungsschicht von sogenannten *Mavali* (Adoptierten) oder christlichen Renegaten, von denen viele in ihrem Herzen der christlichen Religion die Treue hielten.« (IV,192)

Trat ein Leibeigener eines Christen zum Islam über, so war er sofort ein freier Mann; die Folgen, die dies für die großen westgotischen Gutsherrschaften hatte, lassen sich leicht vorstellen. Die Herren mußten, wenn sie weiterhin die Herren bleiben wollten, ebenfalls zum Islam übertreten und womöglich früher als die Leibeigenen; als Mohammedaner hatten sie dann wiederum das Recht, leibeigene Dienerschaft, also Sklaven, zu halten, die sich zum Islam bekannten.

Das eigene schlechte Gewissen der Christen ob dieser Untreue des Besitzes wegen sei – nach Dubnow – die Ursache dafür gewesen, daß sie Seelenqualen litten, daß sie mit ihrer Lage unzufrieden waren und aus dieser Unzufriedenheit heraus zu einem rebellischen Element im Staate wurden. So wie jener toledanische Dichter unter Hakem begannen nun zahlreiche christliche Würdenträger und Schriftsteller in Wort und Schrift Stellung gegen die Muslimen und vor allem gegen den Islam selbst zu beziehen. Während das christliche Leben, sich langsam transformierend, weitergeht, ja in Cordoba sogar Kirchenglocken läuten dürfen, gärt es unter den Mozarabern und den Mavalis, und auf der anderen Seite schürt die klerikale Partei der Fakichen, der Gesetzeskundigen, das Feuer.

Wer schließlich die Lunte entzündete, wird sich heute nicht mehr ermitteln lassen, und was folgt – die erste große Christenverfolgung im maurischen Spanien –, ist ein ebenso betrübliches wie überraschendes geschichtliches Ereignis. Die große Überlegenheit des Omayadenreiches über seine christlichen

Gegner bestand nämlich in der vorbildlichen Toleranz, die hier geübt wurde. Die Christen hatten sogar – was selbst heute kaum ein Staat zugestehen könnte – ihr eigenes Recht, und verging sich ein Christ an einem anderen, so wurde nach dem alten Gesetzbuch König Rekkeswinths, also nach gotischer Tradition, über ihn gerichtet, nicht von einem Kadi, sondern einem Comes oder Grafen. Auch im bürgerlichen Status waren die Christen freier als selbst unter den gotischen Königen, nur die Unterschiede zwischen Christen und Juden, wie sie die letzten westgotischen Könige seit ihrem Übertritt zum Katholizismus eingeführt hatten, waren unter den Omayaden wieder ausgelöscht worden.

Abderrahman verbot alle Schmähungen Mohammeds in Wort oder Schrift, ja, er drohte harte Strafen an. Aber die häufigen kriegerischen Auseinandersetzungen zwischen dem maurischen und dem christlichen Spanien hatten auch unter den Mozarabern bereits jenen Fanatismus gedeihen lassen, der die Strafe provoziert und die Märtyrerkrone sucht.

Es kam, wie vierhundert Jahre zuvor im vandalischen Nordafrika: je härter die Verfolgung wurde, desto glühender traten die Christen für ihren Glauben ein, und schließlich mußte Abderrahman erkennen, daß die zahlreichen Hinrichtungen von Christen genau das Gegenteil von dem bewirkten, was er erwartet hatte. Im Einverständnis mit dem gotischen Bischof Rekkafrid ließ Abderrahman eine Kirchenversammlung zusammentreten, auf der eben Rekkafrid die Gemüter zu besänftigen suchte und die durchaus vernünftige Erklärung abgab: wer ungefragt und ohne Not die Mohammedaner durch Schmähungen ihrer Religion gegen die Christen aufbringe, sei kein Märtyrer, sondern ein Verbrecher, der Strafe verdiene. Gegen diese besonnene Gruppe stand jedoch der aus einer Patrizierfamilie von Cordoba stammende Eulogius mit seinem fanatischen Anhang vor allem auch unter den Frauen. Seine *Ermahnung an die Märtyrer*, eine an zwei inzwischen hingerichtete Frauen gerichtete Schrift, forderte geradezu zum Selbstmord für den Glauben auf, denn etwas anderes konnten die Angriffe auf den Islam in einem Emirat nun einmal nicht sein. Als Eulogius selbst schließlich noch ein Arabermädchen namens Leocritia bei sich aufnahm und verbarg, weil sie Christin war oder werden wollte, da gab es dann endlich, unter Abderrahmans Nachfolger, für Eulogius die Märtyrerkrone, nach der ihn so sehr verlangt hatte: Er wurde am 11. März, Leocritia am 15. März 859 enthauptet. 883 kamen seine Gebeine und die des Mädchens als Reliquien nach Oviedo, also in die Residenz der asturischen Könige.

Bei einem gut Teil der Märtyrer war dies nicht möglich, weil Abderrahman, um diesem Kult vorzubeugen, die Leichname hatte verbrennen oder ins Meer werfen lassen.

So nimmt also die Regierungszeit eines bedeutenden Herrschers einen blutigen Ausklang, obwohl auch dieser Monarch geistigen Dingen durchaus aufgeschlossen ist, ja, die Musik leidenschaftlich liebt und sich mit guten Köpfen umgibt, um seinen Verstand zu schärfen und seine Allgemeinbildung zu vergrößern. Man weiß, daß der aus dem Orient stammende Komponist Aly ben Zeriab die besondere Gunst des Emirs genoß und in Cordoba eine Musikschule begründen durfte, aus der unter anderen Tonkünstlern der berühmte Ischak el Mausaly hervorging. Aly ben Zeriab soll die Notenschrift - oder eine Notenschrift - lange vor jenem aus der Umgebung von Paris stammenden Guido von Arezzo erfunden haben, den das Abendland als ihren Schöpfer ansieht.

Ein anderes Mitglied der Herrenrunde um den Emir war Yabiya Algazali, der Diplomat und Reisende, ein besonders witziger Mann, der aus der ganzen Welt von den Sitten und Unsitten der Völker und den Besonderheiten der Städte zu berichten wußte. Mit seinem Ersten Minister Aben Gamri spielte der Emir gern Schach und hatte den gelehrten Juristen auch als Freund liebgewonnen, während der Dichter Abdallah ihm mit poetischen Tröstungen über die Anfeindungen aus den Reihen der christlichen Schriftsteller hinweghalf.

Mit den Tröstungen sind wir beim Harem dieses Fürsten, der naturgemäß auch in dieser Tyrannenexistenz eine besondere Rolle spielte. Sein Vater Hakem hatte sich, ehe er mit dem gezogenen Schwert in die rebellische Vorstadt am Guadalquivir stürzte, den Kopf von seinem Lieblingseunuchen Jacinto mit wohlriechenden Ölen behandeln lassen, damit man nach der Schlacht den Emir unter den Toten herausfinde. Abderrahman umgab sich in solchen Stunden der Todesnähe oder gar der Todessehnsucht, wie sie ihn während mancher Krisen seines Reiches ankam, mit den schönsten seiner Frauen und überhäufte sie mit Geschmeide. »Als er eines Tages eine der schönsten und reizendsten mit einem kostbaren Halsbande von ungefähr 10 000 Ducaten im Werth beschenkte und mehrere anwesende Veziere die Bemerkung machten, daß dieses Geschenk allzu groß scheine, so erwiderte Abderrahman, Gott habe ihm die Perlen und Edelgesteine gegeben, um ihnen die eigentliche Bestimmung anzuweisen, nämlich den Busen des reizenden Mädchens zu schmücken.« (Aschbach I,276)

Es gibt Geschichten, die noch weiter gehen und uns den Emir zumindest im Alter als etwas zeigen, was damals noch keinen Namen hatte: als einen Vorläufer des österreichischen Barons von Sacher-Masoch, der tausend Jahre nach Abderrahman II. lebte. Eine schmollende Schöne aus seinem Harem, die der Emir zu Unrecht eines kleinen Vergehens beschuldigt hatte und die ihm daraufhin ihre Gunst verweigerte, soll Abderrahman wochenlang mit demütigen Bitten und reichen Geschenken bestürmt haben, ohne sich um die kopfschüttelnde Mißbilligung seiner Berater zu kümmern.

Anekdoten dieser Art entspringen nicht nur Palastgerüchten, sie sind zum Teil belegbar, wie etwa die Geschichte jenes berühmten und kostbaren Schmuckstücks, die ebenso bekannt wurde wie in späteren Zeiten das Schicksal einzelner besonders großer Diamanten. Das Kollier hieß wegen seiner Form A-thu-ban, der Drache, und hatte Zubaida gehört, der Gemahlin des Harun-al-Raschid und Mutter seines Nachfolgers Muhammad-al-Amin. Nach den Plünderungen im Verlauf größerer Unruhen in der Stadt Bagdad hatten jüdische Zwischenhändler das einzigartige Schmuckstück zunächst dem Fürsten offeriert, der die größte Chance bot, einen guten Preis zu erzielen: Abderrahman II., der damals in die schöne al Shifa unsterblich verliebt war.

Ibn Khordadbeh, der etwa dreißig Jahre nach Abderrahman II. verstorbene berühmte arabische Geograph, Wesir und Oberpostmeister, hatte zu allen Archiven des mit ihm befreundeten Kalifen Motamid Zutritt und gibt uns in seinem unschätzbaren Routenbuch als souveräner Kenner einen verläßlichen Überblick über die Handelswege und die Händler seiner Zeit. Von ihm erfahren wir, wer Abderrahman mit jenem Luxus versorgte, den der Emir im fernen Westen um sich zu haben wünschte, vielleicht, um die Heimat im Osten leichter entbehren zu können. Es waren in erster Linie die ungemein tüchtigen jüdischen Händler Septimaniens, vor allem aber Narbonnes, die sich zwar in erster Linie mit dem Sklavenhandel beschäftigten, aber auch anderen Luxus wie Edelsteine, Perlen, kostbare Stoffe und hochwertige Kosmetika aus dem Orient heranschafften. Dabei kam ihnen zustatten, daß sie als eine in allen Ländern politisch rechtlose Minderheit stets neutral waren, mit Piraten über deren schöne Gefangenen ebenso verhandeln konnten wie mit den Palasträubern von Bagdad über kostbare Beutestücke. Ibn Khordadbeh bestätigt nicht nur – was lange Zeit bezweifelt wurde –, daß diese Kaufleute bereits damals regelmäßigen China- und Indienhandel betrieben, sondern zählt auch die Sprachen auf, die diese begabten Händler beherrschten: Arabisch, Persisch, Griechisch, das in Spanien gesprochene Romanisch, die Langue d'Oc und die der »Esclavons«, eine *lingua franca* des Mittelmeerraums, die auch in Dalmatien verstanden wurde.

In einer Zeit, da die Seeräuber auch in die vornehmsten Familien brutal eingriffen und die schönsten Frauen und Mädchen gnadenlos auf die Sklavenmärkte brachten, konnte sich ein Fürst wie Abderrahman II. mit Hilfe der tüchtigen Spezial-Hehler aus Narbonne und Marseille einen Harem aufbauen, der ihn immer mehr gefangennahm und ihm gegen Ende seines Lebens weitgehend den Umgang mit seinem Volk entbehrlich machte, so daß er oft viele Wochen lang den Alcazar von Cordoba nur zur Falken- oder Hirschjagd verließ. Das wird verständlicher, wenn wir erfahren, daß viele seiner Frauen nicht nur außerordentlich schön, sondern ihrer vornehmen Herkunft wegen auch wohlunterrichtet waren. Vor allem eine Baskin namens Kalam habe nicht nur Gedichte vollendet deklamiert, sondern auch eine sehr schöne Handschrift gehabt und sei in verschiedenen Wissenschaften bewandert gewesen, darunter auch in der Geschichte. Die sich ankündigende Kulturblüte im Omayadenreich lebt zwar zweifellos in erster Linie von den Gelehrten und den Dichtern, von den guten Köpfen der Araber, Juden und Mozaraber, doch sollte man die Rolle nicht vergessen, die diese gebildeten und schönen Frauen im geistigen Haushalt eines Palastes und in der Umwelt der Monarchen gespielt haben, nicht nur vorübergehend, sondern durch Generationen.

Neben diesen Frauen sind es nach wie vor die Eunuchen, die eine gewisse Rolle spielen, bei Abderrahman nicht in jener peinlichen Penetranz wie unter Hakem, aber doch in Einzelfällen sogar historisch bedeutsam, wenn Abu l'Fath Nasr, Sohn christlicher Eltern aus Carmona, an der Seite eines verdienten Generals die Schlacht gegen die Wikinger gewinnt und die versprengten Nordmänner am unteren Guadalquivir ansiedelt. Während man sonst vor allem Piraten kurzerhand umbrachte, übertrug der kluge dem Gerücht nach aber nicht Arabisch sprechende Eunuch den von ihren Schiffen abgeschnittenen Skandinaviern ein großes Marschengebiet, in dem sie Vieh züchteten und später einen außerordentlich geschätzten Käse auf den Markt brachten.

Dem sittenstrengen Eulogius war dieser Übergang eines Christen in den Harem des Emirs naturgemäß ein Dorn im Auge, vor allem, da Abu l'Fath Nasr sich zwischen den Schönheiten des fürstlichen Intimbereichs seiner Verstümmelung wegen frei bewegen durfte und eine geheime, unkontrollierbare Macht neben dem Emir darstellte. Als er sie schließlich mißbrauchte, um – in einer typischen Haremsintrige, wie man sie auch aus Afrika und China kennt – einen nicht thronberechtigten Prinzen in die Nachfolgerrolle zu schieben, hatte auch dieser Günstling freilich sein Leben verwirkt.

Abderrahman II. war an allem, was seine Frauen, vor allem aber die Mütter von Prinzen betraf, außerordentlich interessiert. Favoritinnen wurden nur Mädchen, die unberührt in seinen Harem gekommen waren und bei denen die Nachfrage nach den Familien und der Herkunft befriedigende Ergebnisse gezeitigt hatte. Die Sklavenhändler mußten also ihre Ware gleichsam mit Stammbaum anbieten, wenn sie besondere Preise erzielen wollten. Al Shifa, die wir schon kennen, stand dem Emir besonders nahe, weil sie nicht nur ihren eigenen Sohn al Mutarrif an ihrer Brust genährt hatte, sondern auch den kleinen Muhammad, der Abderrahmans Nachfolger werden sollte. Tarub war die Mutter des Prinzen Abd Allah, den Nasr auf den Thron bringen wollte. Fakhr galt als besonders reizvoll, und die Baskin Kalam, Fürstentochter von der Grenze und bei einer Razzia gefangengenommen, hatte gar in Medina eine vollendete arabische Kultur erworben, ehe sie in das Terzett des sogenannten Medina-Schönheiten eintrat, dreier keineswegs aus Medina stammenden, aber dort erzogenen junger Frauen, die eine Musikkapelle und in gewissem Sinn das ganze künstlerische Leben im Harem leiteten.

Genüsse dieser Art mochten Abderrahman dazu verleitet haben, sich abzukapseln und die großen Aufgaben, die sein Land ihm stellte, immer mehr zu vernachlässigen. Außer einigen größeren Bauvorhaben wie der Moschee von Jaën oder einem neuen Kai in Sevilla sind aus seinen letzten Lebensjahren bedeutende Initiativen nicht mehr bekanntgeworden, und selbst über seinen Tod in der Nacht auf den 22. September 852 schwebt ein gewisses Geheimnis, denn es ist nicht auszuschließen, daß Tarub - die Frau, die immer noch Einfluß auf ihn hatte und von ihm trotz der Nasr-Verschwörung geschätzt wurde - an diesem Tod die Schuld trägt: Kaum hatte der Emir die Augen geschlossen, setzte sie gemeinsam mit zwei Eunuchen alles nur Erdenkliche ins Werk, um ihren Sohn Abd Allah doch noch auf den Thron zu bringen, aber die Partei des Thronfolgers Muhammad erwies sich als stärker.

Der große Räuber

Während die zeitgenössischen Chronisten mit den Omayaden mitunter streng ins Gericht gehen, sind die Geschichtsschreiber späterer Jahrhunderte ihnen im allgemeinen überraschend freundlich gesinnt. Das kommt daher, daß sie aus ihrer größeren Distanz auch mehr Vergleichsmöglichkeiten haben und mit Sicherheit eines feststellen können: daß auch die christlichen Fürsten des Mittelalters auf ihren Thronen keine bessere Figur machten als die Omayaden, und daß es nur natürlich sei, wenn in einem Zeitraum von dreihundert Jahren starke Herrscherpersönlichkeiten auch von schwächeren abgelöst würden. Bei einem genaueren Vergleich stellen wir sogar fest, daß auch diese schwächeren Omayaden noch ihre Meriten haben, daß sie entweder als mohammedanische Heilige zu leben versuchen wie Hischam I. oder daß sie sich eben den Reichen des Geistes zuwenden und darüber die Nöte des Tages vergessen wie Hakem II., ein wahrer Geistes-Fürst, der seinesgleichen im gleichzeitigen Abendland nicht hat. Die wirklichen Katastrophen der Thronfolgeordnung fehlen ebenso wie die stammelnden Halbidioten, mit denen unsere alten Geschlechter von Zeit zu Zeit die Throne des mediävalen Europa zierten, eine Folge des glückhaften Umstands, daß – wenn ein Emir die Augen schloß – bis zu hundert Söhne vorhanden waren, unter denen er die Wahl des Nachfolgers hatte treffen können. Die Kehrseite dieser Situation offenbarte sich in den beinahe zur Tradition werdenden Thronfolgekämpfen unmittelbar nach dem Tod des Herrschers; aber da sich an ihnen stets nur ein oder zwei Prinzen beteiligten, während die anderen das Testament respektierten und verteidigten, war dieser Zustand nicht viel schlimmer als im übrigen Europa, wo im Mittelalter nicht selten die Söhne gegen die noch lebenden Väter zum Waffengang antraten oder, im deutschen Wahlkönigtum, die unterlegenen Bewerber gegen den glücklichen Sieger der Wahl.

Das Tief oder Wellental zwischen dem zweiten und dem dritten Abderrahman füllen drei Herrscher relativ geringer Bedeutung und schwer zu erfassender Persönlichkeit aus: sein Sohn Muhammad I. (852-886), dessen Sohn (Al)Mondhir (886-888), der allerdings schon vorher als Feldherr eine bedeutende Rolle gespielt hatte, und schließlich Al Mondhirs Bruder Abdallah (886-912), der den Thron bestieg, weil die Söhne des Verstorbenen noch nicht alt genug für die Thronfolge waren.

Die zweite Hälfte des neunten Jahrhunderts war im maurischen Spanien durch die größten inneren Schwierigkeiten gekennzeichnet, die je ein Omayade zu bekämpfen hatte; ja, es ließe sich sogar mit einem großen Zeitsprung sagen, daß Spanien bis zu den Tagen, da Napoleon der Halbinsel einen König aufzwang, innerlich nicht so zerrissen war wie während dieser tiefsten Krise der Araberherrschaft. Bewirkt wurde sie durch einen Mann namens Omar ben Hafsun, von dem man bis heute nicht mit Sicherheit sagen kann, ob er Mohammedaner war oder Christ, Räuber großen Stils oder Rebell aus Überzeugung, Tribun des kleinen Volkes oder einfach machtgieriger Usurpator.

So mancher Emir hatte schon gegen Revolten zu kämpfen gehabt, aber es waren fast stets rivalisierende Prinzen oder Statthalter entlegener Gegenden, die für Unruhe gesorgt hatten. Spontane soziale Aufstände wie jener des Vororts von Cordoba oder ein ähnlicher Aufruhr gegen die Steuereintreibungen in Merida waren vergleichsweise selten und erlangten kaum jemals überregionale Bedeutung, nicht einmal in den nicht ganz seltenen Not- und Hungerzeiten nach schlechten Ernten. Omar ben Hafsun ist demgegenüber ein für Spanien neuartiges Ereignis, das man sich eher zum Beispiel in China denken könnte. Er erringt als Räubergeneral zunächst in der Bergwelt Andalusiens einen gewissen Ruf, wird aber bald aus diesem Zentralbereich der Omayadenherrschaft vertrieben und versucht sein Glück im Lieblingsterritorium aller Rebellen, im Raum von Saragossa. Dort sind alle Kräfte nahe, die an einer Schwächung des Emirs von Cordoba interessiert sind: die Könige von Asturien, die ehrgeizigen Fürsten des halbbaskischen Navarra und die Besatzungstruppen der Spanischen Mark mit ihrem Hauptort Barcelona.

Es spricht für Emir Muhammad, daß er die Gefahr sogleich erkannte und nicht etwa nur mit den Truppen aus Cordoba und Toledo gegen Omar zog, sondern auch noch Murcia und Valencia aufbot. Und nun, angesichts dieser Heeresmacht, zeigte sich, daß Omar doch wohl mehr war als ein simpler Räuber: Er unterwarf sich scheinbar, berichtete von weitreichenden Plänen, die Christen im Norden in tödliche Fallen zu lokken, und erreichte es, daß man die gegen ihn eingesetzten Verbände aus Murcia und Valencia ihm zur Verfügung stellte – gegen Barcelona!

Ein paar Tage später waren die nichtsahnenden und ohne Wachen kampierenden Truppen im Schlaf abgeschlachtet und Omar ben Hafsun wieder nach Norden unterwegs, zu seinen christlichen Freunden. Emir Muhammad rief die Nordarmee unter dem Prinzen Al Mondhir vom Feldzug gegen Asturien ab und setzte sie gegen Omar ein, und da die Muslimen angesichts des nächtlichen Gemetzels von einem heiligen Zorn erfüllt waren, half es Omar wenig, daß seine Leute sich tapfer wehrten: Sie wurden selbst aus den hartnäckig verteidigten Bergfestungen herausgeholt. Omar konnte mit knapper Not noch die eigene Haut retten, seine Armee existierte nicht mehr.

Einige Jahre später, als Omar schon beinahe vergessen war, brach er plötzlich aus den westlichen Pyrenäen mit einer starken Armee gegen die Maurengrenze vor, sekundiert von Fürst Garcia Iniguez Arista, dem Herrn des kleinen Navarra. Die im Ebrotal offenbar ständig schwelende Gegnerschaft gegen Cordoba brachte der Armee schnelle Erfolge; Saragossa, Huesca und Tudela wurden erobert und die Prinzen Fortun und Muza auf die Seite der Rebellen gezogen.

In höchster Bedrängnis mußte Muhammad wiederum die Asturien-Armee in Eilmärschen nach Osten vorrücken lassen und führte selbst die Hauptmacht aus dem Süden heran. Im Jahr 882 kam es bei Aybar zu einer langen und mörderischen Schlacht, die von den Omayaden erst gewonnen wurde, als der tapfere Fürst von Navarra getötet und Omar ben Hafsun tödlich verwundet war. Die Muslimen konnten ihren Erfolg jedoch nicht nützen und, da sie nun einmal an Ort und Stelle waren, in die Bergwelt Navarras vordringen, denn Alfonso III. von Asturien hatte die Gunst der Stunde richtig gedeutet: Er war über die unverteidigten Grenzen nach Süden vorgestoßen, wie stets über das heutige Portugal, wo offenbar besonders wenig maurische Garnisonstruppen standen, und bis zu der großen und reichen Stadt Merida gelangt, einer der prächtigsten des Omayadenreiches.

Muhammad wandte sich mit dem Hauptheer gegen diesen gefährlichen Gegner, während Kronprinz Al Mondhir ganz gegen allen Brauch den Krieg auch in den Wintermonaten fortsetzte, um seine rebellischen Verwandten Musa und Fortun ebenfalls gefangenzusetzen, was schließlich auch gelang. Im Jahr 883 war man daher allgemein des Kämpfens müde und schloß einen Frieden, von dem wir zwar nichts Genaueres wissen, der aber offenbar einige Jahre hindurch eingehalten wurde. Nur einer hielt sich nicht daran, und das war keiner der Fürsten, sondern Calib ben Hafsun, der Sohn des getöteten Räubergenerals oder Rebellenführers. Aus dem Aufruhr war eine persönliche Rache geworden, der Sohn zog mit allem, was er in den Bergen an Unzufriedenen um sich sammeln konnte, abermals los, und Prinz Al Mondhir hatte alle Mühe, ihn vom Ebro abzudrängen und zur Rückkehr in die Pyrenäen zu nötigen.

Die Vorgänge sind nicht neu, sie klingen uns in ihrem Ablauf bereits vertraut in den Ohren, aber wir haben sie kurz berichtet, weil aus ihnen eine der Grundschwächen der Omayadenherrschaft deutlich wird: Cordoba, ja, das ganze Andalusien, lagen zu weit südlich, waren eben nicht der Kernraum der Iberischen Halbinsel. Die Dauerunruhe am Ebro, die ungemein häufigen Aufstände in und um Toledo, die Selbstverständlichkeit, mit der sich die kleinen asturischen Armeen immer wieder über Coimbra bis in den Raum Lissabon vorwagen konnten, das alles zeigt, daß die Zentralisierung in Spanien erst echte Chancen hatte, als Madrid oder Toledo als Hauptstadt zur Verfügung standen; das aber erkannte erst König Philipp II. aus dem Blickwinkel des sechzehnten Jahrhunderts. Die Araber errichteten an der Stelle der späteren Metropole Spaniens nur eine kleine Festung namens Maderit...

Zu einem zweiten Dauerproblem, kaum weniger bedenklich als die Rebellen, wuchsen sich die Spannungen mit den Christen aus, und sie waren so schwer beizulegen, weil ja – wie wir gesehen haben – auch die Christen keineswegs geschlossen auftraten. Als Emir Muhammad gleich zu Beginn seiner Regierungszeit alle Christen aus Hofämtern entließ, waren die um ihre Pfründen gebrachten Mozaraber zunächst nicht nur gegen den Emir aufgebracht, sondern vor allem gegen jene ihrer Glaubensbrüder, die durch Predigten, Märtyrertum und Unversöhnlichkeit diese Zuspitzung der Lage herbeigeführt hatten.

Unter Muhammad erfolgte die schon erwähnte Hinrichtung des Eulogius und einiger seiner Mitstreiter, vor allem, weil die Beredsamkeit dieser Eiferer inzwischen sogar auf Mohammedanerinnen Eindruck machte und der Emir zwar zu gewissen Zugeständnissen bereit war, keinesfalls aber die christliche Propaganda unter seinen Glaubensbrüdern dulden wollte. Es kam zwischen Cordoba und den fränkischen Königen zu einigen kuriosen diplomatischen Kontakten wegen der Leichname der Hingerichteten. Denn da die Märtyrer der Römerzeit inzwischen alle verteilt waren und zwischen Kirchen und Klöstern eine heftige Rivalität um jedes heilige Knöchelchen ausgebrochen war, stellten die Leichname dieser unbestreitbaren, mit Sicherheit in ihrem Märtyrertum bestätigten südspanischen Christen einen besonderen Schatz dar. Die Araber hatten Geschäftssinn genug, sich den Export so heiliger Güter entsprechend teuer bezahlen zu lassen.

Diese inneren Schwierigkeiten mit den Christen trugen natürlich nicht dazu bei, das Verhältnis zu den christlichen Nachbarstaaten auf der Halbinsel zu verbessern. Navarra war besonders unbeugsam; dort hatte der Fürst ja sogar die Tochter eines Rebellenprinzen geheiratet und sich damit über die Grenze der Rassen hinweggesetzt, um ein festes Bündnis gegen Muhammad auf die Beine zu stellen. Es wurde allerdings erst offensiv, als auch noch die Räubersippe des Omar ben Hafsun hinzukam.

In Asturien, das mit Navarra keineswegs immer im Frieden lebte, herrschten mit Ordoño (bis 866) und Alfons III. (866 bis 910) tüchtige und kriegsgewohnte Könige, die ihrem armen Land drückende Steuerlasten auferlegten, um den ständigen Druck der christlichen Waffen auf die maurischen Gebiete aufrechtzuerhalten. Man sieht Ordoño wie Alfons III. eigentlich stets siegreich: gegen die Normannen, die nun wieder einmal auftauchen, gegen eine maurische Flottenexpedition im Raum La Coruña, die mit einem Debakel endet, und zu Lande gegen die Dauergegner aus dem Süden. Nach dem Tod des Fürsten Garcia von Navarra, der mit einer Araberin verheiratet war, gelingt durch die Ehe zwischen Alfons von Asturien und Jimena von Navarra die schicksalhafte Verbindung der beiden christlichen Reiche im Norden Spaniens. Noch stärker als bisher erscheinen uns die beiden Machtbereiche – der islamische im Süden und der christliche im Norden – fortan als kommunizierende Gefäße in dem Sinn, daß die inneren Schwierigkeiten des einen sogleich eine ruhige politische und kulturelle Entwicklung beim anderen Teil ermöglichen. Eine bestürzende Bilanz der Jahrhundertwende, die uns zeigt, welches Hemmnis kriegerischer Zustände für die Entwicklung von Staatswesen und nationalen Gesellschaftsformen bedeuten.

Darum kann man in der Darstellung des maurischen Spanien auch die Verhältnisse im christlichen Teil der Halbinsel nicht völlig beiseite lassen, die Sphären waren eben durch ihre Gegensätzlichkeit und einen praktisch permanenten Kriegszustand viel zu sehr miteinander verbunden.

Einer der Beweise dafür ist darin zu erblicken, daß sich auch die Könige von Asturien – trotz der Macht der Kirche und der christlichen Gesetze – mit drakonischer Härte gegenüber Rechtsbrechern als absolute Herren über Leben und Tod zu erkennen geben, ganz so wie die Emire im orientalischen Rechtsbereich: Es war unter König Ordoño, daß Bischof Athaulf von Santiago de Compostela von Untergebenen »eines unnatürlichen Lasters«, also wohl der Homosexualität, beschuldigt wurde. König Ordoño mühte sich nicht um ein langwieriges Verfahren mit Zeugeneinvernahmen, sondern ließ den Bischof einem Kampfstier entgegentreten, ohne ihm eine Waffe zuzugestehen. Bischof Athaulf trat »im Bewußtsein seiner Unschuld« dem temperamentvollen Tier ruhig entgegen, und siehe da, der Stier kam friedlich herangetrabt und legte sich vor dem Kirchenfürsten in den Sand. Damit war – nach der gotischen Sitte der Gottesurteile – die Unschuld des Bischofs offenbar geworden und man wollte ihn wieder in seiner Diözese einsetzen; Athaulf aber verzichtete tief verletzt und ging in ein einsam liegendes Kloster, wo er wenige Jahre darauf starb. Ataulphus, Bischof von Santiago de Compostela, wird bis heute im Heiligenregister geführt; sein Tag ist der 19. April, seine Geschichte ist in zwei zeitgenössischen Chroniken kurz und bei Mariana aus der Sicht späterer Jahrhunderte ausführlicher dargestellt.

Als König Ordoño starb, war sein ältester Sohn, der als Alfons III. regieren sollte, erst vierzehn Jahre alt, was naturgemäß Rivalen auf den Plan rief. Vor einem Grafen Froila mußte der königliche Knabe zunächst nach Alava flüchten, während der Usurpator in die Residenz Oviedo einzog. Auch hier aber sorgten die Goten für eine schnelle Bereinigung der Verhältnisse nach ihrem alten Rechtsempfinden: ein paar Herren von Adel töteten den ehrgeizigen Froila, und Alfons III. konnte seine lange Herrschaft antreten. Seine schnellen Siege über die Mauren brachten es unter anderem mit sich, daß zum Beispiel die heute portugiesische Stadt Coimbra christliche Einwohner erhielt: Alfons siedelte Bewohner der verheerten Grenzgebiete in dieser aufblühenden Stadt an.

Kurzzeitige Einbrüche großer Reiterscharen, wie sie im südlichen Asturien immer wieder für Not und Totschlag sorgten, ließen sich offenbar auch unter energischen Herrschern nicht unterbinden, weil – ähnlich wie gegen die Normannenflotten – die Alarmsysteme und die Nachrichtenübermittlung noch unzureichend waren. In dem maurischen Geschichtsbuch Amal al Alam lesen wir dazu: »Muhammad und des Emirs Sohn pflegten aus den Provinzen Elvira, Jaën, Cabra, Ecija, Medina Sidonia und Moron fünfzehntausend Reiter für ihre Sommerfeldzüge in Galicien auszuheben; mitunter verbrachten sie sechs Monate im Feindesland.« Mitunter freilich gingen sie auch König Alfons III. in eine Falle, wenn zum Beispiel in einem Engpaß bei der Stadt Vergidus solch eine Razzia-Armee eingeschlossen und aufgerieben werden konnte. Damals fiel der Feldherr Abu Walid ben Abdelhamid den Asturiern in die Hände und wurde gegen ein sehr hohes Lösegeld seinem Herrn zurückgeschickt. Die hunderttausend Goldstücke, von denen in diesem Zusammenhang die Chronik von Albelda spricht – *Cmillia solidorum in redemptionem suam dedit* –, muß man freilich als Übertreibung ansehen, wenn Abu Walid auch als Hadschib seines Emirs einer der engsten Berater und der höchste Würdenträger des Maurenreiches war. Immerhin waren es offensichtlich hohe Lösegelder aus verschiedenen Unternehmungen, die den christlichen König eines armen Landes in die Lage versetzten, an seiner Südgrenze feste Burgen zu errichten und eine Reihe von Kirchen zu bauen (San Salvador de Valdedios, San Salvador de Priesca, Santiago de Goviendes).

Das größte Unternehmen dieser Art war der Bau der Basilika von Santiago de Compostela im Jahr 899. Angesichts einer Langhaus-Binnenlänge von beinahe 24 Metern erscheinen die winzigen Maße des alten westgotischen Kirchenbaues nun endgültig überwunden; das Geltungsstreben des asturischen Königshauses bekundet sich auch in der Größe seiner Bauten!

Emir Muhammad konnte darin, so groß sein Reich auch war, mit Alfons nicht wetteifern. Die aufreibenden inneren Kriege hatten seine Mittel zu sehr in Anspruch genommen, und das Loblied, das im Amal al Alam auf ihn gesungen wird, mutet uns reichlich klischeehaft an, obwohl der kluge Minister, dem wir diese Darstellung verdanken, sie einem Wesir in den Mund legt: »Der Emir Muhammad – Gott hab ihn selig – war ein Wortkünstler und Sprachkenner, ein Mann von äußerster Umsicht, der Schlechtigkeit ebenso abhold wie der Gerechtigkeit und ihren Bekennern zugetan.« Es folgt dann eine Anekdote über die Genauigkeit des Emirs bei Abrechnungen und, in der außenpolitischen Bilanz, die kuriose Behauptung, Kaiser Karl II., genannt der Kahle »der mächtigste und prächtigste Frankenkönig seiner Zeit, schickte ihm (Muhammad) zum Zeichen seiner Unterwerfung Geschenke und Kostbarkeiten in einem für die Franken ungewöhnlichen Maße«.

Immerhin scheint Karl der Kahle mit Emir Muhammad tatsächlich ein Abkommen getroffen zu haben, zwar gewiß nicht zwecks Unterwerfung, aber doch wohl zur Beruhigung der Grenzkonflikte. Die Spanische Mark erfreut sich nämlich im Gegensatz zu Asturien einer weitgehenden Schonung und wird kaum jemals zum Ziel jener Reitervorstöße, an denen – wie uns genaue arabische Statistiken über die von den einzelnen Provinzen gestellten Truppenstärke belegen – bis zu zweiundzwanzigtausend Reiter teilnahmen. Sich gegen solche Einbrüche zu sichern, konnte Karl dem Kahlen schon ein paar Geschenke wert gewesen sein, vor allem, da das Amal al Alam andeutet, daß der Wert dieser Geschenke nur vergleichsweise, in Hinblick auf die traditionelle Zurückhaltung der Christen in solchen Dingen, als erheblich anzusehen sei. Dem Papst in Rom habe Karl zur gleichen Zeit eine Statue aus purem Gold geschenkt – einen angeblich 150 kg schweren Christus –, reich mit Edelsteinen besetzt und mit großer Kunst gefertigt. Es muß sich dabei um Geschenke gehandelt haben, die Carolus Calvus, wie ihn die Chronisten nennen, bei seiner Kaiserkrönung zu Weihnachten 875 Papst Johannes VIII. überreicht hatte, Geschenke, die selbst im maurischen Spanien Aufmerksamkeit erregten.

Im übrigen aber scheint Muhammad, so genau er zeitlebens rechnete, schließlich einen abgeklärten, irdischen Gütern neidlos entsagenden Tod gefunden zu haben, wie uns eine von verschiedenen arabischen Quellen aufgezeichnete Anekdote berichtet: Der Wali von Jaën ging eines Tages mit Muhammad in den Gärtem des Alcazars von Cordoba spazieren und pries dabei das Glück der Fürsten dieser Erde. Sie würden mehr als jeder andere der irdischen Genüsse teilhaftig und könnten sich alle Herrlichkeiten verschaffen; einzig der Tod, der dies alles einmal beenden werde, trübe ihnen die Freude, denn er werde sie so unerbittlich ereilen wie den kleinsten Bauern oder den ärmsten Bettler. Muhammed, der unphilosophische Emir und große Arithmetiker, antwortete auf diese lange Tirade reichlich trocken: »Nichts gegen den Tod, mein Lieber: ohne ihn wäre ich nämlich jetzt nicht Emir!«

Muhammad war nicht nur metaphysischen Überlegungen und religiösen Schwärmereien abhold, er begünstigte an seinem Hof auch stets die Syrer, weil sie die besten Geschäftsleute waren und nicht in das hektische Sektierertum der Araber verfielen. In die christlichen Affären mischte er sich nach dem Tod des Eulogius nicht mehr ein, denn als dieser Hauptfürsprecher des Märtyrertodes selbst das Ende gefunden, das er sich gewünscht hatte, trat bald eine allgemeine Beruhigung der Glaubenskämpfe ein. Ja, der oberste Richter der Christen, der gotische Graf Servandus, ging in seiner Abneigung gegen den frommen Unruhestifter Eulogius viel weiter als die Muslimen selbst: er ließ die nach der Hinrichtung bestatteten christlichen Märtyrer als Verbrecher wieder aus der Erde nehmen, und ihre Gebeine wären wohl in alle Winde zerstreut worden, hätte nicht der nüchterne Tatsachensinn des Emirs den erwähnten lukrativen Export der Reliquien für sinnvoller gehalten als die Vernichtung der unschuldigen Reste.

Obwohl die Christen also Sorgen genug hatten und neben den übermächtigen Arabern besser daran getan hätten, ihre bedrohten Gemeinden zu konsolidieren, begannen sie nach der Märtyrer-Woge mit einem Dogmenstreit über die Natur Christi, also beinahe eine Abspaltung wie in arianischen Zeiten; in den Schmähreden, die zwischen den Parteien hin und her gingen, wurden auch die Lehren des Islam wiederum angegriffen, und Muhammad begann ungerührt abermals mit Hinrichtungen, wann immer einer der christlichen Polemiker sich eine Beleidigung der herrschenden Religion gestattete.

Interessanter als der Streit über die Frage, ob Christus einen menschlichen oder nur einen astralen Leib gehabt, ob er Sünden auf sich genommen oder rein geblieben sei, ist die Bewegung, die unter Bischöfen und schreibenden Klerikern nun einsetzt: Die Unterliegenden wandern zwar zunächst nach Asturien aus, weil sie sich in Cordoba und anderen maurischen Städten nicht mehr sicher fühlen; aber das karge Leben im armen Asturien und inmitten einer erzkatholischen Kollegenschaft behagt ihnen so wenig, daß etwa zehn Jahre später auch die eifrigsten Widersacher des Grafen Servandus wieder unter ihren mozarabischen Brüdern in Cordoba sitzen und das angenehme Leben in den betriebsamen Araberstädten genießen. Einer brachte auf der Rückreise in den maurischen Süden eine Kirchenglocke aus Asturien mit, was man als Beweis dafür ansehen darf, daß die Christen Cordobas sich trotz der Verfolgungen wiederum des Glockengeläutes erfreuen durften.

Im August des Jahres 886 begab sich Emir Muhammad nach guter Vätersitte in seine inneren Gemächer und legte sich selbst zum langen Todesschlaf hin. Er war zu diesem Zeitpunkt etwa 65 Jahre alt und hatte vierunddreißig Jahre lang regiert. Von den mehr als hundert Söhnen, die er mit seinen Haremsdamen in die Welt gesetzt hatte, lebten bei seinem Tod noch dreiunddreißig. Daß der Tod ihn lange geschont hatte, sahen seine Untertanen auch an einem merkwürdigen Vorfall in der Mezquita von Cordoba: Während eines heftigen Gewitters waren neben ihm zwei Menschen vom Blitz getötet worden, während er, der Emir, unverletzt blieb.

Auf Emir Muhammad folgte das kurze und blutige Zwischenspiel seines kriegerischen Sohnes Al Mondhir, eines Fürsten, der ganz aus der Art schlug, wenn man die Lebensweise der bisherigen Omayaden als die Regel ansieht. Al Mondhir hatte weder für Bildung noch für sonderliche Leibesgenüsse irgendwelche Sympathien und wohl auch keine Zeit. Er durchzog, unablässig gegen die Rebellenscharen der Hafsiden kämpfend, das ganze Land und ging in seiner Ungeduld und Unbeherrschtheit so weit, den verdienten, wenn auch schon alten Hadschib Haschem hinrichten zu lassen, weil er sich von Calib ben Hafsun hatte düpieren lassen. Der alte Hadschib hatte Al Mondhir schon oft geärgert, weil er bei festlichen Zeremonien viel zu umständlich und feierlich vorging und dem Verstorbenen, seinem fürstlichen Freund Emir Muhammad, immer noch nachtrauerte. Als sich schließlich bei Kämpfen in und um Toledo herausstellte, daß der sonst so kluge Minister dem gerissenen Rebellen in die Falle gegangen war, fiel nicht nur das Haupt Haschems: Al Mondhir sandte es auch noch an die Familie des Unglücklichen, entfernte die zwei Söhne des Ministers aus ihren hohen Ämtern und zog ihren ganzen Besitz ein.

Einem so ungestümen Fürsten konnte in unsicheren Zeiten kein langes Leben beschieden sein. Als einmal seine eigenen Truppen ihm nicht schnell genug folgten, geriet Al Mondhir mit einigen wenigen Getreuen mitten in einen Haufen Rebellen und wurde gnadenlos abgestochen. Der Vorgang im Schlachtgetümmel ist schwer zu rekonstruieren; darum sind manche Historiker der Meinung, daß die Begleitung des Emirs nicht von ungefähr zurückgeblieben sei, sondern bestochen war, um dem ältesten Bruder des Emirs, nämlich Abdallah, zum Thron zu verhelfen. Al Mondhirs eigene Söhne waren noch zu jung.

Daß Abdallah sich um einen so gefährdeten Thron bemühte, will uns heute kaum begreiflich erscheinen, aber offenbar glaubte er, ein Rezept zur Befriedung des Landes zu besitzen, indem er zunächst genau das Gegenteil von allem tat, was Al Mondhir für richtig gehalten hatte. Den enthaupteten Hadschib Haschem konnte er freilich nicht wieder lebendig machen, aber seine Söhne wurden wieder in ihre Ämter eingesetzt und erhielten ihren Besitz zurück. Aber gerade jenes Jaën, dessen Wali ein Haschem-Sohn gewesen war und nun rehabilitiert wurde, entwickelte sich bald zu einem besonders gefährlichen Unruheherd; die Rebellenarmee der Hafsiden beherrschte Toledo und die nördlichen Gebiete, Merida und Lissabon hatten sich ebenfalls erhoben.

In Cordoba wie auf einer Insel inmitten brandender Seen sitzend, kämpfte Abdallah die schwersten Kämpfe der Omayadenzeit, setzte die Flotte gegen das aufrührerische Lissabon ein und hatte die bittersten Schlachten in Andalusien selbst auszufechten, wo sein eigener ältester Sohn Mohammad gegen ihn stand.

Aus diesen vergessenen Wirren kriegerische Einzelheiten zu berichten, hätte wenig Sinn, doch hat das Volk einige tragische und romantische Episoden im Gedächtnis behalten. Die eine hat den rebellischen Sohn Mohammad zum Helden, der nach tapferem Kampf gegen den Vater endlich in Gefangenschaft geriet – in dem Bruderkampf von Jerez de la Frontera, wo Almudaffar für seinen Vater stritt, Mohammad aber gegen ihn, und der Kampf unentschieden und erbittert tagelang hin und her wogte. Erst, als Mohammads Pferd getroffen wurde und stürzte, so daß der Prinz gefangengenommen werden konnte, bemächtigte sich seiner Partei die Furcht, und die Truppen des Emirs siegten. Der Fürst hatte dann die schwere Aufgabe, über den eigenen Sohn zu richten und hätte es lieber gesehen, wenn Mohammad, so wie sein ebenfalls aufrührerischer Bruder Alcasim, in der Schlacht gefallen wäre. Da er als Vater seinen Sohn nicht selbst töten wollte, Dritte aber nicht ins Vertrauen gezogen werden sollten, übernahm es schweren Herzens Prinz Abderrahman – vermutlich nur ein Halbbruder –, dem Gefangenen das tödliche Gift beizubringen. Mohammad führte seit seinem Tod im Jahr 895 zur Unterscheidung von anderen Trägern dieses häufigen Namens den Zusatz *Magdul*, der Ermordete.

Die andere Episode kommt nicht aus dem Umkreis des Emirs, sondern aus der Rebellenarmee des Calib ben Hafsun, der den großen Kampf seines Vaters in der zweiten Generation fortsetzte, ein an sich schon seltenes Ereignis. Wegen der Lähmung der Zentralmacht scheint Calib die Verpflichtung empfunden zu haben, die traditionelle Auseinandersetzung zwischen Islam und Christentum mit seinen eigenen militärischen Mitteln fortzuführen und bekriegte mit seiner Rebellenarmee Asturien. Eine Ursache für diese überraschende Entwicklung mag darin liegen, daß der Emir in Cordoba diplomatische Fühler nach Asturien ausgestreckt hatte mit dem Ziel, den im Norden stehenden Calib zwischen zwei Fronten zu zerdrücken. So wenig Aussicht solch ein Bündnis auch hatte, durch das die Christen ja die Schwierigkeiten des Dauergegners verringert hätten, statt sie zu vergrößern – Calib jedenfalls beschloß, einem Angriff zuvorzukommen und marschierte mit einer Armee von sechzigtausend Mann, die er seinem Feldherrn Abulcasim Achmed ben Moavia ben Alkithi unterstellte, gegen Alfons III.

Ein stolzer Brief Calibs forderte den christlichen König Asturiens auf, sich zu unterwerfen und Moslem zu werden, wenn er sein Land vor den Verwüstungen und seinen Untertanen das Leben retten wolle. Erstes Ziel der großen Armee war die Stadt Zamora am rechten Ufer des Duero, den die asturischen Könige sich als die Grenze ihres Bereiches erkämpft hatten. Dort, sechzig Kilometer nördlich von Salamanca, trafen die Heere aufeinander, und Albucasim, in dessen Reihen auch viele Afrikaner kämpften, erlitt gegen die Christen eine furchtbare Niederlage. Der Feldherr fiel mit vielen seiner Streiter, ein Großteil aber geriet in Gefangenschaft und mußte fortan in Ketten die Felder Asturiens bestellen.

Nach diesen Schlachten begann, das hatte sich inzwischen gut eingespielt, die große Loskaufaktion, die immerhin das Leid minderte, weil zum Beispiel für den einfachen Soldaten auch nur geringe Lösegelder verlangt wurden. Eine arme arabische Witwe, die auch die kleine Summe nicht aufbringen konnte, wandte sich in ihrer Bedrängnis und weil sie ihren Sohn unbedingt wiederhaben wollte, an einen bekannten Wundermann, den Alime Baqui zu Cordoba. Er versprach ihr, für die Rückkehr des Sohnes zu beten, und tatsächlich kehrte bald darauf der vermißte Sohn aus der asturischen Gefangenschaft zurück ins maurische Spanien. Er berichtete, daß er mit anderen gefangenen Muslimen von einem Christen täglich auf die Felder geführt wurde, zur Arbeit. Damit sie nicht entlaufen konnten, trugen sie alle Ketten an den Füßen; diesem jungen Gefangenen aber fielen an eben dem Morgen, da Baqui mit seinen Gebeten begonnen hatte, die Ketten von den Gelenken, und als der Aufseher ihm daraufhin neue anzulegen versuchte, ging es mit diesen ebenso, obwohl sie aus gutem Stahl waren. Der Aufseher erkannte, daß Zauberei im Spiel sei, und man wandte sich an die Mönche. Diese befragten den jungen Gefangenen nach seinen häuslichen Verhältnissen, und als sie erfuhren, daß er eine fromme Mutter zu Hause habe, die sehr an ihm hänge, vermuteten sie die Macht eines Gebets zu Allah und rieten dem Aufseher, den Mann in seine Heimat ziehen zu lassen.

So wie der Wunderglaube zu beiden Seiten der Front etwa gleich intensiv gewesen sein mag, breiteten sich auch die Grundsätze des Rittertums und der ritterlichen Kampfesweise nach und nach über den Duero nach Süden aus, und die arabischen Ritter wollten an Tugenden und Fairneß ihren christlichen Gegnern bald nicht mehr nachstehen. Es kam immer häufiger zu Ehrenhändeln, die als Zweikämpfe ausgetragen wurden, und wir wissen von einem Syrer Syad ben Suleiman ben Gudi, der die Reihen des Rebellen verließ, weil man ihm bei einem solchen Duell vor dem Todesstoß in den Arm gefallen war.

Unter schwachen Herrschern schlägt das Pendel mitunter besonders stark aus, was die inneren Zustände des Reiches betrifft. Die steuernde Herrscherhand fehlt, die entfesselten Kräfte können frei walten und die Bevölkerung ist in beinahe erschütternder Weise auf sich selbst angewiesen.

Die langen Kriege im Innern – gegen die wie eine riesige Krebsgeschwulst in der Mitte und im Norden des Reiches sitzende Rebellensippe – hatten die Wirtschaft gelähmt und durch das Ausbleiben der Ernten und die Erschwernisse im Verkehr gegen Ende des neunten Jahrhunderts im ganzen Reich besondere Notzeiten heraufgeführt. Als zu Hunger und Not sich noch Seuchen gesellten, wie sie nicht selten sind, wenn entkräftete und verwahrloste Volksteile keine Widerstandskraft mehr aufbringen, geriet das maurische Spanien in eine der tiefsten Krisen seiner Geschichte. Ungleich volkreicher als unter den Goten, war das Land nun der Geißel des Todes preisgegeben. Die Kräfte reichten weder zur Pflege der Kranken noch zur Bestattung der Gestorbenen, und die frommen Muslimen, die nicht unter freiem Himmel zum Fraß für die Hunde liegen bleiben wollten, schaufelten sich mit letzter Kraft das eigene Grab, in das sie sich legten und den Tod erwarteten. Dies melden die Chroniken übereinstimmend zum Jahr 898.

Es konnte nicht ausbleiben, daß solche Verhältnisse die Kritik weckten. Bei aller Neigung der Emire, sich mit Musik und Dichtkunst zu beschäftigen, hatte doch keiner von ihnen Einsicht genug, sich auch die Stimmen anzuhören, bei denen Einwände gegen den Herrscher und seine Regierung laut wurden. Darum verdient das Beispiel des Emirs Abdallah Beachtung, der in dieser Hinsicht eine seltene Großzügigkeit bewies. Einer seiner Veziere hatte herausgefunden, daß die seit langem verbreiteten beißenden Schmäh- und Spottgedichte, die im Volk starken Anklang fanden, von einem ehemaligen Kadi aus Merida verfaßt waren, der Suleiman ben Albage hieß. Der Poet wurde verhaftet und in Cordoba dem Emir vorgeführt, und da er wußte, daß Abdallah sogar seinen eigenen Bruder hatte vergiften lassen, weil dieser gegen eine bestimmte Steuer aufgetreten war, so gab Suleiman in diesem Augenblick gewiß keinen Dirhem für sein Leben. Aber Abdallah hatte wohl einen milden Tag oder er war den Dichtern überhaupt sehr gnädig gesinnt: jedenfalls ließ er Suleiman weder enthaupten noch überhaupt bestrafen, sondern unterhielt sich mit ihm eine ganze Weile und beschenkte ihn dann wegen seines großen Talents mit einer bedeutenden Summe Geldes.

In seiner Rührung wegen der unerwarteten Wendung seines Schicksals wandelte Soleiman ben Albaga sich von einem erbitterten Feind des Emirs in einen verehrungsvollen Freund dieses Fürsten. Er verriet ihm, daß Calib ben Hafsun, der unbeugsame Rebell, eine gefährliche Verschwörung mit einem Mordkomplott angezettelt habe, und es wäre beinahe gelungen, bei dieser Gelegenheit Calib selbst zu verhaften. Der aber hatte Wind vom Sinneswandel des Mitverschwörers Soleiman bekommen und sich in seine Festung Toledo zurückgezogen.

Rund um dieses Felsennest in seiner Flußschleife knüpfte sich die viele Jahre umspannende Intrige, die schließlich die Schicksale des maurischen Spaniens wandeln sollte. Abu Otman ben Gamri, verdienter Feldherr des Emirs, bekriegte die Hafsiden im Raum Toledo, ohne sich Versäumnisse oder gar Feigheit vorwerfen zu müssen. Nur sein hohes Alter brachte es mit sich, daß die Bewegungen der Truppen auch eine gewisse Bedachtsamkeit annahmen, daß jegliches Überraschungsmoment fehlte und damit auch die Erfolge ausblieben.

Der stürmische Prinz Almudaffar, der bis dahin die Rebellen in Andalusien selbst bekämpft und dort auch vernichtet hatte, stellte dies mit kundigem Blick fest und bewog Emir Abdallah, den alten Otman seines Postens zu entsetzen. Abdallah tat dies mit größter Behutsamkeit; er wollte den tapferen alten Mann nicht kränken und machte ihn darum zum Kommandeur seiner Leibwache. Diese Leibwache war zwar wichtig, weil in so harten Zeiten nur sie das Leben des Emirs gegen Anschläge zu schützen imstande war; für Otman aber, der Statthalter von Merida und oberster Feldherr gewesen war, konnten die fünf- oder sechstausend Slavonier jedoch nur einen kläglichen Abglanz seiner früheren Herrlichkeit bilden, und er suchte nach anderen Möglichkeiten, Macht auszuüben und damit Almudaffar zu schaden, der ihn um seinen Feldherrnposten gebracht hatte.

Als Kommandeur der Leibwache war Otman praktisch der Herr im Palast und hatte die heranwachsenden Prinzen stets unter seinen Augen. Seinem kundigen Blick entging nicht, daß Abderrahman, Sohn des hingerichteten Empörerprinzen Mohammed, besonders hohe Gaben zeigte. Mohammed Magdul, im Gefängnis vergifteter Prinz, hatte in diesem außerordentlichen Sohn einen Rächer gefunden, zumindest in dem Sinn, daß eben dieser Sohn alle verdunkeln werde, die mittelbar oder unmittelbar mit dem Tod jenes Mohammed zu tun hatten oder Nutzen aus ihm zogen.

Otman verwandte all seine Erfahrung und seinen Einfluß auf den Emir fortan nur noch für ein Ziel: den jungen Abderrahman so deutlich aus der Prinzenschar herauszuheben, daß ihm die Thronfolge zufallen mußte, obwohl er an sich keinen Anspruch auf sie hatte. Der ganze Staatsrat, aber auch die Provinzstatthalter wurden für den jungen Prinzen mit den hohen Gaben eingenommen, und Almudaffar, der ein tapferer Krieger war, sah nun, daß er duch sein Vorgehen gegen den alten Otman sich um alle Chancen auf die Thronfolge gebracht hatte.

Eine unerklärliche Abneigung schlug ihm entgegen, wenn er nach Cordoba kam, und alle seine Erfolge konnten das Blatt nicht mehr zu seinen Gunsten wenden: er hatte den Altersstarrsinn eines unbeugsamen Mannes herausgefordert und war unterlegen.

So war es also ein Tag der Hoffnung für das ganze Omayadenreich, als Anfang November 912 Emir Abdallah das Zeitliche segnete. Er war zweiundsechzig Jahre alt geworden, hatte vierundzwanzig Jahre lang regiert und mächtige innere und äußere Feinde gehabt. Ein Gegner wie König Alfons III. von Asturien oder wie die Rebellensippe des Hafsun hätten auch einem Stärkeren als ihm zu schaffen gemacht; Abdallah aber, der gebildet, geistvoll, böse und gelegentlich überraschend großzügig war, hatte immerhin den Bestand seines Reiches sichern können, wenn auch viele, viele seiner Untertanen mit einem frühen Tod dafür bezahlen mußten.

Beherrscher der Gläubigen

Elf Söhne waren übergangen worden, damit der Enkel Abderrahman als dritter seines Namens den Thron besteigen konnte, aber es war eben kein gewöhnlicher Enkel. Anekdoten, wie sie sich in den Chroniken im allgemeinen nur selten finden, zeigen uns, daß Abdallah, als Herrscher nicht sonderlich glücklich, im Zusammensein mit dem kleinen Abderrahman Trost und Freude gefunden hatte, ja daß ein wenig Heiterkeit und Hoffnung in das Leben jenes Fürsten einzog, den innere und äußere Schwierigkeiten an der Erreichung seiner Ziele gehindert hatten: die Heiterkeit eines aufgeweckten Knaben, der seinem sonst so gefürchteten Großvater mit bemerkenswerter Unbefangenheit gegenübertrat.

Dies alles ist um so überraschender, als der kleine Abderrahman Sohn einer christlichen Mutter war, die obendrein den Namen Maria trug. Mohammed, der Aufrührer-Prinz, hatte Maria, Tochter christlicher spanischer Eltern, als Lieblingsfrau an seine Seite gezogen, aber das Kind von Mohammed und Maria wurde kein Fürst, der das maurische und das christliche Spanien zu friedlichem Nebeneinander- oder gar Miteinanderleben brachte, sondern der erste Kalif der Muslimen in Spanien und der furchtbarste Streiter für den Islam, den es auf der Halbinsel gegeben hatte. So wie man Alfons III. von Asturien den Beinamen *der Große* gegeben hatte, so sollte auch Abderrahman III. später als *der Große* bezeichnet werden, und vermutlich verdanken beide ihre Größe dem Umstand, daß sie nicht zugleich regierten, sondern daß einer den anderen gleichsam ablöste: Alfons konnte ruhig auftrumpfen und noch in seinem letzten Lebensjahr einen stürmischen Vorstoß nach Toledo persönlich befehligen. Und Abderrahman begann seine Regierung entschlossen mit den gewaltigsten Rüstungen gegen den christlichen Norden Iberiens, die man je gesehen hatte, obwohl es das einst so mächtige Königreich Asturien gar nicht mehr zu geben schien: Alfons III. hatte 909 auf den Thron verzichtet, um es nicht zu einem den Staat gefährdenden Bürgerkrieg zwischen dem Vater und den Söhnen kommen zu lassen. Königin Jimena stand in diesem Konflikt auf der Seite der vier Söhne, und der Schwiegervater des Prinzen Garcia, Graf Muño von Burgos, hatte sich ebenfalls zu den Verschwörern gesellt. Der Staatsakt des Thronverzichts fand auf Schloß Boides in Asturien statt und war der Augenblick, in dem die Mauren ihren Dauergegner mit einem schnellen Angriff hätten vernichten können. Aber Emir Abdallah war ebenfalls dem Ende seines Lebens nahe, mit Sicherheit älter als Alfons und zu schwach, um die Gunst der Stunde zu nutzen.

Fortan herrschte Garcia über Leon, Ordoño über Galicien und Froila über Asturien, wobei die nominelle Oberhoheit Garcias über die anderen Landesteile nur noch eine schwache Illusion der Einheit aufrechterhielt. Daß Alfons sich bei seinem letzten Kampf mit einer ihm von Garcia zur Verfügung gestellten Armee gegen Toledo wandte und nicht gegen Lissabon, darf man als einen Beweis dafür ansehen, daß er den Tod auf dem Schlachtfeld suchte. Er war ihm aber nicht beschieden: Nach der siegreichen Heimkehr zog sich Alfons nach Zamora zurück, wo ihn am 20. Dezember 910 ein bösartiges Fieber hinwegraffte. Sein Volk, dem er viel abverlangt hatte, mag ihn nicht sonderlich betrauert haben. Kriegerische Fürsten brauchen viel Geld, und woher soll es kommen, wenn nicht aus den Steuern. Zudem hatte Alfons in seiner großen Frömmigkeit jene nicht besteuert, die als einzige einen gewissen Wohlstand zu deklarieren gehabt hätten: die Kirche, die Klöster, die Prälaten. Und auch, wenn gerade Frieden herrschte, hatte die Krone viel Geld ausgegeben, weil dann die Grenzstädte wiederaufgebaut und neu besiedelt werden mußten, weil Festungsbauten notwendig waren und weil der fromme Sinn des Königs sich in den Kirchen und Klöstern ausdrückte, die er errichten ließ.

Die Söhne mochten mit dem Volk darin einig gewesen sein, daß Asturien dies alles nicht länger tragen könne, aber sie schienen dem Vater und seinem redlichen Charakter immer noch vertraut zu haben – denn im maurischen Teil Spaniens wäre es undenkbar gewesen, daß der neue Herr dem eben entmachteten Fürsten eine schlagkräftige Armee anvertraute. Es wäre ihm übel bekommen...

Abderrahman zählte einundzwanzig Jahre, als er seinem Großvater auf dem Thron folgte. Abdallah selbst hatte nichts versäumt, um diesen Enkel auf seine großen Aufgaben vorzubereiten, und das will im Maurenreich etwas besagen. Die besten Lehrer bemühten sich um den Prinzen, indem sie ihm nicht nur den Koran, sondern auch die Dichtkunst, die Morallehre, die Grundsätze der Verwaltungskunst und die Geschichte nahebrachten. Dazu kam, getreu den ritterlichen Traditionen, die Übung in den Waffen und die Stählung des Körpers auf vielen langen Ritten, nicht selten in Gesellschaft seines Großvaters. Man denkt unwillkürlich an Kaiser Karl V., dessen Lieblingsumgang im spanischen Kloster Yuste sein kleiner Enkel war...

Das Amal al Alam deutet diese besondere Beziehung des Großvaters zum Enkel als einen Versuch der Wiedergutmachung, denn schließlich war es Emir Abdallah, der seinen Sohn Mohammed, den Vater Abderrahmans III., hatte hinrichten oder im Gefängnis vergiften lassen:

»Allein, Gift legte in des Sohnesmörders Herz die Liebe zum Enkel, jene Zärtlichkeit, mit der er ihn hegte und pflegte: Abdallah nahm Abderrahman in den Palast auf, bevorzugte ihn vor seinen eigenen Söhnen, hob ihn heraus, bereitete ihn auf sein Amt vor, überließ ihm auf Festen und Veranstaltungen seinen eigenen Platz und verlangte, daß man ihn zu begrüßen habe. Des Reiches Hoffnungen richteten sich auf ihn... Der Enkel durfte an seines Großvaters Sterbebett Sohn und Brüder vertreten, ohne daß man seine Gegenwart im Schloße zu beanstanden gewagt hätte. Zum Zeichen der Nachfolge soll der Sterbende seinen Siegelring auf Abderrahman übertragen haben.

Als erste huldigten Abderrahmans Oheime Aban, al Asi, Abderrahman und Muhammed, denen sich die Brüder des Verstorbenen und zuletzt die übrigen anschlossen. Gott gibt sein Reich, wem er will (wie der Dichter es sagt:) Dem Jüngling Jugend keinen Schaden bringt/der Jugendliche hat gewöhnlich Glück/Wie oft gewinnt der Friedliche Trophäen/um die der Kriegesheld vergeblich ringt.«

Das vom Schicksal nicht gerade verwöhnte Spanien kennt in seiner Geschichte so manches Beispiel für das, was man heute Vorschußlorbeeren nennt; das oft enttäuschte Volk der kargen Halbinsel brachte sie sogar ausgesprochen imbezilen Monarchen wie etwa dem siebenten Ferdinand aus dem Hause Bourbon entgegen. Im Fall Abderrahmans aber hatte sich die allgemeine Erwartung nicht geirrt. Von der Woge der Sympathie getragen, gut ausgebildet und persönlich mit hohen Gaben ausgestattet, tat Abderrahman III. von Anfang an das Richtige: er sicherte sich zunächst das Vertrauen des Volkes dadurch, daß er seine Lasten verminderte, und appellierte an die Hilfe dieses Volkes erst, als die Vertrauensbasis wieder existierte, die unter den schwächeren Herrschern verlorengegangen war. Diese Hilfe brauchte der Emir, der sich bald zum Kalifen erklären sollte, zunächst dazu, tatsächlich Herr im eigenen Haus zu werden. Die so gut wie permanente Rebellion in verschiedenen Teilen des Maurenreiches war kein politisches, sondern ein Strukturproblem und damit eben schwer auszurotten. Kleinere Herde schwelten stets in den Berggegenden Andalusiens, und das große Rebellenreich der Hafsuniden im Herzen und im mittleren Osten der Halbinsel hatte sich ebenfalls wegen der Landesnatur und der unzureichenden Verkehrswege unter nunmehr drei Herrschern als unbezwinglich erwiesen.

Al Andalus, »eine Kohle, die glüht, ein Feuer, das sprüht«, wie ein arabischer Dichter reimte, war zum Teil in den Händen eines Großbanditen namens Asomor, der in dem alten Wali von Jaën einen nicht mehr ebenbürtigen Gegner hatte. Es war Asomor gelungen, durch ein vorgetäuschtes Fluchtmanöver die Regierungstruppen hinter sich her in ein Waldstück zu locken, wo sie von allen Seiten eingeschlossen und vernichtet wurden, so daß Asomor nun, ganz ähnlich wie die Söhne und Enkel Hafsuns, eine richtige Residenz hatte, nämlich die ehrwürdige Stadt Jaën nördlich von Granada. Noch heute sehen wir, daß die alte Oberstadt zweifellos leicht zu verteidigen und schwer zu erobern war. Dennoch hatte Abderrahman Erfolg, als er sich selbst an die Spitze seiner Truppen stellte; den alten Wali hatte er gütig aufgenommen und nicht bestraft, aber in ein ruhiges Amt in der Hauptstadt versetzt.

Mit einer schnell zusammengezogenen Truppe, deren Kern die Leibwache des Emirs bildete, stürmte Abderrahman die Stadt Jaën, so daß die Rebellen sich auf die darüberliegende Festung zurückziehen mußten. Dort, wo heute auf einem Bergkamm einer der schönsten Paradore des ganzen Spanien liegt, verteidigte sich Asomor, von allen Seiten angegriffen und von seinen Hilfsquellen abgeschnitten, mit dem Mut eines Löwen. Abderrahman ließ unter den Türmen der Festung Stollen graben, sie mit Holzpfosten abstützen und diese dann anzünden, so daß die Türme einstürzten. In Rauch, Staub und Verwirrung hinein stürmten die Slavonier des Emirs und veranstalteten unter den Banditen, die zum Teil ihre Familien bei sich hatten, ein furchtbares Gemetzel. Asomor selbst geriet schwer verwundet in Gefangenschaft, aber Abderrahman wartete nicht, bis er genesen war, sondern ließ ihm vor dem Volk von Jaën den Kopf abschlagen.

In den Bergen südlich des Guadalquivir hatten sich noch kleinere Gruppen von Räubern gehalten, die nach diesem grausigen Ende freiwillig Unterwerfung anboten und zum Teil gegen Gelöbnis den Pardon erhielten. Eine furchtbare Pest, die kurz zuvor gewütet hatte, und schwere Unwetter hatten Land und Dörfer so arg heimgesucht, daß für die zum ehrlichen Leben zurückkehrenden Banditen genug zu tun war und auch manches leere Haus zur Verfügung stand.

Gegen die Söhne des Omar ben Hafsun bedurfte es eines dreifachen Ansatzes. Almudaffar, der kriegerische Onkel Abderrahmans, hatte gewisse Erfolge erzielt und das Rebellengebiet beträchtlich eingeengt. Aber auf dem Felsen von Toledo hielt sich noch immer Dschafar ben Hafsun und war wegen der besonderen Lage dieser Stadt nur schwer zu bekämpfen. Abderrahman befahl, so sehr es ihn schmerzte, das Land im Umkreis der Rebellenstadt systematisch zu verwüsten, so daß kein Leben mehr in ihm sei, kein Vieh weide und kein Halm gedeihe. Während die Walis von Merida und Valencia diesem Befehl nachkamen, hatte sich Dschafar aus der Stadt gestohlen und versuchte, bei den christlichen Königen des Nordens eine Entsatzarmee für Toledo zu bekommen. Inzwischen war Abderrahman III. selbst vor Toledo eingetroffen, das sich nun zwei Jahre gegen diese Belagerung hielt und beträchtliche Not litt.

Die Zivilbevölkerung trat in Unterhandlungen mit dem Fürsten ein, und als Abderrahman ihnen zusicherte, sie als Unterdrückte, als unfreiwillige Rebellengenossen zu behandeln und das Vergangene vergessen zu wollen, wenn die Stadt sogleich übergeben werde, hatten die Hafsuniden auch diese stärkste ihrer Festungen verloren. Viertausend Rebellen, davon etwa die Hälfte beritten, durchbrachen in einem nächtlichen Ausfall die Linien der Belagerer, indem jene, die keine Pferde hatten, sich an die Sattelgurte klammerten und sich mitreißen ließen. Die Überraschung gelang, und im Dunkel der Nacht erreichten die Rebellenreste das freie Land und den Fluchtweg nach Norden. Abderrahman ließ sie ziehen, da er alle viertausend ja doch nicht hingerichtet hätte, und wurde in Toledo mit ungeheurem Jubel empfangen. Seltsam ist nur, daß sich ein so bedeutsames Ereignis, die Wiedereroberung der alten gotischen Landeshauptstadt nach vielen Jahren der Rebellenherrschaft, nicht genau datieren läßt: die Meinungen der Wissenschaft schwanken

Die Giralda in Sevilla.
Holzstich des 19. Jh.

zwischen den Jahren 917 und 927, das aber reichlich spät angesetzt scheint.

Genauer sind wir über den letzten Kampf der Hafsuniden unterrichtet, den Hafs, vierter Sohn des großen Rebellen, in Bobastro lieferte, einem Felsennest, uneinnehmbar wie ein Adlerhorst an der Südküste des Reiches gelegen, unweit vom Meer und darum schwer von seinen Zufuhren abzuschneiden. Abderrahmans Wesir Said ibn al Mundhir schloß Bobastro dadurch ein, daß er – geduldig wie einst die Römer in ihren Kämpfen gegen die Keltiberer – ringsum geschützte Bastionen aufführen und besetzen ließ. Sechs Monate lang hielt sich Hafs ibn Hafsun hier in verzweifelter Position, ehe er, vielleicht auf Zureden seiner zum Christentum übergetretenen jüngeren Schwester Argentea, die Waffen streckte.

Da er sich ergeben hatte und somit ein Sturm auf das Felsennest nicht nötig gewesen war, wurde Hafs begnadigt. Seine Schwester trat in ein Kloster der Stadt Cordoba ein. Dreieinhalb Jahre nach der Kapitulation von Bobastro jedoch beschloß sie, auf ihre Weise für das große Blutvergießen zu süh-

Querschnitt durch die Moschee von Bîb Mardum in Toledo. Nach Georges Marçais.

nen, das ihre Familie durch Jahrzehnte über Spanien gebracht hatte. Sie erging sich, völlig unprovoziert und mit dem offensichtlichen Ziel des freiwilligen Martyriums, in Schmähungen gegen den Islam. Da sie damit zweimal gesündigt hatte, einmal durch den Abfall von Allah, zum andern durch die Lästerung, konnte Abderrahman III. keine Milde walten lassen, und Argentea wurde am 13. Mai 931 gemeinsam mit einem Glaubensbruder hingerichtet. (Ihre Identifizierung als die selige Argentea aus der *Espagna sagrada* gelang erst dem 1883 verstorbenen holländischen Orientalisten Reinhart Dozy.)

Abderrahman III. feierte seinen Triumph über die Rebellensippe, mit der auch sein Großvater nicht fertiggeworden war, festlich und sinister zugleich, indem er sich vom Emir zum Kalifen erhob und in Bobastro seine Gegner noch über ihren Tod hinaus verfolgte. Er ließ Omar ben Hafsun und seinen Sohn Dschafar exhumieren und die inzwischen recht grausig anzusehenden Reste in Cordoba zur öffentlichen Beschimpfung ausstellen, was ihm vor allem die christlichen Historiker bis heute übel ankreiden. Und er erklärte sich, nunmehr Herr im eigenen Land, zum Kalifen, zum Beherrscher der Gläubigen im gleichen Sinn wie die Kalifen des arabischen Ostreichs im heutigen Syrien und Irak. Die Münzen, die seine Vorgänger prägen ließen, hatten das gleiche Aussehen und den gleichen Wert wie die orientalischen, nur trugen sie als Landesbezeichnung noch die arabischen Worte für »in Andalusien«. Das änderte Abderrahman fortan für die Gold- und Silbermünzen, sie wurden mit seinem Namen versehen, dazu mit allen seinen Titeln, und auf der anderen Seite mit dem Glaubensbekenntnis zu Allah. Die Feluzen, wie man die Kupfermünzen nannte, blieben unverändert. Münzfachleute sind übrigens der Ansicht, daß vor Abderrahman III. durch Generationen keine Goldmünzen mehr im Omayadischen Spanien geprägt worden waren, zumindest fehlt es an diesbezüglichen Funden.

Die mächtigsten christlichen Herrscher Nordspaniens scheinen sich über die Fähigkeiten und die Energien des jungen Maurenfürsten erst nach leidvollen Erfahrungen klargeworden zu sein. In den Zeiten, da Hafsuns mächtiges Rebellenreich die Offensivkräfte der Mauren verringerte, hatte sich Ordoño, Sohn des großen Alfons III., in Asturien gut behaupten können und Sancho von Navarra hatte zeitweise das ganze Aragon seinem zunächst so kleinen Bergreich angegliedert. Vorstöße über den Duero hatte es auch in den ersten Regierungsjahren Abderrahmans III. noch gegeben, als die letzten Kämpfe gegen die Hafsuniden und die andalusischen Räuber den Kalifen beschäftigten; ja, einmal war Ordoño sogar bis nach Merida gezogen, ohne sich allerdings in der großen Stadt länger halten zu können.

Man kann sich vorstellen, daß solche Überfälle bis ins Herz des Maurenreiches, die Verwüstung seiner reichsten Provinzen und die Gefährdung seiner wichtigsten Städte, einen ehrgeizigen und tatkräftigen Fürsten nicht gleichgültig lassen konnten. Vermutlich war Abderrahman schon seit den ersten Jahren seiner Herrschaft entschlossen, jenen Zustand aus dem frühen achten Jahrhundert wiederherzustellen, in dem praktisch die ganze iberische Halbinsel den Mauren untertan war und die christlichen Ritter sich in ihrem Widerstand auf ein paar Höhlenlandschaften im unzugänglichen Gebirge beschränkten. Aber wenn auch die kulturelle Überlegenheit des Maurenreiches über die kleinen Königtümer im Norden augenfällig war, wenn auch die wirtschaftliche Kraft und die Geldmittel eindeutig zugunsten Abderrahmans sprachen, so hatte sich doch in Galicien, Asturien, Leon und Navarra inzwischen der Selbstbehauptungswille beträchtlich gefestigt. In jahrhundertelangem Kampf, in dem die wenigen Friedensjahre nur als Pausen empfunden werden konnten, hatte sich das Volk des nördlichen Spanien an Entbehrungen gewöhnt und eine einzigartige Übung darin erlangt, die Landesnatur als zusätzlichen Machtfaktor zu nutzen. Mit Waffen und Kriegszügen vom Vater und den Vorvätern her vertraut, gingen die Männer Nordspaniens mit der größten Selbstverständlichkeit in die Maurenkriege, ja, sie empfanden sie als durchaus natürliche Möglichkeit, das durch die Rüstungslasten so hart gewordene Dasein des Landmannes durch ein paar einträgliche Wochen zu verbessern, die Einförmigkeit ihres Lebens mit positiven Akzenten zu versehen. Das waren vielleicht keine bewußten Überlegungen, das waren wohl auch nicht die offen zur Schau getragenen Motive in der Auseinandersetzung mit dem religiösen Gegner und Dauerfeind. Aber der natürliche Motor, der das dünn besiedelte Land immer wieder Armeen aufstellen und diese losmarschieren ließ, ist zweifellos in der vergleichsweise grotesken Armut des Nordens zu suchen, vor dem der arabische Süden mit seinem Gewerbefleiß, seiner blühenden Ausfuhrwirtschaft und seinem kulturellen Leben ständig wie ein hell beleuchtetes Schaufenster dalag, aus dem man sich nur zu bedienen brauchte.

Auf diese Weise hatte sich beinahe ein fester Brauch der Frühjahrsfeldzüge herausgebildet, an dem die Männer teilnehmen konnten, weil sie bis zur Ernte wieder zu Hause waren. In den Jahren 916, 917 und 918 hatte Ordoño solche Raubzüge unternommen, deren Zweck unter anderem daraus hervorgeht, daß reichere Maurenstädte sich von der Erstürmung freikaufen konnten, also gegen eine hohe Summe geschont wurden, auch wenn dies militärische Nachteile brachte. In eroberten Festungen, in denen sich naturgemäß wenig Beute fand, wüteten die Truppen Ordoños hingegen wie die Teufel. Auch in der uralten, aber nach kriegerischen Verwüstungen neubegründeten Stadt Talavera hatten die Spanier alle waffenfähigen Männer niedergemacht, die Frauen und Kinder aber als Sklaven weggeführt, als Abderrahman durch die Kapitulation des nahen Toledo Truppen zu einem Gegenschlag freibekam. Almudaffar, des Kalifen kriegerischer Onkel, mußte seinen Feldzug gegen Navarra abbrechen; die Walis von sechs Bezirken mußten Truppen stellen, und sogar aus Afrika wurden Hilfsvölker herangeführt, um dem Königreich Leon nach so vielen Übergriffen den Garaus zu machen.

Damit begann die unmittelbare Auseinandersetzung zwischen Abderrahman und Ordoño, ein Kampf zweier ebenso harter wie unerschrockener Fürsten, der in beiden Ländern große Kräfte band und die Erreichung manches wichtigen inneren Zieles verhinderte. Mit der Rücksichtslosigkeit, die in diesen Fällen alle Könige Nordspaniens an den Tag gelegt hatten, wurde das Land zunächst der übermächtigen Invasionsarmee preisgegeben. Unter drei Feldherren drangen die Mauren nach Norden vor, und die Truppen walzten, ohne nennenswerten Widerstand zu finden, alles vor sich nieder. Dörfer gingen in Flammen auf, Städte wurden leergeplündert, die Einwohner flohen, so weit sie sich retten konnten, auf die Höhen der Kantabrischen Gebirge. Dennoch war die Anzahl der Gefangenen, die in die Sklaverei geführt werden sollten, sehr groß, und die mit Beute beladene Riesenarmee mußte wegen Nahrungsmangels den Rückzug nach Süden antreten.

Damit war die Stunde Ordoños gekommen. Im Raum von Estevan de Gormaz am vielumkämpften Grenzfluß Duero führte er seine bis dahin geschonte Armee gegen die nach langen Märschen ermüdeten und von ihrer Beute behinderten Mauren. Da die große Zahl der christlichen Gefangenen ein Gefechtsrisiko darstellte und die Bewachungsmannschaften nicht entbehrt werden konnten, befahlen die maurischen Feldherrn die Tötung aller gefangenen Christen. Dies geschah im

Angesicht der asturischen Armee und erfüllte die Männer König Ordoños mit ungeheurer Erbitterung, hatten sie doch fast alle unter den Getöteten Verwandte, Freunde, ja sogar Angehörige. Dem darauffolgenden wütenden Ansturm der Spanier waren die Mauren nicht gewachsen. Der Kampf wogte nur wegen der großen Überzahl der Muslimen eine Weile unentschieden hin und her, dann setzte sich der Rachedurst der Christen durch. Der Feldherr Abulhabaz fiel mit dem größten Teil der Krieger, sein Haupt ließ Ordoño zusammen mit einem Schweinskopf auf eine Pike stecken. Unter den wenigen, die sich retten konnten, war Almudaffar.

Manche Quellen nennen ihn auch unter den Gefallenen der mörderischen Schlacht am Duero, aber das ist offenbar ein Irrtum. Dem erfahrenen Truppenführer gelang es sogar, die fliehenden Mauren zu sammeln und den unbesonnen nachdrängenden Spaniern eine Niederlage zu bereiten - zur Freude der arabischen Chronisten, die auf diese Weise die Möglichkeit erhielten, das Debakel von Estevan zu verschleiern.

Ganz ähnlich ging es bei Abderrahmans Feldzügen gegen den König Sancho von Navarra, und man wundert sich eigentlich, daß diese beinahe typischen Abläufe - von denen wir darum auch bei weitem nicht so oft berichten, wie sie sich ereignet haben - intelligente Fürsten und Feldherren, wie die Mauren sie zweifellos besaßen, nicht zu einem vorsichtigeren Vorgehen veranlaßten. Abderrahmans Truppen griffen in der traditionellen Überzahl und wohl auch durch das Überraschungsmoment begünstigt die Ebro-Front des Königreichs Navarra an. Tarragona, Tudela, Logroño und andere Städte wurden erobert, der Fluß überschritten, Viana und Estella genommen und das Land bis Muëz verwüstet.

Auf dem halben Weg zwischen Estella und Pampluna, beim beinahe siebenhundert Meter hoch gelegenen Salinas d'Oro, traten die aus Asturien und Leon verstärkten Truppen Navarras den Mauren entgegen und wurden 920 oder 921 geschlagen. Unter den nach Süden fortgeführten Gefangenen befanden sich hohe kirchliche Würdenträger, deren Anwesenheit bei der Truppe, in offener Feldschlacht, Rückschlüsse darauf gestattet, daß diese Kriege gegen die Mauren schon damals, im zehnten Jahrhundert, als Kreuzzüge empfunden wurden. Namentlich genannt werden Bischof Dulcidius von Salamanca, das damals zum Königreich Leon gehörte, und Hermogius von Tuy. Der Kirchenfürst war also weit herangereist, um an der Schlacht teilzunehmen, denn Tuy liegt an der heutigen spanisch-portugiesischen Grenze, auf dem Weg nach Santiago de Compostela.

Während die geschlagenen Truppen Ordoños sich nach Westen in Sicherheit brachten, warf sich Sancho mit den Seinen in die Festung Pamplona. Die siegestrunkenen Mauren aber beachteten diese wichtige Stadt, die eine Reihe von Paßstraßen beherrscht, überhaupt nicht, sondern stürmten weiter nach Norden, überschritten die nun ungeschützten Pyrenäenpässe, plünderten das südliche Frankreich bis Toulouse und traten, mit Beute reich beladen, den Rückmarsch über Roncesvalles an, durch das noch heute furchterregende Defilé von Valcarlos. Muß man noch mehr sagen? Hatten die gebildeten Feldherren der Mauren vergessen, was sich hier zwei Menschenalter zuvor ereignet hatte? Karl der Einfältige, Herr des Frankenreiches nördlich der Pyrenäen, war es gewiß nicht, der den Mauren hier Schwierigkeiten bereitete, aber König Sancho, der seine Späher auf den Pyrenäenhöhen hatte, brauchte seinem Volk nur klarzumachen, daß da ein beutebeladener Heerwurm durch enge Täler nach Süden strebte, und die Lage war wiederum jene wie unter Karl dem Großen und Roland: Von den Felshängen herab und aus guten Deckungen griffen die zusammengeströmten Navarra-Krieger und baskischen Hirten die Mauren an, und wer sich aus der Bedrängnis retten konnte, der mußte zumindest seine Beute zurücklassen. Einer anderen Heeresgruppe, die weiter östlich die Pyrenäen überschritt, soll es nicht viel besser ergangen sein...

Man muß so behutsam formulieren, weil arabische und christliche Chronisten einander nicht selten widersprechen. Ja, es ist ein weitgehend konsequent beachteter Grundsatz, eigene Niederlagen zu verschweigen und eigene Siege aufzubauschen, so daß das Eingeständnis einer arabischen Niederlage durch einen arabischen Schriftsteller wie Ibn el Hatib Seltenheitswert besitzt. Geradezu sensationell aber wird die Angelegenheit, wenn es sich dabei um die schwerste Niederlage des größten Omayaden handelt, um die Schlacht bei der Stadt Simancas vom 1. August 939:

Simancas ist eine der vielgeprüften kleinen Städte am Duero, näher an Valladolid als an Tordesillas gelegen. Bei den Römern hieß es Septimanca, und in nächster Nähe liegt das kleine Wamba, das seinen durchaus unspanischen Namen dem Umstand verdankt, daß hier einst der gotische Adelige Wamba zum König gewählt wurde. Wamba hat noch heute eine mozarabische Kirche aus dem zehnten Jahrhundert, Mauern also, die das große Grauen der Schlacht von Simancas gesehen haben könnten.

»Der Himmel prüfte und traf Abderrahman durch eine Niederlage«, schreibt Ibn al Hatib in seinem Kitab Amal al Alam, »die Gottes Feind Ramiro, Ordoños Sohn, ihm Freitag den 11. Sauwaal des Jahres 327 nach der Hedschra vor den Toren der Stadt Simancas im christlichen Spanien beibrachte. Vorausgegangen war ein Kampf von mehreren Tagen, als in denkbar erbittertem Ringen eine über die andere Partei abwechselnd die Oberhand gewann. Erneut griffen die Christen an, und jetzt erlitten die Muslimen einen unerhörten Zusammenbruch. Und zwar verschuldeten diesen Schlag gewisse Personen im Heere des Herrschers, die ihm seinen Ruhm neideten und ihn absichtlich falsch beraten hatten.«

Ibn al Hatib (1313–1375), der einst so mächtige Minister, der, die Seidenschnur um den Hals, einen elenden Tod in einem Gefängnis der Stadt Fez starb, versucht also, die unleugbare Niederlage durch eine Art Dolchstoßlegende in ihrer Wirkung zu mindern. Zwar sei es ein furchtbarer Rückschlag für das arabische Spanien gewesen, aber nicht der große Abderrahman habe daran die Schuld, sondern ein bestimmter Kreis von Neidern:

»Als die Betreffenden die Zügel herumrissen, brach die Front zusammen. Der Feind drängte die Muslimen in einen breiten Graben, welcher der Schlacht ihren Namen gab. Die Leiber der übereinander Stürzenden füllten die Kluft bis zu den Rändern. Der Herrscher räumte auf der Flucht die Stellungen, in die der Feind einrückte und alles Rüstzeug gewann. Abderrahman mußte sogar seinen Koran und sein Panzerhemd zurücklassen, beides Gegenstände von unschätzbarem Wert, die er indessen später wiedergewann.«

Die christlichen Annalisten sind naturgemäß ausführlicher, aber auch Abderrahmans Zeitgenosse el Masudi spricht in einem der einunddreißig Bände seiner Weltgeschichte von diesem großen Ereignis, sosehr es ihn betrübte. Masudi ist es auch, der die Heeresstärke der Mauren bei Beginn des Feldzugs mit hunderttausend Mann wohl richtiger angibt als die christlichen Chronisten, die von hundertfünfzigtausend schreiben. Dieser gewaltigen Menschenmenge war zunächst kein Gegner gewachsen; König Ramiro verhielt sich ebenso klug wie sein Vorgänger Ordoño, überließ Abderrahman die Grenzstädte und hielt nur das starke Zamora mit seinem siebenfachen Mauergürtel. Masudi präzisiert, daß die mutigen Christenausfälle aus Zamora die Mauren viel Kraft und Soldatenblut kosteten.

Auf die Nachricht vom Herannahen einer christlichen Entsatzarmee beließ Abderrahman nur zwanzigtausend Mann vor der Stadt und ging mit der Hauptmacht nach Simancas, also in den Landzwickel zwischen den Flüssen Duero und Pisuerga. Almudaffar, der Unbeugsame, mußte in diesem Jahr schon ein beachtliches Alter erreicht haben; aber er kommandierte unerschrocken die vierzigtausend Mann des ersten Treffens und verwehrte den Christen den Übergang über den Pisuerga. Am nächsten Tag, dem 19. Juli 939, kam es um die Mittagszeit zu einer totalen Sonnenfinsternis von einer Stunde Dauer – ein seltsam-bedrückendes Zusammentreffen mit den großen Schlachten, über das darum auch die Christen wie die Muslimen berichten. Im Verein mit den seit Wochen andauernden Vulkanausbrüchen in verschiedenen Teilen Spaniens wurde die Sonnenfinsternis über den aufmarschierten Armeen als eine unmittelbare Anteilnahme des Himmels an diesem Kampf der Religionen aufgefaßt, während andere himmlische Erscheinungen wie voranschwebende Engel und Kreuze am Himmel der Phantasie der erregten Kämpfer entsprungen sein mögen. Dabei war die Religionsfront ein wenig verwischt, denn ein von den Kalifen abgefallener Statthalter namens Aben Omeijja hielt mit seinen Truppen einen Flügel der christlichen Armeen, und als einige Tage nach der Sonnenfinsternis der Kampf dann tatsächlich und auf breiter Front entbrannte, war Omeijja mit seiner Reiterei neben dem alten Almudaffar und König Ramiro der Tapferste auf dem Schlachtfeld, obwohl es gegen seine eigenen Glaubensgenossen ging.

Die Truppen des Wali von Badajoz, auf dem linken maurischen Flügel, wurden zuerst geworfen, aber der tapfere Statthalter führte sie noch einmal in die Schlacht und fand dabei den Tod. Nun erreichten die Verluste furchtbare Ausmaße, wenn auch die achtzigtausend Toten, von denen das Chronicon Sampiri spricht – *deleta sunt ex eis LXXX millia Maurorum* –, zweifellos eine Übertreibung darstellen.

Als die Sonne sank, waren die Reste der maurischen Armee zu weiterer Verteidigung ebenso unfähig wie zu schneller Flucht. Gelähmt erwarteten sie vom nächsten Morgen ihr Schicksal, aber König Ramiro nützte seinen Sieg nicht aus. Aben Omeijja, der seinen Vorteil ja daraus zog, daß keine der beiden Parteien die andere wirklich vernichtete, hatte Ramiro gewarnt, von arabischen Reserven gesprochen und ihm geraten, auch seinerseits die Ankunft frischer Truppen aus Kastilien abzuwarten, ehe er die Schlacht wieder aufnahm.

Dank dieser Intervention wurde Abderrahman noch einmal gerettet und konnte sich nach Zamora zurückziehen, wo ja noch zwanzigtausend Mann seiner Truppen standen. Im verzweifelten Bestreben, die Niederlage von Simancas vergessen zu machen, peitschte Abderrahman seine Sturmtruppen gegen die Wälle von Zamora, und hier, nicht wie Ibn al Hatib schreibt, bei Simancas, soll es zu dem tiefen, von Menschenleibern angefüllten Graben gekommen sein, was auch wahrscheinlicher ist. Unter entsetzlichen Verlusten wurde die Stadt erstürmt, ihre männlichen Einwohner niedergemacht, die übrigen nach Süden in die Sklaverei geschickt.

Inzwischen aber war Ramiro, durch Verstärkungen zur Fortsetzung des Kampfes befähigt, ebenfalls herangerückt. Die nach der Erstürmung noch nicht wieder instandgesetzte Festung konnte ihm nur wenig Widerstand leisten, vor allem, da Abderrahman ja hohe Blutopfer hatte hinnehmen müssen, und Ramiro errang mit der Rückeroberung der wichtigen Duero-Stadt seinen zweiten großen Sieg. Abderrahman aber hatte es offensichtlich sehr schwer, mit der Enttäuschung zweier Niederlagen fertigzuwerden:

»Nach dem Verlassen der Walstatt«, schreibt Ibn al Hatib, »sandte Abderrahman eine Schar ausgesuchter Gardisten als Vortrupp nach Cordoba. Sie sollten die Frohbotschaft seiner Errettung verkünden, aber auch Pfähle und Kreuze am Ufer des Guadalquivir aufrichten. Sogleich bei seiner Ankunft ließ der Herrscher dreihundert (maurische) Ritter pfählen oder kreuzigen und dazu verkünden, so werde bestraft, wer die Front des Heiligen Krieges auflöse.«

So ließ der Kalif jene Unterführer bestrafen, die es an Mut in der Schlacht hatten fehlen lassen – worauf Ibn al Hatib ja schon in den ersten Sätzen seines Berichts anspielt.

»Anschließend«, fährt Ibn al Hatib fort, »zog sich der Herrscher auf sein Schloß zurück. Nach diesen Ereignissen nahm Abderrahman persönlich an keinem Feldzug mehr teil. Gott aber ließ ihn fürderhin die Christenkönige demütigen und ihre Länder erbeuten, wie keinen anderen Herrscher je zuvor.«

Dies ist ein Schlußsatz, zu dem allerlei zu sagen wäre, aber da die Christen ja nicht viel anders über ihre Könige schreiben, mag er hingehen. Auf den Gedanken, daß der Norden wie der Süden nach so gewaltigen Menschenverlusten eine Zeit der Ruhe und der Wiedergenesung brauche, scheint immerhin Abderrahman vor Ramiro gekommen zu sein, denn auf Simancas folgten schließlich doch fünf Jahre, in denen die Christen weniger Waffenglück hatten und sich endlich zu einem Waffenstillstand bereit fanden.

Helfer oder Tyrann?

Unter den zahlreichen Beinamen, die Abderrahman III. im Lauf seiner langen Regierungszeit von den Zeitgenossen beigelegt werden, ist Al Nasir Ledinillah am häufigsten, eine Kombination der Ehrennamen, die meist als Helfer – al Nasir – und Verteidiger des Glaubens an Allah übersetzt wird und die ihn bis heute von den zahlreichen Abderrahmans der eigenen und anderer Dynastien unterscheidet.

Für die Regierungsleistung des Kalifen ist gleichwohl dieser Beiname wenig bezeichnend, denn er war zweifellos der toleranteste aller maurischen Herrscher in Spanien, pflegte bestes Einvernehmen mit Christen und Juden und hatte – wenn man es genau nimmt und die alten Genealogen nicht allzusehr flunkern – schließlich selbst mehr europäisches Blut in den Adern als omayadisches Erbe. Dazu war es durch die eifrigen Razzien seiner Vorfahren gekommen: Im Jahr 860 wurde bei einem Vorstoß nach Norden neben anderen Burgen des Pyrenäenvorlandes auch Milagro von einem maurischen Streiftrupp erobert. Ein dort gefangener junger Edelmann gab sich schließlich als ein Sohn des Königs Garcia Iniguez von Navarra zu erkennen; sein Vater hatte ihn nicht bei sich haben wollen, weil Fortunat – so hieß der junge Mann – einäugig war. El Ankar – der Einäugige – wurde nach Cordoba mitgenommen und, großzügig wie die Maurenfürsten im Guten wie im Schlechten waren, dort in höchst komfortabler Gefangenschaft gehalten. Er durfte sich gemäß seinem Rang betätigen und erwarb, man weiß nicht genau auf welche Weise, sogar ein gewisses Vermögen. Auch wen diese hochgeborene Geisel heiratete, ist nicht mit Sicherheit bekannt, eine Christin aus der mozarabischen Gemeinde von Cordoba oder – wegen des Glaubensunterschiedes weniger wahrscheinlich – ein Mädchen aus vornehmer Maurenfamilie. Sicher ist nur, daß, als Fortunat dem Einäugigen eine Tochter geboren wurde, diese Dona Inigua wie eine Prinzessin behandelt wurde und das Glück hatte, eine der Gemahlinnen des Emirs Abdallah zu werden.

Der Sohn von Dona Inigua und Abdallah war der unbotmäßige Kronprinz Mohammed, der sich ebenfalls für eine schöne Christin erwärmte und eine fränkische Gefangene namens Maria oder Marya, vielleicht auch Marta zur Mutter seines Sohnes, des späteren Abderrahman III. machte. Ob Maria/Marya nun aus dem Raum Toulouse, Foix oder Pau stammte, ob sie mehr fränkisches oder mehr baskisches Blut hatte, jedenfalls hatte Abderrahman III. mütterlicherseits einen rein christlichen Stamm und auf der Vaterseite einen Urgroßvater aus dem Königshaus Navarra, eine Mischung, die sich hervorragend bewähren sollte in beinahe einem halben Jahrhundert der Herrschaft. »Den materiellen und geistigen Fortschritt des Landes förderte er auf jede Weise, so daß unter ihm und seinen nächsten Nachfolgern das muslimische Spanien das zivilisierteste und bestregierte Land der Welt war« – zwei bemerkenswerte Superlative, wie sie sich in dem in seinen Wertungen eher zurückhaltenden Konversationslexikon von Meyer sonst nur sehr selten finden.

Ihrer Begründung nachzugehen, erscheint uns um so wichtiger, als Abderrahman der Große, wie er auch genannt wird, diese Größe nicht in erster Linie seinen militärischen Erfolgen verdankt, wie so viele andere Größen der Weltgeschichte; ja, seine Waffen blieben, wenn sie auch im spanischen Norden und im afrikanischen Süden durchaus achtungsgebietende Erfolge errangen, eigentlich der schwächste Punkt seiner Herrschaft. Um so beachtlicher ist der Umstand, daß er sich – zwischen so kriegerischen Königen wie jenen von Navarra und Leon-Asturien im Norden und der neuen, ungeheuer expansiven Dynastie der nordafrikanischen Fatimiden – doch als ein Herrscher von höchstem Ansehen und größter persönlicher Autorität durchsetzen konnte. Man ist versucht, an den ebenfalls aus einer eurasischen Blutsmischung stammenden König Geiserich zu denken, der auch ein halbes Jahrhundert regierte und in dieser Zeitspanne so wenige Kriege führte wie keiner seiner Vorgänger oder Nachfahren, und der dennoch neben Attila als mächtigster Fürst seiner Zeit angesehen wurde.

Abderrahman scheint erkannt zu haben, daß die primitive militärische Machtentfaltung seinem Herrscherehrgeiz und seinen großen Zielen zwar dienen könne, aber nicht der beste Weg sei, das Maurenreich mächtig zu machen und zu sichern. Das unablässige Hin und Her an der Duero- und Ebro-Grenze, die Unmöglichkeit, die christlichen Bergkönigreiche vernichtend zu schlagen und vollkommen zu unterwerfen, lenkte Abderrahmans Interessen auf andere Gebiete, wo die Erfolge zwar nicht so spektakulär waren, aber von größerer Beständigkeit. Er baute seine Flotte aus, beschützte mit seinen Kriegsschiffen einen Handel von großer Intensität und pflegte, um diesem Handel Partner zu schaffen und zu erhalten, mit großer Umsicht die Beziehungen zu den anderen Anrainerländern des Mittelmeers, ja auch zu Fürsten des kontinentalen Europa.

Die Fatimiden waren etwa zugleich mit Abderrahman an die Macht gelangt, und zwar durch einen persischen Augenarzt namens Obeidallah, der von Mohammeds, des Propheten, Tochter Fatima abzustammen behauptete und für seinen Sohn, den Mahdi, Kalifenrechte in Nordafrika verlangte und erkämpfte. Schon vor diesen Ereignissen des frühen zehnten Jahrhunderts hatten Sizilien und Korsika zum Machtbereich der nordafrikanischen Muslimen gehört, und als sich durch die Expansionspolitik der Fatimiden das Verhältnis zu den Omayaden trübte, kam es im westlichen Becken des Mittelmeers zu den ersten Seegefechten, bei denen beide Gegner unter der Flagge des Propheten kämpften.

Abderrahman konnte die wichtige Handelsstraße nach Ägypten und in die Adria nicht entbehren. Von Almeria, dem maurischen Haupthafen aus, erreichten Abderrahmans Schiffe Syrien in 36 Tagen. Sehr oft wurden allerdings auch italienische Reedereien, vor allem die Pisaner, als Transportunternehmer beschäftigt, ja selbst Mekkapilger aus Spanien reisten auf

Schiffen aus Pisa oder Livorno. Da sich das Gewerbe im maurischen Spanien außerordentlich entwickelt hatte und die Juden tüchtige Fernhändler waren, ergänzten sich Araber und Juden im Überseehandel auf das Prächtigste. Auf vielen Gebieten konnten die Mauren bereits mit dem Orient konkurrieren, auf anderen wurde noch aus dem Orient importiert. Der Balkan, vor allem Dalmatien, lieferte die nach wie vor beliebten kriegerischen Slavonier, denen auch die Republik Venedig ihre besten Schiffsmannschaften verdankte; im übrigen aber war das zivilisatorisch zurückgebliebene Mitteleuropa vor allem als Abnehmer interessant. Der große Ring des Welthandels umspannte die christliche Mitte des Kontinents: Die Nordgermanen traten auf den russischen Wasserstraßen mit dem Kalifen in Bagdad in Verbindung; Bagdad, Syrien und Ägypten aber produzierten für den nördlichen und westlichen Saum des Mittelmeers und führten neben Spezereien auch Gewürze aus, die sie vorher selbst importiert hatten. Erst die Fatimiden machten ernsthafte Versuche, diesen einträglichen Kreislauf zu stören.

Im Jahr 956 lieferten einander ein in Sevilla gebautes maurisches Schiff und ein Kurierschiff der Fatimiden, das nach Sizilien bestimmt war, auf der Höhe von Pantelleria ein Seegefecht. Das Maurenschiff siegte und eroberte im Enterkampf das Fahrzeug der Fatimiden, wobei ein Wali gefangengenommen wurde. In Alexandria verkauften die Mauren dann ihre Waren und nahmen dafür Slavonier an Bord, die auf venezianischen Schiffen auf den Markt von Alexandria gebracht worden waren, und dazu griechische Mädchen, die Abderrahman liebte, weil sie höchst anmutig zu singen und zu tanzen verstanden. Damals regierte bereits Moizz, der später zum mächtigsten aller Fatimiden aufstieg, und dieser Zwischenfall in der Straße von Sizilien wurde zum Auftakt eines erbitterten Seekriegs zwischen den beiden muslimischen Reichen.

Nach großen Verlusten Abderrahmans durch die Jagd, welche die Fatimiden auf seine Schiffe machten, kam es sogar zu einem Überfall auf Almeria. Nun mußte der Kalif zu einem Gegenschlag rüsten, vertraute seinem ersten Minister, dem Hadschib Achmed ben Said, eine kombinierte Land- und Flottenmacht an und belagerte Tunis, das frühere Karthago. Schon zur Vandalenzeit, vierhundert Jahre vor Abderrahman, war dieser Hafen außerordentlich reich gewesen, weil er für Händler sehr günstig lag, am Ende der Karawanenrouten aus dem Innern Afrikas und an der wichtigsten Seehandelsstraße quer durch das Mittelmeer. Nun, um die Mitte des zehnten Jahrhunderts, lebten in Tunis zahlreiche reiche Juden, und als der Hadschib mit Heer und Flotte vor Tunis erschien, boten sie eine ungeheure Freikaufsumme, um der Stadt die Eroberung und die Plünderung zu ersparen.

Der Hadschib erhielt so viel Geld, daß nach dem Ausgleich der Schiffsverluste und nach Abzug des Fünftels für Abderrahman selbst noch bedeutende Summen für den Hadschib und seine Armee übrigblieben, ganz abgesehen von vielen Sklaven, Sklavinnen und Waren, die Tunis hatte ausliefern müssen.

Bestanden somit zu dem Fatimiden Moizz schlechte Beziehungen, die Abderrahmans letzte Lebensjahre verdunkelten, so durfte er zwei andere bedeutende Monarchen als wohlgesinnt empfinden: den hochgebildeten Kaiser von Byzanz, Konstantin VII. Porphyrogennetos (als Alleinherrscher 945-959) und den Römisch-Deutschen Kaiser Otto I., den Großen, der in eben jenem Jahr 912 zur Welt kam, in dem Abderrahman den Thron bestieg, und dann von 936 bis 973 herrschte. Die Beziehungen zwischen dem Kalifen und den beiden Kaisern sind verhältnismäßig gut bekannt, woraus wir schließen dürfen, daß alle drei Beteiligten ihnen große Bedeutung beimaßen. Und eben, weil wir in diesen Fällen auch einige Details kennen, werfen sie ein erhellendes Licht auf die doch noch recht schwierige Reisediplomatie jener Zeit mit ihren unfreiwilligen Kuriosa.

Da bei Mauren wie Byzantinern die Bildung hoch im Kurs stand, da Konstantin der Purpurgeborene dichtete und gelehrte Werke verfaßte wie auch so mancher Omayade, wollte Abderrahman jenem Griechen, der als Gesandter aus Byzanz nach Cordoba kam, nicht nur einen feierlichen Empfang bereiten, sondern ihm auch zeigen, wie Kunst und Bildung im Maurenreich gepflegt würden – waren doch Westen und Norden, von Konstantinopel aus gesehen, barbarische Gegenden.

An Pracht fehlte es nicht: die Leibwache, die Palastwachen, die Teppiche in den Vorhöfen und der Audienzsaal selbst, das alles mußte dem kultivierten Griechen vom Marmarameer recht angenehm in die Augen stechen. Dann aber setzten die Hofpoeten zu allerlei Deklamationen an, und die Gelehrten von Cordoba, das immerhin eine berühmte hohe Schule besaß, sollten in wohlgesetzten griechischen Reden den Islam preisen. Und siehe da, die Männer der Feder schwiegen oder stammelten, eingeschüchtert durch die Gegenwart des Kalifen und die so überaus prächtige Versammlung, und beschämendes Schweigen breitete sich im Saal aus.

Da rettete ein Dichter die Lage, der bis dahin keineswegs als großes Talent gegolten hatte. Er trat mutig vor und sprach wohltönend ein langes Gedicht über Macht und Glanz des Islam in Spanien, wohl auf Arabisch, wie wir annehmen müssen, und hurtig übersetzt von den anwesenden Dolmetschern. Der Beifall war allgemein, erlöst nickte auch der Kalif Anerkennung, und jener Poet der zweiten Garnitur - er hieß Mundhir ben Said - erhielt nach anderen Ehrenstellen schließlich das einträgliche Amt eines Oberrichters von Cordoba, das er würdig und verständig bis zu seinem Tod verwaltete. Ein Sohn dieses berühmten Großkadis wurde allerdings 979, nach Aufdeckung einer Verschwörung, gekreuzigt.

Byzanz und Cordoba hatten zwar nicht die Religion, aber doch recht viel anderes gemeinsam. Byzanz fühlte sich von den Kalifen zu Bagdad bedroht, zu denen die Omayaden ja niemals herzliche Beziehungen unterhalten hatten, und beide Seiten waren am Handel quer durch das Mittelmeer außerordentlich interessiert. Als nach einigen Wochen der griechische Gesandte Cordoba wieder verließ, war damit ein beinahe ununterbrochener Gedankenaustausch begonnen worden, den eine große Gesandtschaft Abderrahmans fortsetzte. Sie blieb lange in Byzanz und war einschließlich der Hin- und Rückreise nicht weniger als zwei Jahre unterwegs.

Noch mehr Geduld mußten die Diplomaten aufbringen, als sich Abderrahman entschloß, eine Gesandtschaft an Otto den Großen zu schicken. Der Kalif wußte natürlich, daß er damit letztlich an einen Gegner schrieb: das von Karl dem Großen eroberte Barcelona war unter selbständigen Grafen noch immer christlich, und auch Karls Nachfolger bis herauf zu jenem, den man mit Recht oder nicht Karl den Einfältigen nannte, hatten alle irgendwann die Klingen mit den Mauren gekreuzt. Davon mag in Abderrahmans Schreiben vielleicht zuviel die Rede gewesen sein; vielleicht wurde der Brief auch ungeschickt ins Lateinische übersetzt und von den Klerikern in Ottos Umgebung unfreundlich interpretiert – jedenfalls beschloß der große König, die Gesandten aus dem maurischen Spanien zunächst einmal schmoren zu lassen. Drei Jahre mußten sie warten, ehe sie, nach Ottos großem Ungarnsieg auf dem Lechfeld, heimkehren durften, um die Nachricht von diesem glanzvollen Erfolg den Feinden des Glaubens zu bringen.

Es war noch nicht allzulange her, daß man im *Sacrum Imperium* bedeutende Summen dafür ausgegeben hatte, die Leichname der christlichen Märtyrer aus Cordoba und anderen Maurenstädten einführen und die Reliquien auf französische, niederländische und deutsche Klöster verteilen zu können. Eine Reise nach Cordoba, und sei es auch in diplomatischer Mission, kam daher für Otto und seine Umgebung der sicheren Anwartschaft auf die Märtyrerkrone gleich. Das bedeutete nun keineswegs, daß niemand zu fahren bereit gewesen sei. In der christlichen Welt des Mittelalters schwelte die Bereitschaft zum Selbstopfer für den Glauben immer und überall, aber eben nur ausnahmsweise in jenen Männern, durch die Kaiser Otto in Cordoba vertreten zu sein wünschte: er brauchte unerschrokkene, aber auch ruhig-überlegene Botschafter, die das Schreiben des Kalifen und die darin enthaltenen Angriffe auf das Christentum in gebührender, aber bestimmter Weise zu widerlegen imstande sein würden. Denn darum ging es, nicht um die Aufnahme unmittelbarer politischer oder wirtschaftlicher Beziehungen.

Um zu antworten, um zu widerlegen, entsandte Otto, der sehr selten etwas Überflüssiges tat, eine starke Delegation nach Cordoba, die, nach dem praktischen Brauch der Zeit, mit den zurückkehrenden Diplomaten des Kalifen reiste. Das Haupt der Mission war Jean de Gorze, deutsch nicht ganz richtig Johannes von Görtz benannt, Mönch eines lothringischen Klosters und somit der französischen wie der deutschen Kultur gleichermaßen kundig.

In seinem Gepäck führte Johann von Gorze umfangreiche Akten mit sich. Sie bestanden einerseits in einer theologischen Arbeit, in der Ottos gelehrter Bruder Bruno, Erzbischof von Köln, die Überlegenheit des christlichen Glaubens über den Islam nachzuweisen versucht hatte, womit die Angriffe zurückgewiesen werden sollten, die das Schreiben des Kalifen enthalten hatte. Kaiser Otto der Große hingegen hatte konkrete Beschwerden vorzutragen. Ihm war vor allem die Piraterie der Muslimen ein Dorn im Auge, und im besonderen der kuriose Piratenstaat von Fraxinetum, den allerdings nicht die spanischen Mauren, sondern nordafrikanische Piraten auf französischem Boden errichtet hatten. Einzunehmen war das Felsennest – unweit des heutigen Saint Tropez – nicht; von korsischen Seeräuberstützpunkten wurde es immer weiter versorgt, und Otto nahm die Gelegenheit wahr, einen Fürsten des anderen Glaubens auf solche Ungehörigkeiten hinzuweisen. Beide Darlegungen waren, wie es scheint, in griechischer Sprache verfaßt worden, von der man annehmen durfte, daß sie den Arabern in Spanien willkommener sein würde als das Latein des Glaubensfeindes.

Man reiste über Burgund nach Lyon, von dort die Rhône abwärts und dann auf einem Schiff nach Barcelona, wo sich die Delegation teilte; ein mozarabischer Priester reiste über Saragossa nach Cordoba weiter, während Mönch Johann, dazu ein spanienkundiger Pater namens Ermenhard und ein als Schreiber mitgenommener Mönch namens Garaman auf die Erlaubnis zur Einreise ins Maurenreich warteten. Auch sie gelangten schließlich nach Cordoba, wo ihnen in einem Vorort eine Wohnung zugewiesen, aber noch keine Audienz gewährt wurde. Der vorausgereiste Mozaraber, also ein Christ cordovanischer Prägung, hatte nämlich dem Kalifen entschleiert, was Johann von Gorze in seinem Gepäck mitführe, und Abderrahman III., der sich sonst stets zu helfen wußte, sah sich in einer heiklen Lage. Empfing er die Gesandten und ihre Botschaften, so war damit die Religion des Islam geschmäht und, nach dem Gesetz, Johann von Gorze ebenso wie seine Begleiter dem Tod verfallen. Andererseits war die Gesandschaft bereits angenommen und stand somit unter dem Schutz der diplomatischen Gepflogenheiten und des Gastrechts. Aber auch der zweite, nur schwach religiös akzentuierte Punkt der bevorstehenden Gespräche warf Schwierigkeiten auf: Abderrahman III. hatte zwar keinen Grund, die Piraten aus dem Fatimidenreich in Schutz zu nehmen, aber um so mehr ärgerten ihn die kühnen Aktionen der katalanischen Korsaren und ihrer Kollegen aus dem heutigen Roussillon, denn es war nun einmal eine Tatsache, daß die hochkultivierten Mauren nur selten zum Dienst in der Marine des Kalifen drängten. Die Schiffsbesatzungen Andalusiens bestanden meist aus Mozarabern oder aus zum Islam übergetretenen Landesbewohnern, die weiterhin nichts anderes sprachen als ihren romanischen Dialekt und die sich, sehr zum Leidwesen Abderrahmans, weder mit den Katalanen noch mit den Hochseepiraten von Korsika und Fraxinetum messen konnten.

Die Lage war schwierig, aber der echt orientalische Grundsatz »kommt Zeit, kommt Rat« brachte schließlich die Lösung. Botschafter Johannes war zwar nicht bereit, auf den cordovanischen Kompromißvorschlag einer Audienz ohne Briefübergabe einzugehen, aber er war damit einverstanden, durch einen Eilkurier neue, versöhnlichere Briefschaften aus Deutschland holen zu lassen. Mozarabische Geistliche in Cordoba dienten bei diesen diplomatischen Eiertänzen ebenso als Vermittler wie der sprachgewandte jüdische Minister Chasdei, und endlich kam mit dem mozarabischen Priester Rekkemund – dem Abderrahman dafür den Bischofsstuhl von Granada versprochen hatte – und Ottos Vertrauensmann Dudo von Verdun die Versöhnungsbotschaft aus Deutschland, die nun eine Audienz für die Deutschen ermöglichte.

In diesem letzten Augenblick kam es dann aber zu dem bezeichnendsten Mißverständnis: Die maurischen Zeremonienmeister bedeuteten Johann von Gorze, er müsse für die

Audienz festlich-prächtig gekleidet sein. Der Mönch hingegen bestand natürlich auf seinem Ordensgewand, das er nicht mit weltlicher Kleidung vertauschen dürfe. Abderrahman, dem die Deutschen als reichlich arm, ja schäbig geschildert worden waren, schickte daraufhin nicht nur die kostbarsten Gewänder in die Wohnung der Gesandtschaft, sondern sogar eine große Summe an Bargeld für die entsprechende Equipierung. Johann von Gorze verteilte das Geld unter die Armen und hatte damit nun endlich Erfolg: er durfte im Ordensgewand vor den Kalifen treten, wurde von der Prosternation befreit, erhielt als höchsten Gunstbeweis die Innenfläche der Hand zum Kuß geboten und durfte, auf einem Lederhocker sitzend, mit dem auf seinem Ruhelager ausgestreckten Kalifen lange, vertraute Gespräche führen, zu denen niemand anderer zugelassen war.

Bald darauf wurde auch die Gesandtschaft unter dem Kaufmann Dudo von Verdun empfangen, aber dem Kalifen hatte Johann von Gorze besser gefallen, wohl auch durch seine Festigkeit und unerschrockene Würde imponiert, so daß es auf Wunsch des Kalifen zu verschiedenen weiteren Begegnungen kam, in denen sich Abderrahman vor allem um eine Erweiterung seiner Kenntnisse über Mitteleuropa bemüht zeigte. Als die Gespräche immer freundschaftlicher wurden, als sie sich nicht nur auf wirtschaftliche Besonderheiten der deutschen Länder, sondern auch auf die Regierungsformen und die Schwierigkeiten der deutschen Könige erstreckten, sprach Abderrahman jene im Abendland vielbeachtete und später noch häufig kommentierte Mahnung aus, daß Otto seinen Reichsfürsten viel zu große Rechte eingeräumt und viel zu viel Macht belassen habe. Darüber kam es jedoch nicht zum Streit, obwohl Abderrahman zum Beweis für die Vorteile seines Systems den zweifellos größeren Reichtum und höheren Bildungsstand seines Reiches anführen konnte. Johann jedenfalls schied hochbefriedigt aus Cordoba, erreichte gut die Heimat und soll sich in späteren Lebensjahren noch gern an die maurischen Jahre und die weite Reise erinnert haben.

Eine gewisse Unsicherheit herrscht lediglich über seinen Klosterrang. Gemeinhin als Abt Johann oder als Johann von

Gorze, was auf dasselbe hinausläuft, bezeichnet, tritt er in die Würde des Klostervorstehers von Gorze doch erst *nach* seiner Rückkehr ein und übernimmt die reichsunmittelbare Abtei von Abt Eginold; allerdings habe er sich »schon unter Eginolds Leitung als ein Muster aller mönchischen Tugenden, aber auch nach außen hin als ein sehr tatkräftiger und praktischer Verwalter des Klostergutes erwiesen« (Köpke/Dümmler in ihrem Standardwerk über Otto den Großen).

Johannes, Abt von Gorze, starb Ende 973 oder Anfang 974, überlebte also die Gesandtschaftsreise noch um beinahe zwanzig Jahre. Sein Kloster, eine Gründung aus karolingischer Zeit, erlebte im zwölften und dreizehnten Jahrhundert die höchste Blüte und blieb als *Terre de Gorze* auch von Lothringen unabhängig. Der Abtsstab des Johannes, ein herrliches Stück aus Elfenbein, das sich Johannes vielleicht aus Cordoba mitbrachte, wo Elfenbein leicht zu haben war, befindet sich heute im Domschatz des nahen Metz.

Man sieht, es gab Schwierigkeiten und Mißverständnisse, aber wenn dann endlich zwei vernünftige Männer beisammen saßen, spielte es keine große Rolle mehr, daß der eine als Kalif

Christ und Mohammedaner beim Schachspiel. Miniatur aus einer christlichen Handschrift des 13. Jh.

Spanische Juden in der Synagoge. Miniatur aus einer arabischen Handschrift des 15. Jh.

Herr über Leben und Tod war, mit Sklavinnen und Eunuchen lebte und Mohammed verehrte, während der andere aus dem Frieden eines alten lothringischen Klosters kam und sich nach der Rückkehr dorthin sehnte. Auf einer anderen Ebene, nämlich dem Handel, hatten allerdings vor und neben dieser Gesandtschaft schon lange gute Beziehungen zwischen den sogenannten Messestädten des nördlichen Frankreich und dem maurischen Markt in Südspanien bestanden; ja, wenn wir Gregor von Tours glauben dürfen, so gab es schon im sechsten Jahrhundert blühenden Handel zwischen Verdun und Spanien. Da dieses Land damals noch von den Goten beherrscht war, haben die Araber also diese wirtschaftlichen Verbindungen übernommen und ausgenutzt.

Außer den beiden Kaisern unterhielten naturgemäß auch die nächst angrenzenden Länder Beziehungen diplomatischen Charakters zum Kalifat von Cordoba, vor allem Hugo der Weiße, der mächtige Herzog von Orléans und Aquitanien, und

Karl der Einfältige, »le Simple«. Eine Gabe besonderer Art hatte Hugo, König von Italien – gestorben 947 in Arles –, für den Kalifen von Cordoba bereit: Als seine Länder, vor allem die norditalienischen Ebenen, von den Magyaren heimgesucht wurden, versuchte er die räuberischen Reiterscharen dadurch loszuwerden, daß er den Anführern sagte: Reitet doch weiter ins maurische Spanien, dort ist wesentlich mehr zu holen. Dies entbehrt nicht der Wahrscheinlichkeit; wenn jedoch begeisterte Historiker des magyarischen Volkes wie Mailath daraus folgern, »die Söhne der arabischen Wüste und die Kinder des nördlichen Asien« seien nahe daran gewesen, »sich bei Cordoba zu begegnen«, so befinden wir uns im Reich der Legende. Selbst wenn König Hugo seine Bosheit soweit trieb, den Reitern aus der ungarischen Steppe Führer bis zu den Pyrenäen mitzugeben, so müßten uns die christlichen Chroniken Nordspaniens oder die arabischen Historiker über diese Invasion irgend etwas berichtet haben. Vor allem die Araber hätten den Rückzug der Magyaren wegen »drückender Hitze, Mangel an Wasser und wegen des plötzlichen Todes ihres Anführers« (Mailath) ganz gewiß als einen großen Sieg ihrer Waffen gefeiert.

Die wichtigsten aller Auslandsbeziehungen, nämlich der emsige friedliche Handel, sind uns, verglichen mit diesen hochtrabenden und wirkungslosen Begegnungen auf diplomatischer Ebene, relativ schlecht bekannt. Das kommt daher, daß Kaufleute eben keine Aufzeichnungen machen, ja sehr oft sogar den Schleier des Geheimnisses über ihre Routen und Märkte breiten. Im Mittelalter, als der Kaufmann noch selbst reiste, seine Waren begleitete und den Erlös in der Tasche oder am Gürtel mit nach Hause nahm, bedeutete seine Kenntnis fremder Länder und der dorthin führenden Wege ein gut Teil seines Kapitals; wir erfahren darum nur zufallsweise von dem, was sich zwischen Kaufleuten der christlichen Welt und ihren Kollegen in Südspanien schon längst abspielte.

Spanien hatte vor allem die Seidenraupenzucht und die Seidenspinnereien zu beträchtlicher Blüte gebracht; die fleißigen Untertanen des Kalifen führten aber nicht nur Rohseide aus, sondern auch viele Seidenwaren und wertvolle Wollwaren, denn die Schafzucht hatte sich nach einer kurzen Krise im achten Jahrhundert längst wieder erholt. Daneben exportierte Spanien Öl, Zucker – die Araber hatten den Rohrzuckeranbau eingeführt – und die reichen Bergwerksprodukte, vor allem Eisen und Quecksilber. In kleinen Mengen wurden auch die Rubine von Malaga und Beja, die Amethyste von Cartagena, die vor Tortosa gefischten Perlen und Korallenschmuck aus andalusischen Werkstätten ausgeführt.

Hauptabnehmerländer waren Nordafrika, Ägypten, Syrien und das Griechisch-Römische Kaiserreich von Byzanz, das mit dem Maurenreich eine Art Meistbegünstigungs-Abkommen abgeschlossen hatte. Griechische Fachleute waren vor allem bei den großen Bauvorhaben Abderrahmans entwerfend und überwachend mittätig, wofür sich der Kalif wiederum mit Lieferungen aus den berühmten Waffenschmieden seines Reiches erkenntlich zeigte, zahlreichen sehr leistungsfähigen Werkstätten, die keineswegs nur im Raum von Toledo, sondern auch in Andalusien lagen. Dieser emsige Handel und der beträchtliche Warenverkehr waren in Spanien allerdings hoch besteuert, so daß er wohl nur dank hoher Gewinnspannen so lebhaft blühen konnte.

Gerade in diesem Bereich gibt es noch viele ungeklärte Fragen, denn die Wirtschaft war auch in alten Zeiten schon jene Pyramide, die an der anonymen Basis ungleich mehr Volumen besaß als an der historisch sichtbar gewordenen Spitze. Als sicher kann gelten, daß dank der Intensität, mit der die Maurenfürsten alle Produktionsmöglichkeiten ausnutzten, dank der Findigkeit vor allem jüdischer Fernhändler und der großzügigen Geldwirtschaft eines voluminösen Hofes, das Gesamtaufkommen an Produktion im arabischen Spanien absolut und relativ wesentlich höher lag als in gleichzeitigen Staatswesen des europäischen Mittelalters. Selbst in hansischen Zeiten war zum Beispiel der baltische Handel im Vergleich zum Warenumschlag und zum Geldumlauf im Mittelmeerraum geringfügig, ja eine Pfennigfuchserei, wie uns die Ladelisten und Rechnungen im schwedisch-deutschen Schiffsfrachtverkehr eindeutig beweisen. Araber, Juden und italienische Handelshäuser hatten im Verein mit den geschäftstüchtigen Griechen aus Konstantinopel und den Syrern des östlichen Kalifats eine Wirtschaft ganz anderen Stils aufgezogen und in Gang gehalten, die dann allerdings - nach der Eroberung Konstantinopels durch die Türken und des Maurenreiches durch die christlichen Könige - in eine tiefe Krise verfiel.

Zu den größten Investitionen des prachtliebenden Abderrahman gehörten die Bauten. Sie wurden auf sein Geheiß keineswegs nur in Cordoba aufgeführt, aber naturgemäß interessierte sich dieser eigenwillige, von seiner Sendung und seiner Persönlichkeit von Jahr zu Jahr stärker überzeugte Monarch, vor allem für die großen Bauvorhaben in seinem persönlichen Umkreis. Unter ihnen ist wiederum das Lustschloß Medina Azzahara schon in seiner Ausdehnung am wichtigsten, ein gewaltiges Bauvorhaben, das Abderrahman so sehr faszinierte, daß er wegen der Überwachung dieser Arbeiten dreimal hintereinander das Freitagsgebet in der Mezquita von Cordoba nicht durch seine Gegenwart auszeichnete.

Selbst die nüchternsten Historiker der wilhelminischen Ära geraten ins Schwärmen, wenn sie vom Azzahara-Palast sprechen, und tatsächlich scheint es - sieht man vom Tadj Mahal als einem Erinnerungsmal hier ab - keinen imposanteren steinernen Ausdruck irdischer Liebe zu geben oder gegeben zu haben als dieses Wunderwerk der Architektur, das jetzt vor den Toren Cordobas in Ruinen liegt.

Im November 936, auf dem Höhepunkt der Regierungszeit des Kalifen, begannen die Arbeiten an der Palastresidenz, die zu einer ganzen Stadt werden sollte, und währten - je nachdem, was man als Abschluß solch eines Riesenunternehmens ansehen will - zwischen vierzehn und fünfundzwanzig Jahre, weswegen es ein betrüblicher Unsinn ist, wenn man in dicken Spanienführern lesen kann, Medina Azzahara sei im Jahr 936 errichtet worden.

Über die Vorgeschichte des gewaltigen Unternehmens gibt es eine liebenswürdige Legende: eine Favoritin des Kalifen soll, als sie starb, ihr beträchtliches und zum größten Teil von Abderrahman III. selbst stammendes Vermögen mit ihrem letzten Willen zum Rückkauf muslimischer Gefangener bestimmt haben. Als die zu diesem Zweck in die christliche Grafschaft Barcelona gereisten Unterhändler jedoch solche Gefangene nicht vorfanden, beschloß der Kalif, aus dem Geld der toten Favoritin eine Palaststadt zu errichten, die den Namen seiner jungen Lieblingsfrau al Zahara erhalten sollte. Der Name al Zaharra bedeutet soviel wie die Blume oder die Schönheit und wurde dem Mädchen vermutlich erst im Harem des Kalifen gegeben, wo die Lieblingssklavinnen aus den verschiedenen Beutezügen durch so schmeichelhafte arabische Bezeichnungen geehrt wurden.

Unter einem Chefarchitekten, der vermutlich aus Nordafrika stammte, arbeiteten griechische, arabische und mozarabische Baumeister zusammen. Die Oberaufsicht führte Kronprinz Hakem.

Wie man noch heute erkennen kann, nutzte der Generalplan sehr günstig den Berghang aus, der drei breite Terrassen gestattete. Auf der obersten wurde der eigentliche Palast errichtet, die mittlere bot Raum für ausgedehnte Gartenanlagen, eine Volière und die Menagerie, und die unterste wurde die eigentliche Pflanzstadt mit Wohnungen, Bazar und Moschee. Von dieser Moschee wissen wir mehr als vom übrigen Baubereich, denn ihre Errichtung scheint auf einen ziemlich plötzlichen Entschluß zurückzugehen, vielleicht, weil der Kalif ursprünglich der berühmten Mezquita im nahen Cordoba treu zu bleiben gedachte. Die Moschee von Azzahara wurde angeblich binnen achtundvierzig Tagen errichtet, wobei dreihundert Maurer, zweihundert Zimmerleute und fünfhundert weitere Bauarbeiter tätig waren. Der Betsaal war fünfschiffig, der große Patio an drei Seiten von einer gedeckten Galerie umgeben. Dunkelroter

Rechts: Der Ruheraum in den königlichen Bädern der Alhambra; folgende Doppelseite: Ruhmesgedicht als Wandschmuck im »Saal der beiden Schwestern«.

Marmor bestimmte den Farbeindruck des Gebäudes, über dem sich ein Minarett von etwa zwanzig Metern Höhe erhob. Am 22. Mai 941 wurde der Moscheenbau geweiht.

Insgesamt beanspruchte das gigantische Projekt Medina Azzahara durch mehr als ein Jahrzehnt bis zu einem Drittel der Steuereinnahmen, woran nicht nur die gewaltige Ausdehnung der Anlagen die Schuld trug, sondern auch die Vorstellungen des Monarchen, der sich in diesem Fall offensichtlich auf keine Kompromisse einlassen wollte, und wären sie noch sosehr angezeigt gewesen. Fliesen und Säulen, deren viele Tausend gebraucht wurden, bestellte man im ganzen Mittelmeerraum, wenn auch der größte Teil, zweifellos ohne Wissen der Fatimiden, aus den römischen Ruinen des nördlichen Afrika herangeschafft wurde. Karthago also feierte in gewissem Sinn eine Wiederauferstehung an einem Berghang über dem Guadalquivir, und manche Säule, die schon die Vandalen entzückt hatte, durfte sich nun im Palast jener Lieblingssklavin eines neuen Daseins erfreuen oder gelangte aus der christlichen Kirche von Sfax in den Umkreis eines Kalifen, der den rosenfarbenen Marmor liebte, weil er ihn an die Nacktheit Zaharas erinnerte und den grünen, weil dies die Augenfarbe der schönen Sklavin war. Andere Akzente brachten der Onyx von Malaga und der weiße Marmor von Almeria aus den Brüchen der Sierra de los Filabres.

Spezialaufträge gingen, gelegentlich auch durch die Vermittlung christlicher Würdenträger, ins Byzantinische Reich: Halbreliefs mit erotischen Motiven, wie man sie getreu der antiken Tradition in Konstantinopel noch mit gewohnter Meisterschaft fertigte. Der Transport dieser kostbaren Güter warf immer wieder neue Probleme auf, doch hat andererseits das Großunternehmen dieser Stadtgründung die gesamte Wirtschaft im andalusischen Bereich nachhaltig belebt und Dauerarbeitsplätze für etwa zehntausend Menschen geschaffen. Da

Links: Die Gärten der Alhambra mit Comaresturm und »Turm der Damen« (oben); »Die Übergabe Granadas«, Gemälde auf Kacheln an der Plaza de España in Sevilla (unten).

Cordoba inzwischen nahezu eine halbe Million an Einwohnern zählte, müssen sich diese Investitionen auch günstig auf den Arbeitsmarkt und die Lage des Stadtproletariats ausgewirkt haben.

Nach neun Jahren Bauzeit war man soweit, daß wesentliche Objekte der Gesamtanlage in Benutzung genommen werden konnten. Nun wurden die Kaufleute von Cordoba angeregt, mit ihren Waren Niederlagen im Gewerbebereich von Medina Azzahara zu eröffnen, bei einer Starthilfe von vierhundert Dirhems (da das Gewicht dieser Silbermünze stark wechselte, kann man nur sagen, daß diese Summe etwa dem Wert von vier bis fünf Pfund Silber entsprach).

Wie sich diesen ersten Einwohnern der neuen Stadt die gesamte Anlage präsentierte, ist trotz der seit 1910 immer wieder aufgenommenen Ausgrabungen des riesigen Komplexes nicht mit Sicherheit zu erkennen. Das äußerste Tor, nach den flankierenden Portiken »Tor der Säulen« benannt, trug eine Statue der schönen Zahara, die das gesamte Cordoba später etwa in der Art verehrte wie christliche Orte ein Gnadenbild: man war überzeugt, so lange Zahara über dem Säulentor stehe – oder liege? –, sei die Stadt vor jedem großen Unglück geschützt. Der Almohaden-Kalif Yakub al Mansur sah sie noch 1190 über dem Tor und befahl, die Statue abzunehmen; was danach mit Cordoba und dem ganzen maurischen Spanien geschah, bestätigte die Annahme der Cordovaner, daß sich mit dem Steinbild der Lieblingsfrau des großen Kalifen auch das Geschick der Stadt und ihrer Bewohner verknüpft habe.

Nach dieser äußersten Pforte empfingen den von Cordoba kommenden Besucher ausgedehnte Plätze, grün gesäumt und durch Fontänen belebt, jenseits deren die eigentliche Eingangspforte der Palastanlage erbaut worden war, die von der Unterstadt zum Bereich des Kalifen führende Bab al Sudda. Hinter ihr begann bereits die eigentliche Prozessions- oder Prunkallee, wie es scheint gegen die Sonnenhitze und den Regen gedeckt, aber nach den Seiten hin offen für die Luft und den Blick in die Gärten. Nach dieser Galerie oder gedeckten Allee gelangte man in die ersten Empfangsräume, und hier hatte der

Gesandtensaal im Alcazar von Sevilla. Die Arkaden in Hufeisenform erinnern an den Kalifatpalast von Medina Azzahara. Stich des 19. Jh.

Kalif, in der ganz deutlichen Absicht, den Besucher zu verblüffen, an Schmuck und Verzierungen anbringen lassen, was immer der Geschmack noch zuließ.

Ein so großes Bauwerk wie Medina Azzahara, wenn man die Stadt überhaupt noch als einen einzigen Komplex bezeichnen will, konnte sich durch die unruhigen Zeiten nach dem Niedergang der Omayadenherrschaft nicht lange erhalten; allzu einfach war es für alle späteren Fürsten und Bauherren der Umgebung, sich aus diesen verlassenen oder doch unzureichend geschützten Anlagen mit wertvollsten Materialien zu versorgen, hatten doch die Säulen, die hier eingesetzt worden waren, im Schnitt etwa acht Denare gekostet, die herrlichen Fliesen bis zu drei Denaren das Stück. Nur von den Kunstwerken haben sich aus der erhabenen steinernen Wüstenei von Azzahara einige bis heute erhalten, in den Museen der Metropole und der Provinz Cordoba, Kunstwerke, die uns verraten, daß selbst persische Bildhauer hier beschäftigt gewesen waren.

Wir können also die eine oder andere Brunnenskulptur, verschiedene Halbreliefs und einzelne zum Teil erstaunlich modern wirkende stilisierte Tierplastiken bewundern, aber das Entscheidende war zweifellos der überwältigende Gesamteindruck, den all diese Kunst in einem prachtvollen Palastbau wie dem des Kalifen hervorrufen mußte.

Die Zeitgenossen schwelgen denn auch in einer Begeisterung, die sich zum Teil auf sehr exakte Angaben stützt, so etwa, wenn wir erfahren, daß insgesamt 4312 marmorne Säulen herangebracht und aufgestellt wurden und daß auch die Plafonds kunstvolle Einlegearbeit zeigten, wobei Gold und Himmelblau als Farben vorherrschten. Das Gebälk sowie die Haupt- und Seitenpfosten bestanden aus Zedernholz, das schon im Altertum für ähnliche Bauten wegen des angenehmen Geruchs geschätzt worden war, den es ausströmte. Im Kalifensaal bestanden Fußböden und Wände ausschließlich aus Marmor; hier herrschte auch jener von vielen Besuchern betonte blendende Lichterglanz, weil sich die Metallintarsien, goldene Tierskulpturen und Brunnenbecken aus Jaspis das einfallende Tageslicht in verwirrenden Reflexen zuwarfen. Aus den Mäulern der zwölf Tierplastiken strömte Wasser in ein großes Becken, über dem ein kleineres Becken einen einzigen goldenen Schwan aus der Tierschar heraushob. Eine kostbare Perle schien an unsichtbarem Faden aufgehängt über dem Brunnen zu schweben; sie war ein Geschenk Leo VI., des Weisen, im Todesjahr jenes Kaisers zum Regierungsantritt Abderrahmans III. übersandt.

Das Spiel mit den Lichtwirkungen scheint eine besondere Vorliebe des Kalifen oder der byzantinischen Innenarchitekten gewesen zu sein, denn in einem Gartenpavillon war eine große Quecksilberschale aufgestellt, deren flüssigen Inhalt man in Bewegung versetzen konnte, so daß an Decke und Wänden die Sonnenstrahlen in verwirrendsten Reflexen tanzten.

Die Mischung griechisch-byzantinischer Kunst mit orientalischem Farbengeschmack, der Zusammenklang von Marmor, Metallintarsien und kostbaren Hölzern schufen eine Atmosphäre des Prunks und der Sinnenfreude, wie sie vor allem Besucher aus dem christlichen Norden und aus Mitteleuropa verblüffen und bis zu der Illusion verzücken mußten, sie befänden sich in einem Hörselberg. In gewissem Sinn war dieser für eine schöne Frau erbaute, von Dienern und Sklavinnen bevölkerte Palast ja auch nichts anderes. Selbst die frommen Untertanen des Kalifen schüttelten insgeheim den Kopf, wenn sie beim Gang durch das äußere Tor die Statue der schönen Zahara vor sich sahen, da doch der Islam das Abbild als solches verurteilt und die Vergötzung des Menschen als Sünde erklärt hatte. Dieses Verbot hatte Abderrahman III. allerdings schon dadurch übertreten, daß zahlreiche Münzen seinen Kopf zeigten.

Für das Jahr 945 ist eine erste große Festlichkeit in den neuen Gebäuden nachweisbar. Von da an scheint zumindest die oberste Terrasse mit den Gebäuden des Kalifen fertiggestellt und bewohnt gewesen zu sein; auf der untersten Ebene wurden eine Münze, also die Prägeanstalt, und die Moschee neben einer Reihe von Zweckbauten noch später ausgeführt. Um 945 etwa muß also auch Zahara, die schöne Sklavin, die inzwischen als Favoritin soviel Einfluß wie eine Königin hatte, die ihren Namen tragende Palastanlage bezogen haben.

Als sie mit Abderrahman III. vor den neuen, hellen Bauten stand, die sich von der dunklen Flanke des Berges abhoben, soll sie gesagt haben: »Diese Schönheit, mein Gebieter, liegt in den Armen eines Negers.« Auf diese Äußerung führt man die Tatsache zurück, daß der Berghang hinter Medina Azzahara mit großem Aufwand bepflanzt wurde, und zwar mit hellem Laubwald, der einen freundlich-grünen Hintergrund für die Palaststadt schuf: Feigen- und Mandelbäume verdrängten die dunklen Erden und die Fichten.

Den wenigen christlichen Autoren, die in Mittel- und Nordeuropa von dieser Pracht und dem ungeheuren Aufwand Abderrahmans III. berichteten, ging es – wie man sich denken kann – etwa so wie dreihundert Jahre später Marco Polo, als dieser, aus dem China des Kublai-Khan kommend, von seinen Eindrücken aus den Millionenstädten dieses fernöstlichen Großreiches erzählte: spöttisch nannte man ihn im Venezianischen Karneval später nie anders als *Messer Millione.*

Im Maurenreich scheint aber tatsächlich die im Lauf der Omayadenherrschaft schnell angewachsene Bevölkerung durch Zahl und Fleiß all diese Kalifenpracht getragen zu haben, so schwer es auch ist, zu zutreffenden Schätzungen zu gelangen. Man muß die reinen Ziffern immer durch ergänzende Angaben aus anderen Bereichen kontrollieren, und doch bleiben die Vorstellungen, die sie uns geben, recht ungefähr.

So sagt zum Beispiel der arabische Reiseschriftsteller Abul Walid Ismail Aschakandi, die Stadt Cordoba habe sich mit ihren Vorstädten fünf Stunden weit am Guadalquivir erstreckt, woraus man einen Durchmesser - Medina Azzahara einbegriffen - von zwanzig Kilometern ableiten könnte, der dann auch die größten genannten Einwohnerzahlen, nämlich eine Million, wahrscheinlich macht. Aber auch mit fünfhunderttausend Einwohnern wäre Cordoba im zehnten Jahrhundert gewiß Europas größte Stadt gewesen. Paris überschritt, dank seiner vielbesuchten Universität, die Millionengrenze im fünfzehnten Jahrhundert, Rom war im Vergleich zum Cordoba der Kalifen eine relativ schwach bevölkerte ausgedehnte Ruinenstätte, und nur das kaiserliche Byzanz am Bosporus machte der Metropole am Guadalquivir den ersten Rang unter den Weltstädten streitig. Nach Cordoba galten die Hauptstädte der Statthaltereien, also Toledo, Merida, Valencia, Murcia, Sevilla und Saragossa als Großstädte, weitere achtzig als volkreiche Marktstädte, so daß die Gesamtbevölkerung des spanischen Maurenreiches fünfundzwanzig bis dreißig Millionen betragen haben mag, bei einer für das Jahr 1000 geschätzten Weltbevölkerung von 360 Millionen.

Sehr schwierig ist es, den Staatshaushalt jener fernen Zeit und ihre so völlig von den unseren abweichenden Gebräuche in unsere Vorstellungswelt zu übertragen. Die Staatseinnahmen sollen jährlich mehr als zwölf Millionen Denare betragen haben, wobei damals 100 bis 115 Denare einem Pfund Gold gleichgesetzt wurden. Ungefähr die Hälfte dieser Summe brachten die Muslimen auf, die andere Hälfte die Mozaraber, also die Christen gebliebenen Einwohner des Landes, und die an Zahl hinter ihnen zurückbleibenden, aber kapitalkräftigen Juden. Die Zolleinnahmen von 765 000 Denaren wurden offenbar nur von ausländischen Importeuren erhoben. Ein Drittel dieser Einnahmen brauchte Abderrahman allein für sein Kriegs- und Armeebudget. Auch die Hofhaltung war teuer, kostete doch die Leibwache von zwölftausend Mann schon beträchtliche Summen, zu denen noch ein Harem von 6300 Köpfen kam, Frauen, Sklavinnen und Eunuchen.

Einen gewissen Anhaltspunkt, diese Summen zu beurteilen, geben uns die bekannten Gehälter der höchsten Staatsbeamten. Veziere erhielten 80000 Denare jährlich und waren damit imstande, einigermaßen im höfischen Luxus mitzuhalten. Andere Würdenträger wieder wie der Wali Achmed ben Said Abu Amer, Gesandter im Königreich Leon, später Feldherr und schließlich Premierminister, scheinen ein so großes Vermögen gehabt oder auf den Feldzügen erworben zu haben, daß sie dem Kalifen als Dank für die Erhebung auf das höchste Staatsamt äußerst wertvolle Geschenke machen konnten (oder mußten!). Der genannte Hadschib, fortan die rechte Hand Abderrahmans III., überreichte gemeinsam mit seinem Bruder, der Vezier im Staatsrat wurde, dem Schatzmeister 400000 Denare, dazu vierhundert Pfund in Goldbarren und Silber im Wert von 420000 Dirhems für den Staatsschatz.

Die Ehrengeschenke für den Kalifen bestanden aus dreißig Ballen Gold- und Silberbrokat, einhundertzehn Marderfellen, achtundvierzig Schabracken, viertausend Pfund Seidengarn, dreißig persischen Teppichen, achthundert Pferdeharnischen, fünfzehn arabischen Hengsten mit goldverbrämtem Geschirr, hundert gesattelten und gezäumten Pferden aus spanischen oder afrikanischen Gestüten, vierzig jungen männlichen Sklaven und zwanzig ausgesucht schönen Sklavinnen. All diese Gaben wurden dem Beherrscher der Gläubigen noch mit einem langen Gedicht präsentiert, das der neubestellte Hadschib aus diesem Anlaß verfertigt hatte.

Da diese Regierungschefs unter schwächeren Herrschern beträchtliche, das Kalifat gefährdende Macht ausgeübt hatten, war der Posten zeitweise unbesetzt gewesen, und auch Abderrahman III. ernannte nach dem Tod des Ahmed ben Said keinen Nachfolger, sondern berief seinen Sohn Hakem auf diesen Posten.

Lebt ein Mensch ein halbes Jahrhundert lang in Verhältnissen, die mit dem Wort großzügig nur schwach angedeutet und für uns heute kaum mehr zu ermessen sind, so muß das auf seinen Charakter nicht unbedingt nachteilige Einflüsse haben; wir kennen chinesische Herrscher, die inmitten ihrer Paläste und höchster Ansprüche an ihre Umgebung sich etwa so betrugen wie die Päpste unseres Jahrhunderts, ja, die sich trotz ihrer Macht vor allem bemühten, ein Vorbild für ihre Minister und für ihr Volk zu sein. Auch Indien kannte so weise Herrscher, und der aufgeklärte Absolutismus in Europa hat schließlich mindestens zwei Männer von großer geistes- und kulturgeschichtlicher Bedeutung in Herrscherämtern gesehen. Was es Abderrahman jedoch schwer, ja beinahe unmöglich machte, den ihn umgebenden Versuchungen eine starke und konsequente Abwehr entgegenzusetzen, das war die unbegrenzte Machtfülle, die er genoß, war die Tatsache, daß er ein halbes Jahrhundert lang mit jedem Atemzug über Leben und Tod seiner Untertanen und seiner nächsten Umgebung gebot.

Obwohl die arabischen Schriftsteller nichts dergleichen anklingen lassen und gerade diesen Herrscher mit Lobsprüchen und Verehrung überhäufen, scheint sich gegen Ende seiner Regierungszeit das herausgebildet zu haben, was man vielleicht einen neronischen Effekt nennen könnte: die für einen in Gesellschaft lebenden Menschen nicht nur ungewöhnliche, sondern auch ungesunde Allmacht. Das Fehlen all jener Schranken, in denen ein menschliches Leben gemeinhin verläuft, hatte schließlich doch auf den Charakter, ja vielleicht sogar auf den Verstand des alten Abderrahman eingewirkt und eine jener Deformationen hervorgebracht, wie man sie an den Tyrannen aller Zeitalter beobachten kann, zum Beispiel an dem Fatimiden Hakim (996-1021), bei dem sich zum Wahnsinn steigerte, was Abderrahman III. vielleicht noch als durchaus normales Verhalten eines Kalifen erschien.

Der tiefe und schwere Schock, der das Alter Abderrahmans verdüsterte und – vielleicht – eine Entwicklung zum Tyrannischen hin auslöste, fällt in das Jahr 950, als der nunmehr seit achtunddreißig Jahren regierende Herrscher die erste ernsthafte Opposition aus seiner nächsten Umgebung und der eigenen Familie niederzuwerfen hatte. Neben Prinz Hakem, dem zu diesem Zeitpunkt bereits designierten Thronfolger, der auch schon sehr viele und wichtige konkrete Aufgaben wahrnahm, war Prinz Abdallah die bedeutendste Persönlichkeit unter den Söhnen. Wie Hakem geistigen Dingen aufgeschlossen, hatte er mehr Zeit als der Bruder, einen Kreis um sich zu bilden und Umgang mit hochgestellten, einflußreichen und politisch interessierten Männern der Hauptstadt zu pflegen, aber auch mit Dichtern, Künstlern und Juristen.

In diesem Kreis entstand, durch einen Mann namens Aben Abdilbar besonders geschürt, die Überzeugung, daß Prinz Abdallah der würdigere Nachfolger wäre und daß Abderrahman gezwungen werden müsse, seine Entscheidung für Hakem zu revidieren, und sei es durch einen Staatsstreich. Neben Abdilbar war es vor allem ein spanischer Adeliger aus dem Norden, ein Überläufer, den man nur den Ritter von der Rose nannte, der im gleichen Sinn auf Prinz Abdallah einwirkte. Und als schließlich Offiziere der Leibwache und andere Palastbeamte bestochen wurden, da war an der Ernsthaftigkeit der Verschwörung nicht mehr zu zweifeln.

Während der Kreis guter Köpfe in Abdallahs Palast Meruan dicht hielt, beging Abdilbar den Fehler, einen nicht ganz verläßlichen Mann einzuweihen, und der Kalif erfuhr von dem, was sich vorbereitete. Er beriet sich im Palast Azzahara mit Almudaffar, dem greisen, aber ungebeugten Feldherrn – jenem Onkel, der ihm die Thronfolge überlassen hatte, obwohl das ganze Volk in ihm den Kriegshelden des Maurenreiches gesehen hatte. Almudaffar beschwor den Kalifen, nicht zu zaudern, erinnerte daran, was Abderrahmans Vater erlebt und was der Großvater getan hatte, um das Reich zu retten, und besprach dann mit dem Kalifen und dem Hauptmann der Leibwache die nötigen Maßnahmen.

Der Meruan-Palast wurde umstellt, die Verschwörer wurden verhaftet und in Einzelhaft festgehalten. Prinz Abdallah deckte alle Gefährten, nur Abdilbar, der in seiner Regierung hätte Justizminister werden sollen, bezeichnete er als den Urheber des ganzen Plans. Obwohl Kronprinz Hakem seinen Vater in einem langen Gespräch um das Leben des begabten Bruders bat, ließ Abderrahman III. keine Milde walten. An dem Tag, an dem die Revolte losbrechen sollte, wurde Prinz Abdallah in einem Zimmer des Azzahara-Palastes getötet; Abdilbar hatte sich schon am Tag zuvor selbst das Leben genommen. Der Ritter von der Rose behielt, vielleicht weil er Diplomatenstatus genoß und weil Prinz Abdallah ihn als unschuldig bezeichnet hatte, das Leben. Bald nach dem feierlichen Begräbnis des rebellischen Prinzen starb Almudaffar, den der Kalif wie einen Vater geliebt hatte.

Zwei weitere wegen ihrer Grausamkeit stark beachtete Hinrichtungen hatten kein politisches Gewicht, wurden aber von arabischen wie christlichen Chronisten noch bis lange nach dem Tod des Kalifen diskutiert. Die erste fällt in die frühen Regierungsjahre Abderrahmans. Um seinen Onkel, den Bischof Hermogius von Thuy aus dem Gefängnis zu befreien, hatte ein schöner dreizehnjähriger Knabe namens Pelagius sich freiwillig einsperren lassen – nach anderen Quellen diente er als Geisel während einer diplomatischen Unternehmung des Bischofs, der maurische Gefangene freikaufen sollte, aber offenbar den dafür vorgesehenen Betrag veruntreute. Abderrahman, den der Verrat des Bischofs außerordentlich erboste, bot Pelagius Schonung an für den Fall, daß er sich zum Islam bekenne. Der Knabe schlug dies aus und wurde daraufhin mit glühenden Zangen zu Tode gemartert.

Die mittelalterliche deutsche Dichterin Hrotswith von Gandersheim hat das Martyrium des schönen Knaben in aller Deutlichkeit in Versen dargestellt und sich dabei auf eigene Gespräche mit Augenzeugen berufen; ein Bericht des Priesters Raguel ist die Quelle für die Pelagius-Legende im 23. Band der

Espana sagrada. Im Jahr 967, also nach dem Tod des Kalifen, wurde der Leichnam des jungen Märtyrers nach Leon überführt und 1023, wegen der Gefahr des Raubes durch die Mauren, nach Oviedo geschafft, wo sich die Reliquien des in ganz Spanien verehrten Heiligen bis heute befinden.

Die zweite Hinrichtung vollzog sich in einer ganz anderen Atmosphäre, nämlich im Harem des Kalifen, und sie scheint kaum die einzige ihrer Art gewesen zu sein, denn Ibn al Hatib, dem wir die blutige Anekdote aus einem der letzten Regierungsjahre Abderrahmans verdanken, sagt in seiner Vorbemerkung: »Blut zu vergießen, war der Kalif durchaus bei der Hand; seine Heftigkeit erregte allgemeine Furcht, seine Strafen und Zornesaufwallungen trafen schwer.«

Der Polizeimeister und oberste Henker von Cordoba berichtet dann in einer Ibn al Hatib vorliegenden Quelle, daß er eines Nachts ins Schloß gerufen worden sei. Als er zum Kalifen vorgelassen wurde, fand er diesen allein mit einer wunderschönen jungen Sklavin, die in Tränen aufgelöst auf den Knien lag und den Herrscher um Gnade anflehte. Abderrahman aber blieb unerbittlich; er gab dem Henker ein Zeichen, und der ließ das Schwert auf den Nacken des Mädchens niedersausen.

Als der Kopf der Schönen auf die Fliesen rollte, gab es ein kleines, klirrendes Geräusch, das den Scharfrichter überraschte, da das Mädchen nackt gewesen war und er sich nicht erklären konnte, woher dieser Laut stamme. Da fand er auf den Marmorfliesen ein prachtvolles Geschmeide, das die Sklavin um den Hals getragen hatte, hob es auf und wollte es dem Kalifen reichen. Der jedoch winkte ab, er wolle den Schmuck – der offensichtlich sein eigenes Geschenk gewesen war – nicht zurück; der Henker durfte ihn behalten und wurde dadurch zum reichen Mann.

Wer immer diese Geschichte hörte, pries die Großzügigkeit des Monarchen, und niemand schien daran gedacht zu haben, daß ein junges Menschenkind wegen eines vielleicht nur geringfügigen Vergehens, wegen ein wenig Gekichers oder einer unbedachten Weigerung, in dieser Nacht schlechter Kalifenlaune hatte sterben müssen.

Eine andere zeitgenössische Quelle sagt wörtlich: »Abderrahman läßt das Gesicht einer Sklavin, die sich gegen seine Küsse sträubt, von Flammen bedecken und gibt sie ungerührt der Vernichtung preis.« (Mugrib I)

So unerbittlich wie in diesen privatesten Bereichen war der Kalif auch in Dingen der Religion, wie das Beispiel des Pelagius beweist, aber auch die Todesurteile gegen den Sektierer Hamin und dessen Familie. Ein halbes Dutzend Menschen mußte in den damals von Cordoba aus regierten Bergen Mauretaniens sterben, weil dieser Hamin der Meinung gewesen war, zwei Gebete anstelle der verordneten fünf seien für einen Arbeitstag genug.

Nur in seiner allernächsten Umgebung, unter den Gefährten seiner Gesprächsrunden, ließ Abderrahman gelegentlich Milde walten und zeigte sogar Humor, selbst wenn es um die Gebote des Propheten und deren Übertretung ging. Sohaib ben Munia, der Justizminister, schaute gelegentlich zu tief ins Glas, angesichts des mohammedanischen Alkoholverbots ein schweres Verbrechen. Abderrahman heilte ihn durch einen wohlüberlegten Scherz: dem Minister wurde, als er wieder einmal tief berauscht eingeschlafen war, sein Siegel entwendet und durch einen geschickten Graveur schnell verändert. Die arabische Schrift machte es möglich, daß der originale Siegeltext

Ye alime cul gaib, cun wufe bi Sohaib

verändert wurde in

Ye alime cul abib, cun wufe bi Sohaib.

Der originale Text hatte bedeutet: *O du, der alles Verborgene weiß, sei gnädig dem Sohaib*; die neue Inschrift besagte: *O du, der du kennst, welche dem Weine ergeben sind, sei gnädig dem Sohaib.* Der Minister, der sein Siegel naturgemäß zu kennen meinte und nicht mehr genauer studierte, drückte diesen Text in den nächsten Tagen zum größten Gaudium seines Herrn und aller Eingeweihten auf zahllose Schriftstücke, ehe ihn irgend jemand auf die Veränderung und deren verräterischen Inhalt aufmerksam machte.

Diesem Freundeskreis, der in den späteren Regierungsjahren

Abderrahmans immer stärkeren Einfluß auf den Kalifen erlangte, gehörten einige hervorragende Geister an, so der Prinzenerzieher Ismail ben Casim Abu Aly el Cali, der schon am Hof von Bagdad als Ratgeber des dortigen Herrschers berühmt geworden war. Ein anderer war der Hofdichter Ahmed ben Muhammed ben Abdrabihi, den der Kronprinz so liebte, daß er nach dem Tod des Dichters selbst eine Gedächtnisausgabe seiner Schriften in einer Auswahl veranstaltete, die der Prinz getroffen hatte.

Zusammenkünfte, wie sie zwar nicht beim Kalifen selbst, aber im Meruan-Palast und beim Premierminister stattfanden, nahmen nach und nach den Charakter ganzer Akademien an, in denen es nicht nur um schöngeistige Themen ging, sondern auch um die Fortschritte der exakten Wissenschaften. Die zwei jüdischen Leibärzte des Kalifen präsidierten diesen naturwissenschaftlichen Akademien und hielten ihre Häuser - wie es heißt: Tag und Nacht - für Bedürftige geöffnet, die Behandlung erbaten.

Aber nicht nur die jüdischen Leibärzte zeugten von Abderrahmans Toleranz und seiner Bereitschaft, auch Nichtmuslime zum Kreis der ständigen Berater und Vertrauten zuzulassen, sondern auch die Stellung, die er Chasdai ibn Schaprut einräumte. Chasdai entstammte einer der reichsten Familien von Cordoba. Sein Vater hatte in der jüdischen Gemeinde der Stadt eine besondere Rolle gespielt und sich als Mäzen auch um das künstlerische Leben der Hauptstadt verdient gemacht. Chasdai nun, von dem das Gerücht ging, er habe ein Allheilmittel (Al-Faruk) erfunden, wurde dank dieses Elixirs zunächst Leibarzt des Kalifen. Als Al-Faruk dann vielleicht doch gelegentlich versagte, kannten Kalif und Arzt einander schon so gut, daß Abderrahman den Rat des klugen und in vielen Sprachen bewanderten Juden nicht mehr entbehren wollte. Er beschäftigte ihn zunächst in der Finanzverwaltung, übertrug ihm aber bald alle diplomatischen Geschäfte, so daß Chasdai - er lebte etwa von 910 bis 970 - schließlich Außenminister wurde. Die Annäherung zwischen Byzanz und Cordoba ist ebenso Chasdais Werk wie die Vermittlung im Gesandtenkonflikt mit Otto I., dem Großen. Johannes von Gorze sagte damals, er sei »noch nie einem Menschen von so feinem Verstand begegnet wie dem Juden Chasdai«.

Als Sancho, König von Navarra, politisch in Bedrängnis geriet und zugleich durch seine Fettleibigkeit gesundheitliche Schwierigkeiten hatte, entsandte Abderrahman, dem Sancho als zeitweiliger Gegner Asturiens wichtig war, den Arzt-Minister Chasdai nach Norden, da er das Spanische fließend beherrschte. Chasdai gelang es, den kaum noch gehfähigen Sancho, seine stolze Mutter und weitere Familienmitglieder zu dem für jene Zeiten sensationellen Besuch in Cordoba zu überreden. Dort wurde der Königsfamilie aus Navarra ein prächtiger Empfang in Medina Azzahara zuteil und man behandelte Sancho so gut, daß er bald darauf gegen das asturische Königreich Leon in den Krieg ziehen konnte. Die Hilfe aus Cordoba mußte er allerdings teuer bezahlen: sie kostete ihn zwar kein Geld, aber einige wichtige Grenzstädte, die Abderrahman zu Festungen auszubauen wünschte. Die ganze Episode ist uns aus einem Preisgedicht des jüdischen Poeten Donasch ben Labrat bekannt, den Chasdai wiederholt unterstützt hatte.

Ein anderer Dichter, nämlich Abu Bekri Ismail ben Bedr, stand zeitweise mit dem Kalifen in einer Art poetischen Briefwechsels, bei dem Abderrahman stets im selben Versmaß antwortete und damit zeigte, daß auch er, wie so mancher seiner Vorfahren, als gebildeter Mann Sprache und Metrum beherrschte. Aus diesen Briefen in Versen geht eine zunehmende Schwermut hervor, die wohl die Ursache dafür war, daß Abderrahman seinem Thronfolger schon bei Lebzeiten einen weitgehenden Einfluß auf die Staatsgeschäfte einräumte. Er folgte damit offensichtlich dem Beispiel eines Freundes, des einst tapferen Truppenführers Suleiman ben Abdelgafir el Fireschi, der sich im Alter Vater Hiob nannte und nur noch für die Wohltätigkeit lebte; in der Gesellschaft dieses Mannes soll der Kalif geäußert haben, daß er trotz seines langen Lebens nur wenige wirklich glückliche Tage gehabt habe.

Dennoch muß man annehmen, daß diese Anwandlungen von Trübsinn immer wieder aufgehellt wurden, denn Abderrahman ließ bis zum Schluß nicht von den Frauen. Allerdings trat an die Stelle der schönen Beischläferinnen immer mehr ein weiblicher Eliteharem aus nicht nur schönen, sondern auch klugen Frauen, dessen Mittelpunkt seine gebildete Geheimschreiberin Mozna war. Eine Cordovanerin aus edlem Geschlecht namens Aischa galt als die schönste und zugleich gelehrteste Dame ihrer Zeit, und nur eine Dichterin namens Safia machte ihr diesen Rang streitig. Neben diesen klugen Frauen gab es allerdings immer noch die hübschen Sklavinnen wie jene Noiratedia, die durch ihren reizenden Körper und ihren Gesang die Sinne des alten Herrschers gefangennahm.

Im Oktober 961 wurde der noch rüstige Abderrahman von einer Erkältung heimgesucht, die er nicht mehr zu überwinden vermochte, und starb nach kurzer Krankheit. Die Angaben über das erreichte Lebensalter schwanken, die höchste liegt bei 78, die niedrigste bei 74 Lebensjahren; daß er mehr als fünfzig Jahre regierte, ist jedoch sicher: ein halbes Jahrhundert überlegener, ja weiser Herrschaft, in dem der von vielen Unruhen erschütterte Herrschaftsbereich der Omayaden in Spanien als Staat konsolidiert und mit einer wohlgeordneten, erfolgreichen Verwaltung versehen wurde.

Der Kalif und die Morgenröte

Stirbt einer jener großen Herrscher, denen Gott obendrein eine lange Regierungszeit schenkte, so hat der Nachfolger gegenüber der Skepsis der Geschichtsschreibung meist einen schweren Stand: Historiker, die große Zeiträume und viele Dynastien überblicken, vermögen sich nicht vorzustellen, wie auf einen großen Monarchen ein gleichwertiger Staatslenker folgen kann, weil es dafür ja so gut wie keine historischen Beispiele gibt. Das Volk, das einen alten Herrscher jahrzehntelang erträgt und sich an ihn gewöhnt hat, andererseits aber auch nicht mehr viel von ihm erwartet, ist in seinem Aufblick zum tyrannischen Vater, zum erhabenen Herrn oft nüchtern genug, die Hoffnungen, die er ja doch nicht mehr erfüllen kann, auf den Sohn oder gar den Enkel zu übertragen, und sei der Dahingegangene noch so bedeutend gewesen. Selbst beim Tod des großen Friedrich soll ein Aufatmen durch die preußischen Länder gegangen sein, was wir als ungeheure Undankbarkeit empfinden; aber es war nur menschlich und zeugte in seiner schlicht-optimistischen Weltsicht von mehr Fairneß gegenüber dem neuen Herrn, als die meisten Historiker in solchen Fällen walten lassen.

Kehren wir ins mittelalterliche Andalusien zurück, so finden wir beim Tod des großen Kalifen einen Thronfolger, der inzwischen sechsundvierzig Jahre alt geworden ist und reichlich Gelegenheit hatte, sich mit den Regierungsgeschäften vertraut zu machen. Eben darum war wohl auch keine Ungeduld in ihm, dank der ruhigen Klugheit des Vaters, der dem Sohn auf die Schultern legte, was er tragen konnte, statt ihn unnütz herumsitzen und auf Vatermord sinnen zu lassen. Für Hakem II., wie er als Kalif nun hieß, bedeutete der Vollzug der Thronfolge zunächst, daß er aus dem Gartenflügel des Azzahara-Palastes in den Mitteltrakt umzog, und da er seinen früheren Gemächern noch lange die stärkere Anhänglichkeit entgegenbrachte, mag man schon daraus ablesen, daß er sich nicht auf den Thron gedrängt hatte.

Noch schwerer mag ihm gefallen sein, daß er, in Prunk, Bildung und Männergesprächen aufgewachsen, statt seiner jungen Freunde nun Mädchen und Frauen um sich haben würde, jenen ganzen Harem, dem zunächst die Aufgabe zufiel, einen Thronfolger in die Welt zu setzen. Beinahe möchte man meinen, Hakem habe gehofft, der Kelch des Kalifats werde an ihm vorübergehen, er werde als einer der hochbegabten prinzlichen Homoerotiker zu einem eher kultur- als polithistorischen Begriff werden, ganz ähnlich jenem Prinzen Heinrich an der Seite des größeren Friedrich.

Aber Abderrahman III. starb schließlich doch, und da dank der Fülle des Nachwuchses das Kalifat sich stets in der direkten Linie vererbt und nur gelegentlich eine Generation übersprungen hatte, sollte man auch jetzt ohne Seitenlinien auskommen. Darum galt die erste Sorge eben dem, was der so umfassend tätige Thronfolger bis dahin beinahe ängstlich ausgespart hatte. Und daß er sich erst so spät, gegen Ende seines fünften Lebensjahrzehnts, um einen Thronfolger bemühte, bedingte wiederum, daß dieser bei Hakems Tod noch ein Knabe war, einen Reichsverweser brauchte und damit das hohe Amt des Kalifen entwertete: der Untergang der Omayaden war also eingeleitet worden durch Hakems bei Arabern jener Zeit nicht ungewöhnliche Hinneigung zum eigenen Geschlecht.

Vielleicht wäre alles anders gekommen, wenn die Comtesse Aurora, schöne Insassin eines einsamen nordspanischen Bergschlosses, den Mauren früher in die Hände gefallen wäre. Es war eine Razzia des Generals Galib, eines tüchtigen, bei den Truppen beliebten, im übrigen aber rauhen Anführers, und man weiß bis heute nicht sicher, in welcher Burg Spaniens jene Morgenröte für Cordoba aufging. Daß es eine Baskenburg im Ländchen Navarra war, ist nicht sehr wahrscheinlich, denn seit König Sancho herrschte Frieden, ja Freundschaft zwischen Navarra und dem Cordovanischen Reich. War es El Burgo de Osma, Berlanga de Duero oder Quintana de Ormaz? Aurora jedenfalls hatte an der umkämpften Grenze gelebt, hatte Arabisch gelernt, hatte unter den rüden Recken ihres Vaters vielleicht Sehnsüchte genährt, deren Mittelpunkt das strahlende Cordoba mit seiner Bildung und den feinen Sitten war - und so scheint sie den Männern des Generals Galib ohne sonderliches Sträuben gefolgt zu sein, als *morceau du roi* wohlbehalten und behütet für den Kalifen, als habe die ganze Streitmacht bereits geahnt, daß eben jene Aurora unter ihrem morgenländischen Namen Sitteh Subh die Mutter eines Thronfolgers werden sollte.

Hakem hatte ein Mittel gefunden, sich mit der schönen jungen Frau von etwas spröder Weiblichkeit zu arrangieren. Er gab ihr den Männernamen Djafar und hieß sie, sich wie ein Jüngling zu kleiden, was damals übrigens in Bagdad Mode gewesen sein soll. Vielleicht entsprach ihr dies auch eher, der Blüte aus dem mönchisch-ritterlichen Königtum Asturien, und vielleicht hatte sie eben darum die anderen, üppigeren Schönheiten aus dem Harem des Kalifen ausstechen und zur Favoritin aufsteigen können.

Der von Sitteh Subh ziemlich spät geborene Erbe bezeichnet die einzige gefährliche Schwäche des Monarchen, denn in allem übrigen blieb er hinter seinem mächtigen Vater nirgends wesentlich zurück. Die Kriege gegen den Norden wurden von ihm ebenso als eine religiöse Pflicht empfunden, wie von Abderrahman III., und sie wurden darum auch weitgehend eingestellt, als sich zeigte, daß leichte und schnelle Siege an dieser Front nicht zu erringen waren. Der heilige Krieg, mit dem der Kalif, kaum daß er auf den Thron gelangt war, gleichsam um der Tradition zu genügen seine Untertanen begeistert hatte, brachte auch Hakem II. so wenig ein, daß er sich später lieber in Nordafrika um militärische Erfolge bemühte. Hingegen hütete er die wichtigen Hafenorte des Landes, die Handelsflotte und die meernahen Städte ebenso energisch wie sein Vater gegen die Nordmänner. Ein Wikingerüberfall auf den Raum von

Lissabon endete in einer blutigen Schlacht, bei der den zunächst erfolgreichen Räubern ihre Gefangenen wieder abgenommen und zahlreiche Schiffe versenkt wurden.

Ungeachtet dieser Erfolge errang Hakem II. seinen Ruhm auf einem für einen Herrscher ungewöhnlichen Gebiet. Cordoba und das Omayadenreich verzeichneten in den fünfzehn Herrschaftsjahren Hakems unstreitig eine Blüte der geistigen Kultur, der Künste und der Wissenschaften, wie sie die Welt seit den großen Tagen Athens und Roms nicht mehr gekannt hatte. Als einer der deutlichsten Beweise dafür wird, weil beinahe handgreiflich, die berühmte Bibliothek des Kalifen angeführt, die er schon als Kronprinz durch eigene in den Osten und nach Kairo entsandte Aufkäufer hatte zusammenbringen lassen und die er auch als Kalif noch vermehrte – obgleich er sich ihr nicht mehr in demselben Maß widmen konnte wie früher. Sie soll, nach den verschiedenen Quellen, »einige hunderttausend«, »viermalhunderttausend« oder gar sechshunderttausend Bände gezählt haben, Zahlen, die weniger phantastisch auf uns wirken, wenn wir uns klarmachen, daß zum Beispiel die Hohen Schulen von Maragha in der persischen Provinz Aserbeidschan außer einer berühmten Sternwarte auch eine Bibliothek von 400000 Bänden besaßen, die in verschiedenen asiatischen Sprachen verfaßt waren. Al Aziz, der fatimidische Kalif, hatte in Alt-Kairo sogar 1,6 Millionen Bände aufgestellt, darunter 6500 mathematische Werke. Große private Bibliotheken besaßen der Wesir Ibn Abbad (gestorben 995) mit 206000 Bänden. Noch aus der Vernichtung dieser Schätze erhalten wir einen Begriff von ihrem Umfang und Reichtum, wenn uns der weltreisende Kadi Ibn Battuta berichtet, die Mongolen hätten in Bagdad unendlich viele Bücher in den Tigris geworfen: »Wie eine Schiffbrücke waren die Bücher im Flußbett von einer Ufermauer zur anderen aufgehäuft, da bekamen die Mongolen Angst, der Fluß könnte über die Ufer treten, und sie verbrannten lieber den Rest dieser Bücher.« Fanatiker jeder Couleur haben dort, wo die Mongolen es nicht taten, diese herrlichen Sammlungen »gereinigt«, dezimiert, wütend verbrannt und damit auch das Abendland geschädigt, denn die Araber hatten mit bemerkenswerter Emsigkeit auch antike Texte kopiert und bewahrt.

Nun, nach Spanien sind die Mongolen nicht vorgedrungen, und darum hat sich hier jene hohe Kultur des Islam mit zahlreichen Zeugnissen besser erhalten, wenn auch die Reconquista in dem während schwerer Kämpfe gewachsenen Haß viel Maurisches zerstörte.

Die einzigartige Kultur des maurischen Spanien hatte zwei Wurzeln. Die eine, leichter zu erfassende, war durch die unendliche Mühe gegeben, die nicht erst Hakem II., sondern beinahe alle Omayadenherrscher vor ihm auf die Bildungsarbeit verwendet hatten. Schon lange vor der Hochblüte des Geistes unter Hakem gab es im Land neben oder in der Nähe jeder Moschee eine Schule und in allen irgendwie bedeutenden Städten reichhaltige Bibliotheken. Dadurch waren die Künste und die Wissenschaften im Land nicht nur populär geworden: das Volk hatte auch die Möglichkeit des Zugangs, aus der Bildung war kein Geheimnis gemacht worden wie im lateinischen Mittelalter, sondern eine öffentliche Angelegenheit, und bis hinauf zum Kalifen schätzte jeder die Erzeugnisse der Dichtkunst, die Bücher der Gelehrten.

Die zweite Basis müssen wir in der arabischen Toleranz erkennen. Der Begriff nimmt sich ein wenig seltsam aus auf dem Hintergrund zahlreicher Todesurteile gegen Christen und inmitten einer oft tyrannischen Rechtsprechung, aber im Reich des Geistes hat er dennoch seine Geltung. Die Araber hatten, als sie Südspanien eroberten, zumindest in den Städten einen gebildeten Klerus vorgefunden, sie hatten die klugen und sprachkundigen Juden wieder ins Land gelassen, die vor den antisemitischen Gesetzen der letzten Gotenherrscher geflohen waren, und sie hatten vor allem eingesehen, daß auch ein Eroberer sich nichts vergibt, wenn er von den Unterlegenen lernt. Ein Isidor von Sevilla und viele seiner schreibenden Kollegen, die Weltgeschichten, Universal-Kompilationen und auf der Antike fußende philosophische Traktate verfaßt hatten, waren damals, im achten Jahrhundert, den Arabern noch überlegen gewesen. Aber während später die Mongolen solche Überlegenheit wütend vernichten und zerstampfen werden, nahmen sich die Araber dieses gotisch-römischen Erbes an. So kam es, daß dieses Erbe unter der Araberherrschaft in Andalusien weiter gedeihen und von jüdischem und arabischem Gedankengut befruchtet werden konnte, während im christlichen Nordspanien alles vergessen zu sein schien, was es im gotischen Andalusien an geistigem Leben bereits gegeben hatte.

Keine Wissenschaft veranschaulicht diesen glückhaften Zusammenklang aus Ost und West deutlicher als die Medizin. Sie verdankt ihre Hochblüte unter Abderrahman III. und unter Hakem II. keineswegs nur jüdischen Traditionen, sondern der einzigartigen Situation maurischer Großstädte wie Cordoba, Toledo oder Sevilla. Hier trafen kundige Männer aus dem Iran und aus Ägypten, aus der griechischen Kultursphäre am Bosporus und aus der christlich-jüdischen Mischkultur Kataloniens und der Provence zusammen. Man saß – zum Beispiel in Calatrava – vor allem an den langen Winterabenden um ein großes Kohlenbecken beisammen und begann, nach einer Einleitungssure aus dem Koran, über irgendein gelehrtes Thema zu diskutieren.

Der Kalif, der diese Bestrebungen gern sah und entschlossen unterstützte, erhob einen reichen Toledaner, in dessen Haus bis zu vierzig kluge Männer als Gäste weilten, aus Anerkennung zum Oberrichter der Stadt und hielt es in anderen Städten ebenso, mit dem Ergebnis, daß – nicht erst seit Hakem II. – in den meisten Maurenstädten die höchsten Ämter stets in den Händen hochgebildeter Männer lagen. Die Verehrung der Araber und der von ihnen kulturell beherrschten anderen Völker der islamischen Zone für die Bildung und den Gebildeten erkennen wir sehr deutlich aus dem Reisewerk des Ibn Battuta, der in der von exilierten Cordovanern bevölkerten Stadt Fez geboren und nach Reisen, die jenen der Familie Polo nicht nachstehen, 1377 hier gestorben war. Und da im christlichen Europa der Gebildete damals noch weit hinter dem Ritter zurückstand, ja eigentlich nur in der Kutte anzutreffen war und keine weltliche Position hatte, zog es so manchen Jünger des Geistes nach Cordoba, auch wenn er Christ zu bleiben gedachte und nur die Wissenschaften an ihrer sprudelnden Quelle studieren wollte.

Eine Lieblingswissenschaft des Kalifen war die Geschichtsschreibung, wozu man damals auch die beschreibende Erd- und Völkerkunde zählte, die ja auch Herodot schon in sein berühmtes Geschichtswerk miteinbezogen hatte. Araber bereisten damals die ganze Welt von den Pelzhandelszonen am Eismeer bis ins heutige Somaliland, von der West-Sahara bis zu den Philippinen und den Hafenorten des Südchinesischen Meeres. Und wenn sie auch nur zum Teil aus dem maurischen Spanien kamen, wenn sie auch orientalische Missionare waren wie jener Ibn Fadhlan, dem wir einen sensationellen Bericht aus dem Warägerreich an der Wolga verdanken, so schrieben sie doch alle in der arabischen Sprache, in der Sprache der großen Bibliotheken zwischen Bagdad, Kairo und Cordoba und vergrößerten damit den Schatz arabischer Weltweisheit.

Vielleicht verdanken wir das Interesse der arabischen Fürsten an den historischen Werken zum Teil dem Umstand, daß diese sich in einer dem Abendland fremden Weise darum bemühten, nicht nur die Fakten zu verzeichnen, sondern den Leser auch zu erfreuen, ja zu unterhalten. Als Abdallah ben Mohammed ben Mogueith mit seiner Spezialgeschichte der Städte unter maurischer Herrschaft begann, befreite ihn Hakem II. nicht nur sogleich vom Kriegsdienst, sondern wies ihm auch Wohnung und Unterhalt in den großzügigen Räumen des Almotilla-Palasts am Guadalquivir an. Dem Historiker Achmed ben Said el Hamdani schenkte Hakem II. ein Haus in der Nähe seines eigenen Palastes, und er wies ganz generell alle Statthalter seines Reiches, alle Kadis und hohen Offiziere an, den Geschichtsschreibern durch Auskünfte und die Überlassung von Urkunden ihre verdienstvolle Arbeit so leicht wie nur irgend möglich zu machen. Ein Vezier namens Temam ben Amri, der vor Hakem lebte und die Geschichte des maurischen Spanien seit der Eroberung geschrieben hatte, wurde 96 Jahre alt; andere verbrachten ihr Leben auf Reisen wie Aben Isa el

Gasan und überreichten die Früchte ihrer Studienfahrten an ihrem Lebensabend herrlich kalligraphiert dem Kalifen – denn den Buchdruck gab es ja noch nicht: Selbst große Gelehrte und wohlhabende Männer gestanden in ihren Erinnerungen, daß sie täglich Dutzende von Seiten langsam und deutlich abgeschrieben hätten, weil man sich viele Bücher anders nicht verschaffen konnte.

Aus diesem Grund ist es gefährlich, das moderne Vorurteil gegen das Abschreiben und die Kompilatoren in jene Zeit zu übertragen; nicht nur wir Späteren verdanken den emsigen Zusammenträgern alten Wissens eine ganze Menge, weil so manches wichtige Werk uns nur in diesen Auszügen erhalten ist – auch die Zeitgenossen waren außerordentlich dankbar, auf diese Weise eine wenigstens begrenzte Kenntnis solcher Bücher, zum Beispiel aus dem Orient, im äußersten Westen des islamischen Bereichs erhalten zu können. In Hakems Jahrhundert hat diese Kunst, eigene Erlebnisse und Studien mit Erlesenem zu verbinden, kaum einer besser beherrscht als el Masudi, der einen endlosen Namen führte, weil er seine Abstammung von Abdallah ben Masud, dem Begleiter des Propheten, herleitete. El Masudi war tatsächlich einer der größten Reisenden seiner Zeit, er kannte die Welt vom Chinesischen Meer bis zur Insel Madagaskar und der Straße von Gibraltar; aber in die einundzwanzig Bände seines Werkes mit dem schönen Titel *Die goldenen Wiesen* ging auch all das ein, was er sich in einem langen Leben ununterbrochener geistiger Anteilnahme aus anderen Büchern und von Gelehrten im Gespräch angeeignet hatte. In der Bibliothek des Escurial zu Madrid werden als eine der größten Kostbarkeiten zwei Quartbände aus Masudis – von ihm selbst immer wieder aus- und umgeschriebenem – Werk verwahrt, die offensichtlich in einer nordafrikanischen, aber zum Kalifat Cordoba gehörenden Schreiberschule hergestellt wurden.

Daß Hakem II. sich auf diese Weise belehren ließ, daß er zahlreiche seiner 400000 Bände mit eigenen Anmerkungen vor allem über die Autoren versah, das überrascht uns weniger als die bewiesene Tatsache, daß er auch auf dem Gebiet der Staatskunst Diskussionen zuließ und den Belehrungen offensichtlich ein offenes Ohr lieh. Ahmed ben Abdelmelik, genannt Mocui, ein gelehrter Kadi aus Cordoba, hatte eine Art *Principe* des zehnten Jahrhunderts verfaßt, ein Buch über die Staatsklugheit zum Nutzen der Fürsten, entstanden aus Gesprächen zwischen dem Kadi und seinem gelehrten Freund Abeidallah; der Kalif war über das Geschenk dieses aus mehr als hundert Kapiteln bestehenden Werkes so erfreut, daß er beide Autoren in seinen Staatsrat berief.

Allerdings scheint es nicht ganz einfach gewesen zu sein, das herauszufinden, was ein Kalif sich eben noch sagen läßt. Mindestens zwei bekannte Poeten mögen über das Ziel hinausgeschossen sein und hatten sich in diesem goldenen Zeitalter der Literatur offensichtlich zu weit vorgewagt. Es handelte sich um den Lyriker Aben Ahmed ben Feratsch und seinen Bruder Abdallah, die sich so mißliebig gemacht hatten, daß sie ein gut Teil ihres Lebens im Gefängnis verbringen mußten. Abderrahman III. hätte sie vermutlich um einen Kopf kürzer machen lassen; Hakem II. gewährte ihnen so beträchtliche Hafterleichterungen, daß sie im Gefängnis weiter dichten und sogar große Sammlungen arabischer Poesie in Andalusien herausbringen konnten. Nach der berühmten Anthologie des Abi Bekri ben Daud el Isfahani, also eines Persers, die den Titel *Die Blumen* führte, hatte Aben Feratsch seinem Querschnitt durch die andalusische Poesie den Titel *Die Gärten* gegeben. Er und andere Kompilatoren haben uns den Nachweis dafür geliefert, daß die andalusische Poesie eine von der orientalischen abweichende Entwicklung genommen hat. Romanische Volkslieder, vor allem aber die bodenständige Musik, haben den Romanzenton der Araber in Spanien stark beeinflußt, ja, es fanden sich sogar maurische Gedichte in arabischer Sprache, deren Zueignungsstrophen romanisch abgefaßt waren.

Natur und Liebe präsentieren sich uns als die Lieblingsthemen einer Poesie, in der Gedichte über den Regen, von Abdallah ben Alhakem el Koreischi, oder über die Rosen und den Frühling, von dem Vezier und Präfekten der Schatzkammer Abdelmelik ben Gehwar, höchsten Ruhm ernteten. Hatte man gar das Glück, mit Jagdgedichten den Geschmack des Kalifen zu treffen, wie es Jussuf ben Harun el Arramedi gelang, so konnte dies einem Dichter ein Haus in der Nähe des Alkazar einbringen. Auch Jussuf muß sich aber in der Sonne des Glücks leichtfertig betragen haben, denn nach gar nicht langer Zeit mußte er aus diesem Haus wieder ausziehen und sein Quartier im Gefängnis aufschlagen: er hatte sich die Ungnade des Kalifen zugezogen.

Wir sehen also ein geistiges Leben vor uns, das zwar nicht gerade von der Hand in den Mund existierte, aber doch nur in vollkommener Abhängigkeit vom Hof gedieh. Angesichts der hohen Kosten für die Schreiber gab es so gut wie keine private Verbreitungsmöglichkeit für die Dichtwerke. Nur hohe Beamte, die über viel Personal verfügten, oder die reichsten Juden konnten sich Abschriften herstellen lassen, und vom Urheberrecht hatte man offensichtlich überhaupt noch keine Vorstellung. Was immer die Dichter erhielten, waren Almosen, es sei denn, sie durften als Richter, Lehrer, Bibliothekare oder Beamte feste Gehälter beziehen.

Wovon das Schicksal eines gefeierten Poeten unter diesen Verhältnissen oft abhängen konnte, verrät uns eine Anekdote über jenen einst mit einem Haus beschenkten Jussuf ben Harun, bekannter unter seinem Dichternamen Abu Amar: Er hatte im poetischen Überschwang die Reize einer schönen Sklavin namens Halewa ausführlich gepriesen, es soll sich um nicht weniger als sieben Gesänge gehandelt haben. Der Kalif, auf diese Weise über die Schönheiten der Halewa informiert, wollte das Mädchen so eingehend kennenlernen wie nur irgend möglich und beauftragte den Festredner einer Veranstaltung, auf der auch der Besitzer Halewas zugegen sein mußte, besonders ausführlich zu sprechen. Während dieser langen Ansprache besuchte der Kalif Halewa, aber als der Redner am Schluß für seine besondere Weitschweifigkeit um Entschuldigung bat und das allerhöchste Interesse daran andeutete, wurde die ganze Affäre ruchbar und es gab das, was man heute einen Skandal nennen würde. Im Umkreis eines Kalifen handelte es sich freilich nur um endloses Geraune und Gekichere, mehr wäre lebensgefährlich gewesen. Hakem II. ärgerte sich über den Zwischenfall jedoch vor allem, weil er bei näherem Kontakt hatte feststellen müssen, die begehrte Halewa sei mit jenen sieben Gesängen allzu überschwenglich geschildert worden; Schönheiten hätte er, Hakem, in seinem eigenen Harem genug, und so exzeptionell sei Halewa auch nicht gewesen – womit der Schwarze Peter bei Abu Amar angekommen war. Das schöne Haus, das er seinen Jagdgedichten verdankte, stand fortan leer.

Über die Poesie scheint Hakem also auch zum weiblichen Geschlecht gefunden zu haben. Da er wohl nicht nur Comtesse Aurora, genannt Siddeh Subh, huldigte, sondern auch anderen Mädchen und Frauen, hatte ihm seine Liebe zur Dichtkunst zweifellos eine goldene Brücke gebaut, denn in seiner nächsten Umgebung sind uns einige Frauen von beachtlichen Geistesgaben bezeugt. Die begabteste unter ihnen war die schöne Lobna, nicht nur in Grammatik und Metrum bewandert, sondern auch – was bei Frauen doch eher selten ist – eine gute Mathematikerin mit Kenntnissen in verschiedenen anderen Wissenschaften. Dank ihrer schönen Handschrift konnte sie dem Kalifen bei Arbeiten in der großen Bibliothek behilflich sein, die noch immer Hakems Lieblingsbeschäftigung waren, aber er zog sie auch heran, wenn geheime Briefschaften abgefaßt werden mußten.

Die Kalligraphie brachte überhaupt eine neue Note in die Kallipygie von Hakems Harem. Hatten bis dahin die schönen Sklavinnen vor allem tanzen und singen müssen, so etablierte sich nun eine ganze Gilde anmutiger Sekretärinnen in der Gunst des Kalifen. Fatima war nur die Tochter eines Palastdieners, aber ihre Handschrift entzückte den Monarchen; eine andere Kalligraphin namens Aischa verfaßte auch Gedichte und Aufsätze; sie entstammte einer angesehenen cordovanischen Familie und besaß eine eigene Bibliothek der Künste und Wissenschaften.

Kadidja, Tochter des angesehenen Dschefar ben Noseir, verstand ihre Poesien sogar mit lieblicher Stimme vorzutragen, und mit Miryam, einer klugen Tochter des Fernhändlers Abu

Jakub, wird die Szene beinahe sensationell: sie nämlich begründete eine Schule der Frauen, in der all jene Künste unterrichtet wurden, die nun, unter der Herrschaft eines dem Geist und der Bildung so sehr ergebenen Kalifen, bei Hof unentbehrlich geworden waren. Die Gegenstände umfaßten allerlei schöne Künste vom anmutigen Schreiten und der empfehlenswertesten Nutzung der Kosmetika bis zur Kalligraphie, dem Metrum, der Vortragskunst und jenen Sprachen, die in der Umgebung des Kalifen gesprochen wurden.

Das klingt alles so sehr nach einem Märchen aus Tausendundeiner Nacht, daß man unwillkürlich auf Scheherezade wartet, und siehe da, auch sie fehlte nicht am Kopfkissen des Kalifen. Sie hieß Radhia, war von Abderrahman ihrer bedeutenden Geistesgaben wegen freigelassen worden und hatte mit dem Vermögen, das der Herrscher ihr nach und nach zufließen ließ,

Haremsszene. Holzstich des 19. Jh.

ausgedehnte Reisen unternommen. Von diesen berichtete sie nun dem Sohn, rezitierte schöne Verse und wußte die herrlichsten Geschichten aus aller Welt zu erzählen. Männliche Konkurrenz hatte sie lediglich in einem vielbeschäftigten Statthalter, dem Wali Ismail ben Bedr, der bei seinen Besuchen im Azzahara-Palast den Kalifen mit seinen Liebesgeschichten, mit den Berichten von Kriegstaten und von allerlei Abenteuern zu erheitern verstand. Er hatte seine politische Karriere als Rawi begonnen, was soviel heißt wie Geschichtenerzähler, und er war offensichtlich nicht der letzte, der diese Startrampe benutzte.

Getreu dem Grundsatz, daß, wo viel Licht sei, auch viel Schatten sein müsse, haben sich die Historiker vor allem unserer Zeit redlich bemüht, dem Gelehrten auf dem Kalifenthron ein paar Schwächen nachzuweisen. Nächst der nun immerhin überwundenen Neigung zum eigenen Geschlecht war es die wenig einnehmende äußere Erscheinung, die einige Zeitgenossen – freilich aus sicherer Entfernung – dem Kalifen vorwarfen. Er sei kurzbeinig gewesen wie sein Vater, dazu aber großnasig und vor allem rothaarig. Dazu kann man eigentlich nur anmerken, daß bei einem Gewaltherrscher wie dem dritten Abderrahman, der Hunderte von Beischläferinnen aus allen Ländern an seine Seite gezwungen hatte, noch ganz andere Zufälle möglich gewesen wären. Bei längerem Bestand der Omayadenherrschaft hätte ganz gewiß eines Tages eine schöne Negerin den tüchtigsten Prinzen und Thronfolger in die Welt gesetzt oder eine kluge Jüdin aus einer der cordovanischen Fernhändler-Dynastien.

Schwerer als solche Sticheleien wog zweifellos, daß Hakem II. ein Bücher- und Stadtmensch war, der die Aufgaben eines Herrschers intellektuell spielend bewältigte, aber doch niemals ein Mann des Volkes und damit einer jener Herrscher wurde, die sich in das Leben des kleinen Mannes hineinzuversetzen vermochten. Es war zweifellos beispielhaft, wie unter seiner Regierung, in noch höherem Maß als unter seinem väterlichen Vorgänger, die Erträge der Landwirtschaft gesteigert wurden, durch großzügigen Bau von Bewässerungsanlagen, durch die bessere Organisation der Marktfuhren, durch Straßenbauten, durch neue Brunnen in Ortschaften und an den Heerstraßen, durch die Erprobung neuer Gewächse und Anbautechniken. Eine intellektuelle Leistung war es auch, den in der langen Friedenszeit beschäftigungslosen Adel und die grundbesitzende Geistlichkeit am Landbau zu interessieren. Es galt als vornehm, mindestens zweimal im Jahr eine längere Zeit auf den Landgütern zuzubringen. Dadurch festigte sich zwar die Verbindung zwischen dem Landvolk und den schnell wachsenden Städten, damit wuchs aber auch die Gefahr obrigkeitlicher Eingriffe in einen Wirtschaftszweig, der seinen uralten Gesetzen folgte. Als Hakem II. – getreu den Geboten des Islam – alles verbot, was da berausche, also vergorene Süßfrüchte und vor allem den gesamten Weinbau, da war seine Regierung ihrem Untergang so nahe, als hätten die christlichen Könige des Nordens drei große Schlachten hintereinander gewonnen. Im südlichen Spanien, noch heute einem Weinland par excellence, hatte man nämlich hinsichtlich des Weins einige bemerkenswerte Abwandlungen der religiösen Gebote den Emiren abgetrotzt und danach zum Gewohnheitsrecht gemacht. Zunächst war nach einer umstrittenen Auslegung des Koran der Rotwein gestattet worden und nur der im maurischen Spanien ohnedies seltene Weißwein verboten geblieben. Daneben hatte man sehr bald begonnen, die Erträge des Obstbaues zu wohlschmeckenden Mosten und in allerlei duftenden Mischungen zu Sorbets zu verarbeiten, die ebenfalls jene berauschende Wirkung nach sich zogen. Und als nun soviel Berauschendes gestattet war, sah niemand mehr einen Grund, den erfrischenden Weißwein auf der Verbotsliste zu belassen, Hakem II. jedoch, fromm, enthaltsam und klug, hatte lange Gespräche mit den höchsten Richtern und Priestern geführt, ehe er verlangte, daß zwei Drittel aller Rebengelände anderen Zwecken dienstbar zu machen seien. Ein Drittel durfte weiter bebaut werden, weil man schließlich die Trauben auch essen und nicht nur pressen konnte, weil Rosinen, Sirup und Traubenhonig für den Genuß freigegeben waren.

Aus der Radikalität des Eingriffs ermesse man die Macht des

Kalifen. Den Weinbau in solchem Maß zu reduzieren und damit alten Winzerfamilein nach Generationen eine neue Existenz zuzuweisen, das bedeutete viel mehr als zum Beispiel das Verbot der Prostitution unter Ludwig dem Heiligen von Frankreich: es ging an die Wurzel altspanischen, bodenständigen Lebens und dem Volk liebgewordener Gewohnheiten, denn am Wein hingen und hängen ja Feste, Feiern, Gebräuche, Gerichte.

Kluge Berater bauten dem Kalifen eine zweite goldene Brükke, diesen doch allzu gewaltigen Befehl zurückzunehmen, indem sie auf den Emir Muhammad verwiesen: er habe den Gläubigen den Alkoholgenuß gestattet, weil sie dann feurig in den Krieg zögen, den Feind vor sich hertrieben und in den christlichen Reichen wüteten wie die Rachegeister. Hakem zauderte lange, die Brücke zu betreten; schließlich führte er keine Kriege, und die christlichen Fürsten des Nordens schlachteten einander so herzhaft ab, daß auch sie kein besonderes Verlangen empfanden, über Duero und Ebro nach Süden vorzustoßen. Wozu also berauschte Krieger?

Die Auseinandersetzungen über diesen Punkt bedeuteten den schwersten Ärger seiner Regierungszeit, und vielleicht stehen die Schlaganfälle, die ihn niederwarfen, ja von denen einer ihn halbseitig lähmte, damit in Zusammenhang. Es scheint, daß man stillschweigend und ohne den leidenden Kalifen mit Einzelheiten zu belasten, zunächst da und dort und schließlich beinahe allgemein den Weinanbau wieder zuließ. Die vom vielen Lesen geschwächten Augen des Monarchen nahmen es zweifellos nicht mehr wahr; er überschritt die Sechzig als ein halbblinder Bücherwurm, um den die größte Stadt Europas brauste, wenn er sich zum Freitagsgebet in die große Moschee zu Cordoba geleiten oder tragen ließ.

Und dieses Cordoba, wiewohl es aus Eigenem wuchs und wucherte und nur die Mezquita, der Alkazar und ein paar Paläste die Hand des Monarchen brauchten, diese nun der ersten Einwohnermillion zustrebende Riesenstadt wurde zum eigentlichen Ausdruck der Omayadenherrlichkeit, zum eigentlichen Inbegriff maurischer Überlegenheit über die christliche Austerity des Nordens, ja des ganzen übrigen Europa. Man hat das

Phänomen des omayadischen Cordoba zu erklären versucht und eine wunderbare Mischung nomadisch-arabischer und arabisch-urbaner Tendenzen genannt. Aber in Andalusien lebten auch die Araber nicht nomadisch, sondern vom Feldbau, und wenn es eine wunderbare Mischung gab, so war es die aus dem städtebaulichen Genius der Romanen mit der Lebensintensität der Araber, wozu das bürgerlich-christliche Element kam und als Ferment ein selbstbewußtes, geistig interessiertes und ungemein wohlhabendes Judentum, das nicht im Ghetto leben mußte, sondern sich über die ganze Stadt verteilte. »Die Zivilisation setzt sich erst in der Stadt die richtigen Maßstäbe, hier erstrahlt sie in ihrem vollen Glanz«, sagt Mohammed Talbi von der Universität Tunis, und diese Stadt hatte nun sieben Tore. Sie führten von der Medina – der City – hinaus zu den Vorstädten, Rabat genannt, deren es mittlerweile einundzwanzig gab: neun im Westen, also in der Richtung auf Carmona und Sevilla zu, sieben im Osten, drei im Norden und zwei jenseits des Guadalquivir im Süden.

Als Stadt des Kalifen und der Gläubigen besaß Cordoba inzwischen die unter Hakem II. abermals vergrößerte Moschee, ein vielbewundertes Gotteshaus, das die Schar der Beter längst nicht mehr fassen konnte, weswegen zahlreiche andere Moscheen errichtet worden waren. Die Freitagsmoschee blieb jedoch die berühmteste, die Kathedrale des Islam in Cordoba. Daneben aber blieb die Stadt – und darin lag zweifellos ihr besonderer Reiz – eine Metropole für das ganze südliche Spanien, war es nun maurisch, mozarabisch oder jüdisch. Cordoba entwickelte sich zu einem ungeheuren Schmelztiegel, wenn auch nicht gerade der Religionen, die ja doch voneinander unterschieden blieben, so doch der Kunst und der Bildung, der Sprachen und der Zivilisationen. Starke byzantinische Einflüsse akzentuierten die bodenständigen römischen Elemente dieses Lebens; im Christentum hatte sich Westgotisches erhalten, im christlichen Brauch auch Vandalisches. Indien, China und das Judentum belebten das einzigartige Bild zusätzlich, das auf den Märkten nur bunt und wirbelig erschien, in den Bildungsstätten jedoch überreich und beglückend. Die Reisenden aus

Mitteleuropa oder aus dem Rom des Papstes erstarrten angesichts dieser Vielfalt der Meinungen und des Lehrangebots vor Staunen: Cordoba hatte ihnen den Himmel des Geistes aufgerissen, und wenn auch das mittelalterliche Europa keineswegs nur als dunkler, in seiner selbstgenügsamen Beschränkung dahindämmernder Mönchskonvent anzusehen ist, so ging doch zumindest den weniger genügsamen, den unruhigeren Geistern des kleinen Erdteils erst in Cordoba das Licht der geistigen Freiheit auf.

Wir wissen heute und erleben es bis auf unsere Tage, daß gerade der Islam es wieder ausgelöscht hat, daß gerade der Islam von den Maximen abgerückt ist, die ihm seine große Zeit, die Jahrhunderte zwischen Mohammed und Averroes beschert haben. Cordoba, die Stadt der großen Kalifen Abderrahman III. und Hakem II., bezeichnet jedoch den Höhepunkt einer goldenen Ära, die der ganzen damaligen Welt mehr als die Illusion des Glücks geben konnte. Seit den großen Omayaden weiß die Welt, aus eigener Anschauung oder durch die Fama, was der Geist zu geben vermag, wenn ihm die Toleranz freie Bahn gibt. In den tausend Jahren seit dem römischen Spanier oder spanischen Römer Martial war dies nämlich in Vergessenheit geraten.

Nach einem zweiten schweren Schlaganfall starb Hakem II., dreiundsechzig Jahre alt, am 30. September 976, und ein kluger Araber, der dabei war, sagte nachdenklich: »Seine Tage gingen vorüber wie Träume...«

Rechts: Die Moschee von Cordoba. Blick durch eine doppelte Säulenstellung in den Vorraum des Mihrab; folgende Doppelseite: Schlafzimmer im »Palast der Sultanin« in der Alhambra und zwei Details des Wandschmuckes.
Nächste Seite: Altes arabisches Ladenviertel, die sogenannte Alcaicería, in Granada.

PAÑOS

Drittes Buch:

Schönheit im Untergang

Der Siegreiche

Mehr als dreihundert Jahre nach Mohammed kommen die Ruhmestitel der großen Geschlechter noch immer aus der Umgebung des Propheten, leiten sich von der echten oder vermeintlichen Nachkommenschaft seiner Tochter Fatima ab oder von Mitstreitern in den großen Schlachten, die im siebten Jahrhundert den Sieg des Islam besiegelten. Die im Orient geschlagenen, ja verfemten Omayaden haben, gestützt auf dieses große Vätererbe, dem islamischen Westen seine ersten Kalifen gestellt und das imposante Reich von Cordoba aufgerichtet. Der Koreischitenstamm der Omayaden war schon mächtig, als Mohammed auftrat, und die Zusammenarbeit mit dem Propheten, die um 630 begann, bedeutete einen der entscheidenden Erfolge der neuen Religion. Dreihundert Jahre später aber wurde in Südspanien der Mann geboren, der einen neuen Adel zum Sieg führen und die Herrschaft der Omayaden beenden sollte, Mohammed ben Abdallah ben Abi Amer el Moaferi, später kurz el Mansur, der Siegreiche (oder der siegreiche Verteidiger des Glaubens) genannt, woraus die christlichen Geschichtsschreiber Almanzor machten.

Almanzor ist ohne Zweifel eine faszinierende Persönlichkeit und den eindrucksvollsten Herrschergestalten des Jahrhunderts – Otto dem Großen, Peter II. Orseolo und Alberich II. von Tuszien – mindestens ebenbürtig. Einer seiner Vorfahren aus yemenitischem Adel hatte an der Seite des Berberfeldherrn Tarik wichtige Schlachten gegen die Westgoten geschlagen und war dafür mit Gütern im Raum von Algeciras belohnt worden, die noch im Besitz der Sippe waren, als der spätere Almanzor geboren wurde.

Im Jahr 938, in dem er zur Welt kam, herrschte noch Abderrahman III., ja, er war in vollem Aufstieg begriffen, und die wachsende Kalifenmacht zog alle jungen Begabungen nach Cordoba. Almanzor, den wir der Einfachheit halber schon jetzt so nennen, studierte die Rechte und einiges von den Finanz- und Verwaltungswissenschaften und hätte auch bei geringerer Begabung dank seiner Herkunft und Ausbildung einen der höheren Beamtenränge erreichen müssen. Aber die Anekdoten aus seiner Frühzeit, die auf seinen unbändigen Ehrgeiz hinweisen und auf seine Überzeugung, daß er zu Höchstem berufen sei, sind nicht einfach damit abzutun, daß derlei von allen Größen der Weltgeschichte im nachhinein behauptet und von liebedienerischen Biographen später fabriziert wird. Der verblüffende Aufstieg des Mannes, den man bald Almanzor nennen wird, hat so wenig Zufälliges und – bei sehr viel Glück – andererseits so deutlich das Gepräge unbeirrbarer Zielstrebigkeit, daß man eines als sicher annehmen darf: schon der Achtundzwanzigjährige, der mit einem ersten selbständigen Amt in der Finanzverwaltung ein Zipfelchen der Macht in seinen Händen fühlte, war fest entschlossen, nach der ganzen Macht zu streben und lieber zugrunde zu gehen, als sich auf diesem Weg aufhalten zu lassen.

Zugleich ist dieser Aufstieg eines begabten jungen Adeligen an die Spitze des Staates ein hochinteressantes Lehrbeispiel aus den Intimbereichen der Hierarchie im Kalifenreich. Verfolgt man den Weg Almanzors, so fühlt man sich an Palast- und Haremsintrigen aus Altägypten oder dem China der Tang-Zeit erinnert, und die Virtuosität, mit der dieser junge, hochbegabte und auch äußerlich sehr anziehende Mensch zu seinen Gunsten einsetzt, was immer rund um ihn Macht und Einfluß hat, erinnert eher an ein Brettspiel denn an Politik. Zur entscheidenden Figur wurde denn auch die Dame in diesem Spiel, Siddeh Subh, die Goten-Comtesse und Lieblingsfrau des Kalifen, dem sie zwei Söhne geboren hatte. Aurora, wie sie als Christin geheißen hatte, wurde auch für Almanzor zur Morgenröte großer Tage, wenn sich auch die tonangebenden alten und neuen Historiker scheuen, zu sagen, warum dies so war. Erst die neuesten Stellungnahmen brechen mit dem vornehmen Schweigen und bekennen sich (wie zum Beispiel Michel Mourre 1978) zu der Tatsache, daß Siddeh Subh seine Geliebte war oder, wie man angesichts seiner bekannten Schönheit und seines schnellen Aufstiegs besser sagen sollte: Almanzor war ihr Günstling.

Etwa fünf Jahre älter als Subh, kam er mit ihr in Berührung, als Mushafi, der Premierminister, der Prinzessin und Prinzenmutter einige Kandidaten für den Posten eines Vermögensverwalters vorstellte. Almanzor galt schon damals als hochbegabt und sehr geschickt, aber die Legende will, daß diese Präsentation der hoffnungsvollen Beamten für ihn und Subh nur ein Wiedersehen gewesen sei: Als General Ghalib ihre Väterburg erstürmen und ihren Vater töten ließ, habe ein junger Anführer sie aus den Händen marokkanischer Plünderer befreit, die das schöne Mädchen vergewaltigen wollten, und er habe sie im folgenden, selbst noch zu jung und zu wenig einflußreich, dadurch geschützt, daß er sie als ein Geschenk für den Kalifen empfahl.

Subh jedenfalls schien nichts vergessen zu haben, und fortan stand neben dem kurzbeinigen, krummnasigen und rothaarigen Gatten, dem sie den Thronfolger geschenkt hatte, der als Persönlichkeit einnehmende, hochintelligente und stürmische junge Aristokrat, der ihr und ihrer Söhne Vermögen verwaltete.

Der Vorgang ist nicht ganz alltäglich, man darf darum eine gewisse Hintergrundsregie vermuten in einem Palast, in dem Hunderte von Eunuchen alle möglichen Ämter versahen, so daß zum Beispiel hochgebildete Griechen für das Amt in Frage gekommen wären, das nun Almanzor erhielt. Eine umworbene Ausnahmeerscheinung wurde Almanzor auch dadurch, daß er als einziger Mann – und was für ein Mann – fortan zwar nicht gerade die inneren Gemächer des Harems betreten durfte, aber doch so oft er wollte Gespräche mit der Herrin Subh und ihren Damen führte, Zugang zu jenem Bereich hatte, in dem schon mehr als einmal wichtigste Entscheidungen insgeheim gefällt, später weithin sichtbare politische Lösungen vorweggenommen wurden.

Almanzor nutzte die Position mit diabolischer Geschicklichkeit, öffnete vor allem die staatlichen Geldquellen für die Damen des Harems und sparte auch nicht mit persönlichen Geschenken, so daß er bald im wahrsten Sinn des Wortes Hahn im Korb war – so offensichtlich, daß es auch dem Kalifen auffiel. Als Almanzor eines Tages der Herrin Siddeh Subh das prachtvoll in Silber ziselierte Modell eines Palastes zum Geschenk machte, das zum Entzücken für alle Damen des Harems wurde, sagte der Kalif mehr amüsiert als unwillig zu einem seiner Vertrauten:

»Wie schafft es der Junge nur, alle meine Frauen auf seine Seite zu bringen und ihre Herzen zu gewinnen? Ich habe sie mit allem denkbaren Luxus umgeben, aber offensichtlich mögen sie nur die Geschenke, die von diesem Burschen kommen, und von allem Konfekt schmeckt ihnen der am besten, den er mitgebracht hat. Was ist er eigentlich? Haben wir es bei ihm mit einem kundigen Magier zu tun oder mit einem Diener von bewundernswerten Umgangsformen? Vor allem aber sorge ich mich um die Staatsgelder, die ihm anvertraut sind...«

Diesen von Ibn Hayan überlieferten Worten ließ Hakem II. eine strenge Überprüfung des Finanzgebarens Almanzors folgen, aber ein Vezier, den der kluge Yemenite sich verpflichtet hatte, stopfte im letzten Augenblick das tiefe Loch in der Kasse, und Almanzor war von jedem Verdacht reingewaschen. Fortan besaß er auch das Vertrauen des Kalifen, der als hochintelligenter Monarch zwar weitgehend frei von Eifersucht war, aber die Aktivitäten des *homo novus* doch mit leichtem Argwohn verfolgt hatte. Die Folge der glanzvollen Rehabilitierung war naturgemäß eine neue, größere und verantwortungsvollere Aufgabe. Almanzor wurde zunächst der Kurator der herrenlosen Güter und bald darauf eine Art Oberster Steuereinnehmer für Nordafrika mit dem Sitz in Cordoba.

Damit war er nun ein großer Mann, und die einträglichen Ämter vergrößerten schnell sein Vermögen. Er bewohnte einen Palast und empfing Bittsteller. Was ihm an Glanz noch fehlte, wuchs ihm bald zu, als er die Nordafrika-Armee des Kalifen auf ihrem Feldzug begleitete, und zwar als eine Art Finanzkommissar, der selbst den höchsten Führern nicht unterstellt war, sondern ihr Finanzgebaren und die Beute zu kontrollieren hatte. Ein kleinerer Geist hätte sich bei dieser Gelegenheit die gesamte Generalität zum Feind machen können, wäre bei den Soldaten unbeliebt gewesen, weil er die Beute zählte, und hätte höchstens bei dem Kalifen ein Lobeswort geerntet. Almanzor hingegen verstand es, sich durch seine Konzilianz den Offizieren zu empfehlen, die erleichtert feststellten, daß man mit diesem Rechnungsprüfer mindestens habe reden können. Die wichtige Verbindung zu Almanzors späterem Schwiegervater, dem General Ghalib, kam in diesen Wochen zustande.

Der Mann, der so allgemeine Sympathien genoß, hatte es nicht schwer, immer neue Würden auf sich zu vereinigen. Erstaunlich bleibt nur die Schnelligkeit, mit der er ein Amt mit dem anderen vertauschte oder mehrere Ämter in seiner Person vereinigte, obwohl sie auf den ersten Blick nicht allzuviel miteinander zu tun hatten. Es waren Finanz- und Polizeiaufgaben, es waren Kontrollfunktionen in der Verwaltung, bis er schließlich sogar Einfluß auf die Leibgarde erlangte.

Als Hakem II., der große Sohn des größeren Abderrahman, im Jahr 976 starb, war Dschafar al Mushafi, einst Gönner des jungen Almanzor, der mächtigste Mann im Staat, Hadschib oder Premierminister, ein erprobter Freund des Dahingegangenen. Der Thronerbe, Prinz Hischam, zählte erst zehn Jahre, und seine schöne Mutter mußte einsehen, daß dies auf jeden Fall zu jung für die Ausübung der Regierung war.

Aber nicht nur die Herrin Subh sagte sich dies, sondern auch die zwei Chef-Eunuchen und einflußreichsten Haremintriganten, nämlich Faik, dem wichtige Manufakturen unterstanden, und Tschadar, der Falkonier. Sie kommandierten auch gemeinsam die Slavoniergarden des Alcazar von Cordoba, also einen Teil jener Truppe, die alle Omayaden aus meist christlichen Gefangenen und angekauften Verschnittenen gebildet hatten. Die beiden hatten mit Al Mughira, dem jüngsten Bruder des verstorbenen Kalifen, Verbindung aufgenommen, als die Schlaganfälle Hakems II. seinen nahen Tod erwarten ließen, und sie gedachten, den noch nicht dreißigjährigen Prinzen, einen Sohn

Abderrahmans III. aus seinen letzten Lebensjahren, auf den Thron zu setzen, allerdings mit der Verpflichtung, ihn zu gegebener Zeit für den jungen Hischam freizumachen.

Die Intrige war fein gesponnen und hätte beim Volk gewisse Sympathien gefunden; ein Oheim vertrat den Thronfolger bis zu dessen Volljährigkeit, da konnte niemand von einem Thronraub sprechen.

Selbst der später so harte und schnell entschlossene Almanzor scheint einen Augenblick gezaudert zu haben, als er den Palast des Prinzen Al Mughira umstellt und mit dem ausersehenen Regenten gesprochen hatte. Al Mughira beteuerte, völlig eingeschüchtert, seine Treue zu dem kleinen Hischam, seine Loyalität gegenüber der noch von Hakem II. bestimmten Thronfolge und rührte Almanzor so, daß dieser bei Mushafi, dem allmächtigen Premierminister, um Gnade für den Prinzen bat. Aber Mushafi war schon zu lange im Amt, um solche Risiken leichthin in Kauf zu nehmen; Prinzen gab es schließlich genug im maurischen Spanien, und so wurde Al Mughira vor den Augen seiner Frauen gnadenlos erdrosselt.

Die beiden Chef-Eunuchen beeilten sich daraufhin, dem neuen Kalifen zu huldigen, aber auch sie vermochten sich nicht zu retten; der eine mußte seinen Rücktritt nehmen und blieb danach ungeschoren, der andere wurde auf die Balearen verbannt, ein dritter, der den beiden zuliebe Unruhe unter den anderen Slavoniern gestiftet hatte, büßte mit dem Tod.

Der Treueid aller Würdenträger im Beisein des Knaben Hischam wurde ein großer Tag für Almanzor, denn er war es, der in der großen, sich über mehrere Tage erstreckenden Zeremonie die Namen der Vereidigten und ihre Eidesformeln verlas. Danach war dann alles klar: der mächtigste Mann im Staat war der Hadschib al Mushafi, aber er war nichts ohne Almanzor, den die Herrin Subh als Verbindungsmann zwischen der Regierung und dem Kalifen durchgesetzt hatte. Spätestens zu diesem Zeitpunkt wurde offenbar, wieviel der einstigen Comtesse Aurora und jetzigen Kalifenmutter an diesem Mann lag, der, nur wenig älter als sie, ihrem Leben einen neuen Inhalt zu geben vermochte und der offensichtlich auch stark genug war, ihren Sohn zu schützen. Der Tod des Prinzen Al Mughira, der keineswegs verheimlicht wurde, hatte ihr und dem ganzen Hof gezeigt, daß die neuen Herren keine Gnade kannten, wenn es um die Macht ging – die Macht, in die sie sich zunächst teilten.

Wie Almanzor nun die gedemütigten Slavonen zu seiner Hausmacht umfunktionierte, wie er sich der Sympathie des Militärs versicherte, indem er den verdienten Generalissimus Ghalib umwarb und dessen Tochter in einer Prunkhochzeit sondergleichen an seine Seite zog, um Al Mushafi zu isolieren, das hat in seinem taktischen Raffinement nur eine einzige weltgeschichtliche Parallele, nämlich Cäsars Aufstieg zur Alleinherrschaft aus dem Triumvirat mit Crassus und Pompeius.

Als der Hadschib, von Almanzors Freigebigkeit gegenüber der Armee verärgert, die Vergeudung nordafrikanischer und nordspanischer Beuteschätze rügt, kommt es zum offenen Konflikt, für den Almanzor inzwischen alle Trümpfe in der Hand hält. Der eben noch allmächtige Erstminister wird in den Kerker geworfen, wo er allerdings noch vier Jahre lang weiterleben darf. Almanzor braucht weitere militärische Erfolge, die er sich als siegreicher Verteidiger des Glaubens vor allem auf Feldzügen gegen die christlichen Kleinreiche holt, ehe Dschafar ben Otman al Mushafi im Kerker umgebracht werden kann. Dem Volk wird freilich mitgeteilt, der so verdiente Minister habe seinen Fehler, der ihm die Kerkerhaft einbrachte, so tief bedauert, daß er an gebrochenem Herzen gestorben sei.

Nun stehen einander Ghalib und Almanzor gegenüber, und das ist der schwierigere Kampf, denn er ist mit bloßer Intrige nicht zu gewinnen; man kann dem aus kleinen Verhältnissen aufgestiegenen, mißtrauisch an seiner Armee hängenden alten Krieger seine Soldaten nicht heimlich wegeskamotieren. Ja, um ein Haar wäre sogar Ghalib der tödliche Schlag geglückt, als er, die Ambitionen des Schwiegersohnes ahnend, ihn auf eine abgelegene Burg zu einer Aussprache lockte und ihm dort den Garaus machen wollte.

»Als Almanzor in kleiner Begleitung auf der Burg erschien und allein vor Ghalib stand, brach dieser in heftige Schmähungen aus und bedrängte den Waffenlosen mit dem Schwert; seine Streiche trennten mehrere Finger von Almanzors Hand und hinterließen eine bedeutende Schläfenwunde. Der Überraschte, vor Ghalib die Flucht ergreifend, spornte sein gutes Pferd zu einem gewagten Sprung über das Dach eines Wandelganges. Die Hufe streiften den Stein, Almanzor stürzte vom Pferd, aber er war, wenn auch verwundet, gerettet. Was damals geschah, zeugt von seinem außergewöhnlichen, an Wunder grenzenden Glück.« (Ibn al Hatib)

Nun waren die Fronten klar, nur waren es eben nicht jene unsichtbaren Fäden, wie sie die Intrige durch die Paläste spann, sondern die gnadenlosen Fronten zwischen zwei Armeen. Ghalib versicherte sich der Waffenhilfe christlicher Fürsten, wie es noch jeder Maurenführer getan hatte, der im Norden stand und den Rücken frei haben wollte für die Auseinandersetzung mit Cordoba. Almanzor aber hatte es dadurch nicht schwer, den General, der große Sympathien beim ganzen Volk genoß, als Verräter hinzustellen; wer mit Asturien, Leon und Navarra paktierte, war offensichtlich vom Islam abgefallen.

Die erste Schlacht gewann dennoch der alte Recke dank seiner Erfahrung aus den langen Kriegen in Nordafrika und Nordspanien; Almanzor verlor bei dieser Gelegenheit eine Reihe tüchtiger Mitstreiter und mußte sich beim zweiten und entscheidenden Waffengang vor Medinaceli selbst an die Spitze seiner Truppen setzen, um ihnen neues Vertrauen einzuflößen. Bei Atienza, vierzig Kilometer westlich von Medinaceli zwischen zwei Gebirgsstöcken tausend Meter hoch gelegen, trat Almanzor Ghalibs Armee und den Basken unter König Sancho entgegen. Unter der Burg San Vicente ritt der beinahe achtzigjährige Ghalib wütende Attacken zunächst gegen die Flügel Almanzors und warf sie, wagte sich dann aber beim Angriff gegen das von Almanzor selbst befehligte Zentrum zu tief ins Getümmel und fiel. Es war der Tod des großen alten Feldherrn, der die Schlacht entschied, denn jeder hatte Ghalib gekannt, sein langes Panzerhemd und den charakteristischen, hochgewölbten Goldhelm, um den sich ein roter Turban schlang.

Mit Ghalibs Truppen machten sich auch die Basken aus dem

Staub, und Almanzor gestattete seinen Soldaten die Verfolgung, auf der König Sancho das Leben verlor, Graf Garcias Fernandez von Kastilien sich jedoch retten konnte.

Almanzor brauchte nun keinen Gegner mehr zu fürchten; Gefahr konnte nur noch in Cordoba selbst entstehen, aus dem Umkreis des heranwachsenden Kalifen. Darum wurde Azzahara, die Palaststadt Abderrahmans und Hakems, in ein gleißendes Gefängnis verwandelt, zu dem nur Zutritt hatte, wer dem neuen Herrn des Maurenreiches genehm war. Eingänge wurden vermauert, Kasernen vor den Toren errichtet, der ganze Bereich militärisch umschlossen und lückenlos kontrolliert. Dem Kalifen wurde kein Haar gekrümmt, schon seiner Mutter wegen, aber er war völlig entmachtet und an jeglichem Kontakt mit der Außenwelt gehindert, sieht man vom traditionellen Freitagsgebet in der großen Moschee ab, während dessen sich Hischam II. seinem Volk zeigen durfte.

Der wahre Herr des Reiches regierte nun in fürstlicher Pracht in Alzahira, einer Palast- und Verwaltungsstadt, die er sich unweit des Azzahara-Palasts hatte errichten lassen. Alle Einnahmen aus dem großen Reich flossen hier zusammen, die Fäden der Macht führten nicht mehr zum Kalifen, sondern zum Reichsverweser, der unumschränkt und tyrannisch herrschte wie die Omayaden vor ihm, so daß man auch seiner Linie die Bezeichnung einer Dynastie gab und sie die Amiriden nannte – und das, obwohl es noch genug Omayadenprinzen in und um Cordoba herum gab.

Man hat für diesen schnellen Aufstieg, bei dem berühmte und mächtige Männer bedenkenlos benutzt, gegeneinander ausgespielt und danach vernichtet wurden, bei den späteren Geschichtsschreibern viele harte Worte lesen können, und sie sind aus unserer heutigen Sicht gewiß auch angebracht. Es bleibt aber eine Tatsache, daß jeder von Almanzors Gegnern mit ihm nicht anders umgesprungen wäre; zumindest einer, nämlich General Ghalib, hat es ja auch versucht, nur daß er eben nicht Almanzors sprichwörtliches Glück hatte.

Die zeitgenössischen Stimmen über Person und Arbeit dieses Mannes, der sich nun nach Belieben Hadschib, Reichsverweser oder Begründer einer neuen Kalifendynastie nennen konnte, machen allerdings klar, daß er sich, wenn es um die Staatsgeschäfte ging, nicht nur auf sein Glück verließ. Er war zwar von seiner Sendung, vom glückhaften Charisma seiner Laufbahn fest überzeugt, und als man ihn einmal vor einem notorischen Unglücksbringer warnte, damit er ihn nicht empfange, da lachte er nur und antwortete: »Was wäre mein ganzes Glück schon wert, wenn so eine lächerliche Figur es zunichte machen könnte!« Im übrigen aber bestand sein Erfolgsrezept genau wie bei anderen Aufsteigern vor und nach ihm darin, viel zu arbeiten, viel mehr, als je ein legitimer Herrscher gearbeitet hatte. Was anderen auf Grund der Erbordnung zugefallen war, das mußte er sich in zäher Arbeit erringen, und, nachdem er es errungen hatte, dann auch bewahren. Und es ist erstaunlich, daß er bei all dem noch stark genug war, in einem halben Hundert von Feldzügen den christlichen Norden Spaniens häufiger und intensiver unter Druck zu setzen als dies selbst unter den größten Omayaden der Fall gewesen war.

Isa ben Said, sein ältester Sekretär, der schon in den Aufstiegsjahren an Almanzors Seite gewesen war, beklagte sich wiederholt darüber, daß sein Herr den Abendfrieden und die Nachtruhe nicht achte, wenn die Geschäfte drängten, und sein Kammerdiener Sula erzählt in einer bei Ibn al Hatib zu lesenden Stelle:

»In der Regel hatte ich bei meinem Herrn bis gegen den Tagesanbruch zu tun. Damals vertrug er sich schon nicht mehr mit dem Kalifen; sich seinen Frauen entziehend, suchte er lieber seinen Pavillon *Perle* oder einen ähnlichen Auslug auf, um unter den Sternen mit sich allein zu sein. Hier durchwachte er die Nacht, in tiefes Nachdenken versunken, vor sich die brennende Kerze, auf dem Schreibtisch neben sich die Papierrolle. Wenn ihm etwas Wichtiges einfiel, hielt er es sogleich schriftlich fest. Erst kurz vor Morgengrauen sank er auf ein beliebiges Kissen in irgendeinem Winkel seiner Einsiedelei, so daß seine Leute von ihm nie wissen konnten, wo er eigentlich schlief.«

Eine kuriose Stelle, die zudem den Stempel der Authentizität, ja der Augenzeugenschaft trägt. Der Anfang erweckt den

Eindruck, als hätte Almanzor mit Hischam, dem Kalifen, einen gemeinsamen Harem gehabt: weil er sich mit Hischam nicht mehr vertrug, entzog er sich den Frauen, die ihn offenbar noch ebenso schätzten wie in jenen Tagen, da er ihnen Konfekt und Geldbeutelchen brachte. Und daß selbst seine Diener nicht wußten, wo er sich zum Schlaf legen würde, das war eine jener Schutzmaßnahmen, die wir auch von anderen Gewaltherrschern kennen: sie schliefen jede Nacht in einem anderen Gemach ihres Palastes, ohne darum den Mördern zu entgehen.

»Er war schon wieder auf«, berichtet der Kammerdiener weiter, »wenn Zahnreiniger und Fingerschale vor ihn hingestellt wurden. Den Ausrufer genau beachtend, verrichtete er das Gebet, knüpfte die Schriftrolle in das Tuch seines Ärmels und trat aus seiner Zurückgezogenheit hervor. Nunmehr durften Höflinge, Veziere und Beamte vom Frühdienst vorsprechen; mit ihnen erörterte er seine nächtlichen Aufzeichnungen, um einzelnes daraus, sofern es geraten schien, in der Folge anzuordnen. War es dann vollends Tag geworden und ein jeglicher zur Stelle, so begann die allgemeine Inspektion. Gleichzeitig überreichte mir der Reichsverweser die Schriftrolle, die ich in seiner Gegenwart zerstückelte und in Rosenwasser tauchte, bis alle Stücke bedeckt waren.

Eines Nachts sagte ich zu ihm: Unser Herr bleibt viel zu lange auf, sein Körper braucht mehr Schlaf; unser Herr weiß, daß ihm das ein schweres Nervenleiden einbringen kann. Sula, antwortete Almanzor, der Wächter der Welt schläft nicht, wenn die Herde schläft. Würde ich ausschlafen, so würde niemand im Umkreis dieses Ortes ein Auge schließen können. Und wäre ich von dem da auf dem Schlosse – wobei er zur Kalifenresidenz hinüberdeutete – so weit entfernt wie von hier nach Basrah, ich dürfte dennoch nicht schlafen, geschweige denn hier, wo wir einander auf Rufweite nahe sind.«

Ein kleiner Einblick in das Leben eines Großen, eines Bedrohten, eines Mannes, der den Kalifen zwar praktisch eingemauert hatte, und der doch durch diese Mauer selbst fixiert war und unter der Nähe des legitimen und nunmehr erwachsenen Monarchen offenbar ein Leben lang litt.

Aus dieser Seelenlage, die uns sein ehrfurchtsvoll-ergebener Diener Sula naiv, aber überzeugend schildert, sind vielleicht die vielen Feldzüge zu verstehen, für die Almanzor gewiß keine religiösen Gründe hatte. Er konnte den gewaltigen Kräfteverschleiß nach außen überhaupt nur verantworten, wenn dadurch seine Position gegenüber der stillen Opposition der Omayadenclique befestigt wurde. Die immer neuen Vorstöße gegen die Christen muten an, als müsse oder wolle Almanzor sich rechtfertigen, als wolle er durch seine Siege das gewinnen, was ihm nicht in die Wiege gelegt worden war: das Charisma des geborenen Herrschers.

Da Almanzor sich den größten Teil Nordafrikas unterworfen hatte, verfügte er über ein ungleich größeres Menschenreservoir als etwa Abderrahman III. Weitere Verstärkungen brachten ihm eine Heeresreform, die ihn als einen nüchternen, die Traditionen nicht überschätzenden Herrscher ausweist, und der durchaus moderne Gedanke, die Stoßrichtung seiner zahlreichen Offensiven bis zum letzten Augenblick geheimzuhalten. Er brach mit der mittelalterlichen oder auch ritterlichen Gepflogenheit des offenen Aufmarsches und des ebenso offenen Schlagabtausches und empfand es durchaus nicht als ehrenrührig, seine starke Intelligenz für allerlei Täuschungsmanöver zu gebrauchen. Man hat von ihm gesagt, daß sich kein anderer Muslim so frei und ungehindert wie er im christlichen Teil Spaniens bewegt habe. Eben darum ist es bis heute auch den scharfsinnigsten Historikern nicht gelungen, seine Feldzüge zeitlich eindeutig zu ordnen und nach ihren Zielen und Ergebnissen voneinander zu unterscheiden.

Von den neun Feldzügen, die man genauer zu kennen glaubt, richteten sich zwei, und zwar in den Jahren 987 und 997, in den Westen der Halbinsel. Die Truppen marschierten über Merida ins heutige Portugal, wo der frühere Feldzug auf Coimbra zielte, während der spätere – als Almanzor schon auf die sechzig zuging – über Vizeu, Porto und Braga gegen das nordwestliche Galicien geführt wurde und Santiago de Compostela zum Ziel hatte. Es scheint der erste Feldzug nach Almanzors Aufhebung der allgemeinen Wehrpflicht gewesen zu sein, und die Freiwilligenarmee setzte besonderen Ehrgeiz darein, den Wallfahrtsort der Christen in schwungvollem Angriff zu erreichen.

Der Schock für die christliche Welt war außerordentlich, aber auch die arabische Geschichtsschreibung feierte den langen und gelungenen Feldzug so ausführlich, daß wir über ihn vergleichsweise sehr gut unterrichtet sind und einen Einblick in die Invasionstechnik jenes Jahrhunderts erhalten, in eine amphibische Operation vor tausend Jahren:

»Indessen ordnete Almanzor den Sommerfeldzug des Jahres 387 (nach der Hedschra), seinen achtundvierzigsten in Richtung auf Santiago, an. Die Flotte mußte zur Flankendeckung in See stechen, er selbst erreichte auf parallelem Landweg noch vorher den Duero in Portugal. Mit Hilfe seiner Schiffe, die er als Brücke benutzte, setzte er über den Duero, durchmaß weite Landstriche mit weiteren großen Flüssen und zog gewappnet und gerüstet bis über die Hochpässe hinaus zum Ozean. Hier sah er das Kloster Ilija, den letzten berühmten Wallfahrtsort im Zusammenhang mit Jakob, vor sich liegen. Der Einmarsch in Santiago erfolgte Dienstag den 2. Saban (am 10. August 997).

Die bereits von der Bevölkerung geräumte Stadt lag völlig menschenleer. Almanzor ließ ihre Vorräte plündern, ihre Häuser zerstören, kurz, ihre Spuren tilgen; so erlitt die Stadt, trotz ihrer festen und soliden Bauweise, so gründliche Schäden, daß sie hernach aussah, als habe sie überhaupt kein Gestern gekannt. Das Grab (des Heiligen) befahl Almanzor zu schonen; in der Basilika begegnete ihm als einziger Mensch ein Einsiedler, der gebeugt am Grabe saß und auf die Frage, warum er noch hier sei, antwortete: ›Um Jakob Gesellschaft zu leisten!‹ Almanzor wies seine Leute an, ihn in Ruhe zu lassen.« (Ibn al Hatib)

Die Flottenoperation an der Atlantikküste des heutigen Portugal hatte neben der Flankensicherung vor allem die Aufgabe, die große Armee zu versorgen; anders hätte sich ein so tiefer Vorstoß in damals karges und wenig bevölkertes Feindesland gar nicht durchführen lassen.

»Auf der Rückkehr nach Cordoba ließ sich Almanzor von

Königen und Königssöhnen (der unterworfenen christlichen Gebiete) begleiten. Zu seinem Empfang stauten sich die Massen, Gott allein, ihr Ernährer und Erhalter, hat sie gezählt. Den Christen (aus dem Norden) gewährte er am 1. Sawal des nämlichen Jahres einige Audienzen und diktierte den Frieden, um den sie nachgesucht hatten. Sodann entsandte er seinen Richter Muhammed ben Umar al Bakri mit ihnen zu König Garcia Sanchez II. Abarca von Pamplona, um diesen auf die diktierten Artikel vereidigen zu lassen.«

Was der Siegeszug nach Santiago de Compostela galt und in der Auseinandersetzung mit dem christlichen Norden zu besagen hatte, das konnte sich jeder Cordovaner vorstellen; sie brauchten nur daran zu denken, welches Unglück es wäre, eine christliche Flotte vor Mekka zu sehen. Der einstige Haremsstratege und Schatullenverwalter war nun tatsächlich zu Almanzor geworden, dem Mann, der für den Islam mehr getan hatte als je einer vor ihm seit Ali, dem Heerführer des Propheten. Siddeh Subh und ihr inzwischen erwachsener Sohn hatten keine Chance mehr gegen diesen Liebling des Volkes, und wenn es auch stimmen mag, daß die Mutter des Kalifen ihren einstigen Geliebten nun haßte und ihm einen Treubruch nachsagte, so ist zumindest das eine sicher: das Land und das Volk des maurischen Spanien hatten keinen Nachteil davon, daß ein hochbegabter und vom Glück begünstigter Usurpator der Macht - nicht des Thrones - zum Herrn des Landes geworden war.

985 war ein ähnlich weitgestecktes Ziel erreicht worden, nämlich das seit karolingischen Zeiten christliche Barcelona. Die Grenze hatte sich dort weit über den Ebro hinaus nach Norden vorgeschoben, Lerida war maurisch und Barcelona war nach einem Vormarsch, der ebenfalls in Meernähe über Murcia und Valencia geführt worden war, erobert worden. Almanzor hatte hier während der Belagerung der Stadt einen Blockadering vor den Hafen gelegt, ein Beweis, daß auch hier die Flotte dem Landheer zur Seite stand. Da die Hilfe aus Frankreich ausblieb, gab Graf Borell auf, durchbrach in nächtlicher Flucht die Blockade und überließ Almanzor die Stadt ge-

gen die Versicherung, daß das Leben der Einwohner geschützt werde.

Almanzor, der auch hier mit gewohntem Ungestüm vorgegangen und die fränkisch-katalanische Streitmacht trotz Verstärkung aus Navarra bei Moncada geschlagen hatte, unterschätzte diesmal den Gegner. Er zog ab und ließ nur eine Besatzung in der Stadt. Graf Borell hingegen sammelte im südlichsten Roussillon neue Kämpfer, denen er für den Fall der Rückeroberung den Adel versprach. Neunhundert kleine Herren mit ihren Bauern bildeten somit den Kern eines Volksheeres, das bald darauf gegen Barcelona vorbrach und die Stadt wiedereroberte. Die frisch gebackenen Ritter (einige der Neunhundert dürften allerdings gefallen sein) durften sich fortan *hombres de parage* nennen, also rittergleiche Männer. Es gibt auch eine andere Deutung, der die Worte *bien aparesados*, das heißt »die zur rechten Zeit Erschienenen« zugrunde liegen. Sie stammt von Moreno de Vargas in seinem Buch über die Entstehung des Spanischen Adels. Die muslimischen Historiker erwähnen die Rückeroberung Barcelonas nicht.

Die Hauptaufmarschgebiete und -angriffsziele, das läßt sich mit Sicherheit sagen, blieben auch unter Almanzor die gleichen wie in den Kriegen der Omayaden. Die Armeen zogen von Cordoba, also aus dem volkreichen Andalusien, in den Raum von Toledo und Talavera, wo sie sich dann teilten, je nachdem, ob Leon, Kastilien oder Navarra das Angriffsziel bildeten. Städte, die jahrhundertelang keinen Mauren gesehen hatten, es sei denn als Gefangenen, wurden von Almanzor erobert, wenn auch in den anschließenden Friedensschlüssen meist wieder herausgegeben: Astorga und die Königsstadt Leon, Najera und andere.

Kastilien, dessen Grenzen schon General Ghalib nach Norden verschoben hatte, bestand zeitweise nur aus einem schmalen Streifen von Küstengebirgen, und nur Navarra mit dem eigentlichen baskischen Bergland um Pampluna hatte Abwehrkraft genug, sich auch gegen Almanzors ungestüme Angriffe zur Wehr zu setzen.

Im übrigen aber war das christliche Nordspanien durch die häufigen, ja regelmäßigen maurischen Überfälle in eine völlig aussichtslose Lage geraten. Die überlegene Volkszahl des Südens brachte es mit sich, daß Almanzor mit Freiwilligenarmeen ausgedehnte Sommerfeldzüge durchführen und damit im Norden die Ernten verwüsten, die Bauernwirtschaft vernichten konnte. Das Leben in den Bergen von Asturien und Kastilien glich jahrzehntelang der elenden Existenz von Flüchtlingen; die in den abgelegenen Tälern auf ein Ende des Schreckens und die Wiederkehr des Friedens wartenden Menschen waren weder durch Priester noch durch eine andere Organisation zusammengehalten, das staatliche Leben war kaum noch zu erkennen, hemmungslose Rivalitäten der Grafen- und Königsfamilien untereinander waren die Folge.

Almanzor setzte diesem Elend den Prunk und die Großzügigkeit des Siegers entgegen, zweifellos, um auch den letzten Rest von Widerstandswillen zu brechen. Denn daß er rein militärisch auf die Dauer im bergigen Norden nicht der Herr bleiben konnte, das hatten ihm seine Feldzüge sehr deutlich gezeigt: er mußte das Volk für sich gewinnen. Als in einer Schlacht zwischen Alcocer und Langa am Ufer des Duero der besonders angesehene und tapfere Graf Garcias Fernandez von Kastilien die Christen anführte, bestellte Almanzor schon am Vorabend der Schlacht bei seinem Hofpoeten Alhassan Seid eine gereimte Prophezeiung über die Gefangennahme des Grafen und dirigierte anderntags seine Truppen auch so, daß Graf Garcias tatsächlich in Gefangenschaft geriet. Freilich hatte sich der tapfere Mann nicht ergeben, sondern war schwer verwundet, und obwohl Almanzor die klügsten, in Salerno wie Cordoba gebildeten jüdischen Feldscher an seiner Seite hatte, gelang es nicht, den Grafen zu retten. Der Leichnam wurde in Scharlachtuch gehüllt, mit Duftkräutern bestreut und in einen Sarg gelegt. Christliche Ritter durften ihn dann aus Cordoba holen, wobei Almanzor das gebotene Lösegeld ebenso ablehnte wie irgendwelche Geschenke.

Angesichts dieser glanzvollen Überlegenheit der maurischen Welt, in der ja auch Millionen von Christen lebten, ohne daß man ihnen ein Haar krümmte, bemächtigte sich der nordspanischen Kirche eine tiefe innere Unsicherheit. Hatte man bisher mit den Glaubensbrüdern im Süden darüber gerechtet, ob sie Sünden auf sich luden, als sie ihr religiöses Leben den neuen Verhältnissen im Kalifenreich anpaßten, so breitete sich nun in den christlichen Königreichen tiefe Niedergeschlagenheit aus und die Überzeugung, daß die überdeutliche Überlegenheit des Islam eine Strafe Gottes sein müsse. Damit trat zumindest in Nordspanien jene Seelenlage ein, die das Christentum schon sechshundert Jahre zuvor, nach dem Fall der Stadt Rom und den Siegen barbarischer Herrscher wie Alarich hatte hinnehmen müssen, nur daß damals der gewaltige Geist eines Augustinus mit seiner Schrift über den Gottesstaat allen Gläubigen neue Hoffnung gemacht und eine neue ewige Stadt gezeigt hatte, das Rom über den Wolken, das unverletzliche Rom des katholischen Glaubens.

Santiago de Compostela bedeutete für die seit Jahrhunderten ringenden Asturier und Kastilier, ja selbst für die Basken und Katalanen, etwa jenen Hort des Glaubens, zu dem in der Spätantike Rom geworden war. Aber Santiago gab es nicht mehr, nur das Grab des Apostels selbst war geschont worden, angeblich, weil Flammen aus ihm schlugen, so daß die Ungläubigen sich ihm nicht zu nähern wagten. Das war eine jener vielen Legenden, durch die das hilflose christliche Spanien sich zu trösten und angesichts einer Eroberernatur wie Almanzor zu beruhigen versuchte. Andere Erklärungen für die nach Jahrhunderten erfolgreichen Widerstands so bestürzende Situation im Norden boten christliche Eiferer an, indem sie die Sünden der Fürsten und Grafen der christlichen Reiche für die

Heimsuchung verantwortlich machten, Sünden des Bruder- und Verwandtenmords, des Konkubinats, der Kindesunterschiebung, des Meineids und so weiter, wie sie zwischen den aufgesplitterten nordspanischen Herrschaften und ihren zur Macht drängenden Sippen tatsächlich häufiger geworden waren als zu den Zeiten der großen Kämpfer-Könige der asturischen Frühzeit.

Der allerdings später lebende Bischof Pelagius von Oviedo zum Beispiel macht den ohnedies von der Gicht geplagten König Bermudes II. von Leon (982-999) für alles Unheil verantwortlich: Er habe zwar nach den Zerstörungen mit dem Wiederaufbau von Santiago begonnen, aber mit unreinen Händen, denn er habe a) einen Bischof namens Gudesteus drei Jahre lang eingekerkert; b) einen zweiten Bischof, den lediglich Knechte anklagten, wegen Fleischessünden bestrafen lassen und c) er habe mit zwei Schwestern Unzucht getrieben, seine erste Frau verstoßen und eine zweite geheiratet, obwohl die erste noch lebte. Diese letzte Anschuldigung kann man auch in der wohl irrigen Form lesen, Bermudes habe mit seinen eigenen Schwestern geschlafen. Im ganzen ist dies für einen kranken Herrscher ein ziemlich deftiges Sündenregister; seine Zeitgenossen haben gegen ihn Anschuldigungen, wie sie später Pelagius vorbrachte, nirgends geäußert.

Angesichts dieser schweren Situation ist es nicht nur verwunderlich, sondern geradezu bewundernswert, wie sich die auf ihre Gebirgsregionen reduzierten, ihrer Wirtschaftskraft beraubten christlichen Länder doch immer wieder zu energischem Widerstand aufraffen, und im Jahr 1000, dem Jahr, da viele Menschen mit dem Untergang der Welt und dem Jüngsten Gericht rechneten, hätten die vereinten Armeen des christlichen Nordspanien auch beinahe einen Sieg über Almanzor erstritten.

Es war vor dem winzigen Kupferstädtchen Cervera am oberen Pisuergafluß, das heute kein Spanienführer mehr erwähnt, weil die Schlacht völlig vergessen ist. Almanzor war über Medinaceli herangerückt, vermutlich um den Gegner zu täuschen und an einen Angriff auf das bis dahin verschont gebliebene

Navarra glauben zu machen. Er hatte nach einer Nordwestschwenkung dann bei Osma den Duero überschritten und die Marschrichtung ins Herz von Kastilien eingeschlagen. Auf den Bergen um Cervera trat ihm Sancho Garcia, Sohn des getöteten und im Sarg nach Cordoba gebrachten Grafen Garcias Fernandez von Kastilien entgegen und hatte eine ausgezeichnete Höhenstellung gewählt, die ihm den Nachschub aus dem Norden außerordentlich erleichterte.

»Sanchos Strategie bestand im plötzlichen Angriff auf die Muslime, bevor diese festen Fuß gefaßt und ihre Vorkehrungen getroffen hatten. So entspann sich der Kampf überall und entbrannte allerorts. Gegen den rechten und linken Flügel richteten Allahs Feinde einen geschlossenen Reiterangriff, der die muslimischen Stellungen insgesamt durchbrach. Dann aber hatte sich die maurische Elite wieder gefangen: nach nachdrücklichem Widerstand begann der Gegenangriff. Heiß wogte das Getümmel, und der Kampf hielt an. Als die Hintermänner der Elitetruppen die Gefahren der Lage erkannten, wurden sie ängstlich und mutlos; viele von ihnen gaben auf und wandten sich zur Flucht.

Von allen Seiten drangen die Christen auf die unseren ein, was ihre Niederlage bedeutet hätte, wäre nicht Almanzor – obwohl er die Hände rang und verzweifelte Stoßgebete verrichtete – überaus standhaft und besonders ausdauernd gewesen! So half Gott den Muslimen durch seinen Beistand.« (Ibn al Hatib)

Weitere Einzelheiten aus dieser offensichtlich lange Zeit unentschieden hin und her wogenden Schlacht gibt Hajjan ben Chalaf, dessen große Werke über die Geschichte des maurischen Spanien sich als besondere Kostbarkeit im Schatz der Hauptmoschee von Tunis befinden. Er schreibt, unter Berufung auf seinen Vater, einen Sekretär des Almanzor:

»Als es heiß herging an jenem Tage, sprengte Almanzor mit Leuten seines Gefolges auf einen Hügel nahe der Walstatt, von wo aus man das Getümmel überblickte und verharrte hier. Immer wieder entsandte er Reserven an den rechten Flügel, bis dieser dennoch zerbrach, der Tumult wuchs und die Truppenteile eigenmächtig zu handeln begannen, ja, sich hinter Almanzors Rücken zur Flucht anschickten. Da meinte Almanzors Adjutant al Gaziri zu Said ben Jussuf in bezug auf das bevorstehende Ende: *Auf zum Abschied, Märtyrer,* welcher Ausspruch später dann zum geflügelten Wort wurde.

Almanzor ließ den Blick über seine Leibgarde schweifen und fragte mich (d. h. den Vater des Historikers) ›Melde mir, wer von meiner Gruppe noch lebt.‹ Ich zählte ihm etwa zwanzig seiner Leibgardisten auf. Da hob Almanzor die Hände zum Himmel und rief: ›O Gott, sie verließen mich auf Erden, verlaß nun du sie nicht! Sie ließen mich allein, laß sie nicht allein!‹

Seinen Sohn Abdelmelik, der neben ihm das Roß verhielt und auf seinen Einsatz wartete, ohne daß der Vater einen Befehl dazu erteilt hätte, winkte er nun herbei, zog ihn an sich und sagte ihm Lebewohl: er schickte ihn nämlich auf den rechten Flügel und mußte sicher sein, ihn nicht wiederzusehen. Den zweiten Sohn Abderrahman beorderte er zu einem anderen Brennpunkt der Schlacht.«

Almanzor, zu diesem Zeitpunkt schon sechzig Jahre alt, scheint in den Aufregungen der Schlacht einen Schwächeanfall erlitten zu haben, denn er ließ seine Sänfte bringen, weil er sich im Sattel nicht mehr halten konnte. Außerdem befahl er, vielleicht um die Fluchtbewegung aufzuhalten, das gesamte Lager mit dem Troß auf einen Hügel hinter den eigenen Reihen schaffen zu lassen, eine gewagte, aber nur die ohnedies nicht einsatzfähigen Kräfte des Trains und der Bagageabteilungen beschäftigende Operation. Sie mußte beim Gegner den Eindruck erweckt haben, als vollzögen sich im Rücken Almanzors große Aufmarschbewegungen, als rückten frische Reserven heran:

»Folglich«, berichtet Hajjan ben Chalaf, »zog der Gegner sich zurück und wurde geschlagen. Die Muslime, die nachdrängten, räumten nach Herzenslust unter den Fliehenden auf. Die meisten (Christen) hielten noch die Stricke in den Händen, mit denen sie die muslimischen Kriegsgefangenen hatten fesseln wollen. Der gesamte Bestand des kastilischen Lagers an Vieh, Waffen und Gerätschaften wurde erbeutet. Die Reiterei setzte meilenweit die Verfolgung fort.«

Diese Verfolgung ließ Almanzors Truppen über Najera hinaus nach Norden stürmen; der obere Ebro wurde überschritten und das Vorfeld von Pampluna erreicht, die Stadt aber nicht eingenommen. Der eigentliche Held der Schlacht von Cervera war – von Almanzor abgesehen, der durch seine Festigkeit den Truppen Mut machte, aber wohl selbst nicht kämpfte – ein König der nordafrikanischen Banu Dammar. Er erschlug in einem der Zweikämpfe zwischen den Anführern den Grafen Gomez und überbrachte das Haupt des Unterlegenen dem auf dem Feldherrenhügel ausharrenden Almanzor. Wunder von Tapferkeit verrichtete auch Almanzors Sohn Abdelmelik mit den ihm unterstellten Berbereinheiten.

Wie hohe Ansprüche Almanzor an seine Freiwilligenarmee stellte, geht aus einem Tagesbefehl hervor, den er nach der Rückkehr nach Cordoba, also nach 109 Feldzugstagen, verlesen ließ. Darin hielt er seinen Soldaten vor, daß sie stets behauptet hätten, sich auf die Erstürmung von Festungen nicht zu verstehen und die offene Feldschlacht vorzuziehen; als ihnen nun aber bei Cervera König Sancho ohne den Rückhalt irgendwelcher Festungsmauern entgegentrat, seien sie gelaufen »wie das Straußenjunge vor dem Jäger«. Andererseits gibt es von Almanzors Hofdichter Said ein großes Glückwunschgedicht über den Sieg von Cervera, in dem es unter anderem heißt:

> »Ich war mit ihm zusammen, während Gott ihn standfest sah, und zwischen Auf- und Niederwogenden der Tod erschien. Den Feldherrn überflutete der Feind, und aus der Schar erhob sich nur ein Felsenberg inmitten einer Wüste.«

König Sanchos Besuch in Cordoba, wo er die Friedensbedingungen entgegennehmen mußte, wurde zu einem denkwürdigen Ereignis, nicht nur wegen des Prunks, den Almanzor, der Sieger, aus diesem Anlaß entfaltete, sondern auch, weil Sancho seine Tochter wiedersah und seinen islamisch erzogenen Enkel Sanchuelo, in Cordoba Abderrahman genannt, Almanzors zweiten Sohn aus seiner Ehe mit der Königstochter aus Navarra.

Almanzor hatte, auf der Höhe seiner Macht, zwei Ehen mit

spanischen Prinzessinnen geschlossen. Die eine war Teresa, die Tochter des Königs Bermudes II., die man nach Cordoba geschickt hatte, damit sie den Diktator des Kalifenreiches milde stimme. Sie sprach damals das stolze Wort, ein Reich müsse sein Heil den Lanzen seiner Krieger verdanken, nicht der Schönheit seiner Frauen. Almanzor nahm sie in seinen Harem auf, hatte jedoch - wie es scheint - kein Kind von ihr. Nach Almanzors Tod von seinem Sohn und Nachfolger nach Leon zurückgeschickt, nahm sie den Schleier und starb am 25. April 1039 im Kloster. Da sie ihren Zwangs-Gatten um siebenunddreißig Jahre überlebte, mag sie ein noch sehr junges Mädchen gewesen sein und offensichtlich auch sehr schön, als man sie aus politischen Gründen dem übermächtigen Gegner ins Haus schickte.

Vorher schon hatte Almanzor die Prinzessin Abda - dies war ihr muslimischer Name - aus dem Haus der Könige von Navarra geheiratet, ein Mädchen, das die maurischen Historiker als Baskin bezeichnen, ein damals ziemlich weiter Begriff. Sie gebar um 984 den Prinzen Abderrahman, nannte ihn aber in Gedanken an ihren Großvater und wohl auch aus Heimweh Sanchuelo, den kleinen Sancho. Als Beinamen führte der kleine Prinz noch die schmeichelhafte arabische Bezeichnung Dhu-l-sabikatain, was bedeutet: der mit zwei berühmten Ahnenstämmen.

Sanchuelo war schon in jungen Jahren zum Vezier erhoben worden und zog seinem Großvater entgegen, als dieser zu Friedensverhandlungen nach Cordoba kam. Nach den Schilderungen arabischer Chronisten soll im Rahmen dieser überaus festlichen Begegnung, deren Pomp naturgemäß auf den Kleinkönig aus dem Norden stärksten Eindruck machte, der Großvater dem Enkel den Fuß geküßt haben. Im Alzahira-Palast allerdings wurde dem alten Sancho dann ein goldener Sessel angeboten, damit er mit seinem Schwiegersohn den Frieden besprechen könne (992).

Unter den Anekdoten aus Almanzors Spätzeit dominieren jene, in denen der Reichsverweser prophetische Gaben verrät, so wie er ja auch in jungen Jahren schon geahnt haben soll, wie hoch er steigen werde und einzelnen Freunden sogar bestimmte Ämter versprach, nach denen sie Verlangen zeigten und die sie dann auch tatsächlich erhielten.

Ibn Hayan beruft sich auf den Almanzor nahestehenden Vezier Ahmad ben Said ben Hazm für die Wahrheit der folgenden Geschichte, die sich in zwei bekannten und als verläßlich geltenden Chroniken der Zeit findet: »Wir saßen mit Almanzor in der Gondel und befuhren den Guadalquivir in Sichtweite des Alzahira-Palasts. Abu Umar ben Muhammed ben Hudair befand sich unter den Vertrauten. Almanzors Blicke schweiften über seine Palastbauten, die hohen Schlösser und stolzen Burgen, deren Schönheit uns alle in Bann hielt. »Ach du schönes Zahira!« rief er plötzlich aus, »wie herrlich bist du anzuschauen, wie wunderbar erscheint dein Bild! Oh, wer ist der schändliche Teufel, der dich zerstören wird!«

Wir vernahmen seine Worte mit Bestürzung und glaubten, der Wein spräche aus ihm. Abu Umar mißbilligte das Gehörte sehr, bis Almanzor ihm in die Rede fiel: »Du tust, als hättest du nie davon gehört, Abu Umar! Und dabei wißt ihr doch Bescheid, du und dein Geschlecht, durch el Hakem, daß es sich erfüllen wird als unvermeidliches Verhängnis. Aber ihr stellt euch ahnungslos! Unser Feind wird über Alzahira kommen und diese Residenz zerstören; in den Fluß hier wird er die Trümmer werfen!«

In der Folge befaßten wir uns dann ernstlich mit der Deutung dieser und anderer Überlieferungen. Almanzor wußte auch zu sagen, unter welchem Amiriden die Herrschaft seines Hauses enden und wie dieser Letzte des Geschlechts beschaffen sein werde.«

Mag diese Luzidität in Hinblick auf das Kommende und vor allem auf den eigenen Untergang nur aus Legenden oder Anekdoten glaubhaft werden, so ist andererseits doch sicher, daß Almanzor seinen Tod nahe fühlte und nach einem Leben voll von Erfolgen und Ruhm an sein Seelenheil zu denken begann. Er bewahrte den Staub seiner Rüstungen und Reitkleidungen von allen Razzien auf, die ja als heilige Kriege galten.

Seine Töchter, von denen uns vier namentlich bekannt sind, nähten gemeinsam an seinem Totenhemd. Sie trugen die Namen von Blumen: Bahar, Buraiha, Banafsadj und Nardhis.

Über seinen letzten Feldzug herrschte lange Zeit eine gewisse Unklarheit. Christliche Quellen sprachen von einer mörderischen Schlacht bei Calacanazor, die Almanzor verloren habe; schwer verwundet entronnen, habe er sich nicht verbinden lassen und sei an seinen Verletzungen gestorben. Bei dieser Schlacht zwischen Medinaceli und Burgos hätten die Mauren sechzigtausend Fußsoldaten und vierzigtausend Reiter verloren (Rodericus Toletanus: *In loco quodam qui Arabice dicitur Calacanazor*; außer ihm Lucas Tudensis und, allerdings erst 1573, noch Marmol Carvajal).

Sind schon diese Zahlen völlig phantastisch – in der schweren Schlacht von Cervera verlor Almanzor siebenhundert Reiter – so hat die moderne Forschung, vor allem Dozy und Lévi-Provençal, inzwischen schlüssig nachgewiesen, daß diese letzte Niederlage Irrtum oder Erfindung der christlichen Chronistik ist, die diese übermächtige Erscheinung, den wahren Beherrscher des zehnten Jahrhunderts, nicht in seiner vollen und ungebrochenen Größe ins Jenseits entrinnen lassen wollte. Almanzor hatte tatsächlich im Sommer seines letzten Lebensjahres, also 1002, abermals eine Razzia durchgeführt. Sie hatte die Landschaft Rioja des kastilischen Gebietes zum Ziel, passierte Canales, fünfzig Kilometer südwestlich von Najera, und endete bei einem Kloster, das Dozy als San Millán de la Cogolla bei Burgos identifiziert hat. Das Kloster wurde geplündert und niedergebrannt. Die Spuren des Brandes waren an den Mauern aus dem zehnten Jahrhundert noch bis an die Schwelle unserer Zeit zu erkennen.

Ob Almanzor dabei verwundet wurde oder lediglich unter schweren Gichtanfällen litt, ist bis heute nicht geklärt. Auf dem Rückmarsch nach Medinaceli, der von ihm so stark befestigten wichtigen Etappenstadt, ließ er sich jedenfalls in der Sänfte tragen und hatte starke Schmerzen. Er schätzte den elastischen Gang der Negerträger, die ihm Stöße und Unebenheiten ersparten, litt aber unter dem Körpergeruch der Männer.

Almanzor verschied in der Nacht zum 27. Ramadan des Jahres 392 – am 11. August 1002 – und wurde im Hof des Alcazars von Medinaceli beigesetzt. Das Grab war einige Jahrhunderte lang erkennbar und wurde besucht. Während Ibn al Hatib behauptete, es habe keine Grabschrift gegeben, nennen andere Quellen (Nafh und Bayan) die Verse:

»Seine Spuren sprechen dir von seinen Taten
als sähest du mit eignen Augen ihn.
Gott! Die Zeit bringt nie mehr seinesgleichen
niemand schützt die Grenzen außer ihm.«

Ebenfalls doppelt überliefert ist das Testament des Diktators, eines der wertvollsten und interessantesten Zeugnisse seiner Art aus der ganzen Geschichte. Almanzor sagt darin unter anderem zu seinem Sohn und Nachfolger Abdelmelik:

»Ich habe dir den Boden der Macht geebnet und die Zuneigung der Großen gesichert; ich habe dir einen mehr als ausreichenden Steuerschatz vermacht, um deine Position durch Heer und Fiskus zu stärken. So lasse dich nicht zu übertriebenen Ausgaben oder zur Unterstützung ungerechter Beamter verleiten, dein Staat könnte sonst rasch verfallen, denn jede Verschwendung führt unweigerlich zum Verfall...

Die Untertanen habe ich dir voll gefügig gemacht; ihr letztes Ziel ist ja nur, vor Ungemach bewahrt zu sein und auf deine Nachsicht zu vertrauen.

Den Mann im Schlosse (gemeint ist der Kalif Hischam) kennst du inzwischen in seiner Art und weißt, daß du von ihm nichts zu befürchten hast. Alles Böse kommt vielmehr von denen, die ihm dienen und in seinem Namen aufbegehren; so wiege dich angesichts dieser Rotte nicht völlig in Sicherheit, sondern lasse in deinem Argwohn oder Mißtrauen niemals nach! Unverweilt strafe jeden, den du aus ihrer Mitte fürchten mußt, bei dem geringsten Anlaß.«

In der Folge weist Almanzor noch auf sein Privatvermögen hin, bei Abdelmeliks Mutter für den Notfall gehortet, und erklärt, warum er Abderrahman-Sanchuelo, dem Prinzen mit dem Baskenblut, zwar ein großes Erbteil bestimmt, aber das

Kommando über die Grenzmark entzogen habe: die christlichen Königreiche würden sogleich nach Almanzors Tod versuchen, diesen Prinzen ihres Blutes auf ihre Seite hinüberzuziehen und Zwietracht unter Almanzors Söhnen zu säen. »Ich habe dich davor bewahrt, Abderrahman fürchten zu müssen«, sagt das Testament, »bewahre mich davor, daß du deinem Halbbruder Böses antust.«

Almanzor spricht dann noch über die Verwandten, erwähnt die gut ausgebauten Fluchtburgen, auf denen seine Nachfolger einer Empörung trotzen und den Angriffen der Omayaden-Partei widerstehen könnten, und ermahnt seine Söhne vor allem zur Einmütigkeit.

»Als er diese Worte vernommen hatte«, sagt Ibn al Hatib im 83. Kapitel seines unschätzbaren Werkes, »zog sich Abdelmelik Muzaffar zu seinen Staatsgeschäften zurück und übernahm die Regierung. Almanzor, alleingelassen, focht seinen letzten Strauß, seinen einsamen Kampf auf dem Gipfel des Ruhmes. Preis dem Lebendigen, dem Immerwährenden, kein Gott ist außer ihm!«

El Cid

Hundert Jahre trennen Almanzor, den Sieger, von Rodrigo Diaz de Vivar, den spanische wie arabische Historiker den Cid Campeador – al Kanbitur – nennen, den Schlachtengewinner. Damit hatte dann auch das christliche Spanien seinen Helden und das Maurenland den großen Gegner, »Gottes Feind el Campeador« genannt. In ihrem Charakterbild weisen der Streiter für Allah und der Nationalheros der Christen eine Reihe von Parallelen auf. Macht steht beiden über der Religion; in der Wahl ihrer Mittel zeigen beide nur geringe Skrupel, und ihre Führerqualität ist im hohen Maß im persönlichen Beispiel begründet. Wenn der Cid dennoch auf halbem Weg stehen blieb, wenn er das christliche Spanien nicht zu jener gewaltigen Machtentfaltung einigen konnte, die Almanzor in einem runden Hundert von Feldzügen zuwege brachte, dann lag das daran, daß der aufsteigende Amiride immerhin eine festgefügte Kalifenherrschaft vorgefunden und das Erbe zweier fähiger Herrscher angetreten hatte, während el Cid die Rivalitäten der kleinen spanischen Reiche hätte überwinden müssen, um sich als der große Einiger durchsetzen zu können. An dieser übermenschlichen Aufgabe gescheitert, wurde er immerhin selbst Herr eines jener Kleinreiche, sah seine Töchter an Königssöhne verheiratet und errang sich einen Platz im Herzen seines Volkes, obwohl er seine größten Erfolge eigentlich auf Nebenkriegsschauplätzen errang.

Betrachtet man die iberische Halbinsel fünf oder sechs Jahrzehnte nach dem Tod Almanzors, so muß man allerdings den Eindruck gewinnen, daß es Hauptkriegsschauplätze hier gar nicht mehr geben konnte. Nicht nur im Norden, sondern auch im bis dahin so fest geschlossenen Süden hatten politische Aufsplitterung und Nachbarn-Rivalität ein so wirres Bild geschaffen, daß selbst die bis dahin stets sichtbare Linie der Glaubensunterschiede sich zu verwischen beginnt.

Auf Almanzor konnte sein kriegserfahrener Sohn Abdelmelik folgen, verblüffend glatt und friedlich, als trachte Hischam tatsächlich, dem Charakterbild zu entsprechen, das Almanzor in seiner Todesstunde von ihm entworfen hatte. Der Sohn des Reichsverwesers wurde ohne Diskussion in die Machtposition des Vaters eingesetzt, der Kalif begehrte für sich nichts weiter als Ruhe, Sicherheit und den gewohnten Luxus. Erst als Abdelmelik nach sechs Regierungsjahren einen ungeklärten Tod starb, vielleicht – wie zumindest seine Mutter annahm – auf dem Rückmarsch von einem seiner siegreichen Feldzüge vergiftet wurde, witterte die Opposition Morgenluft und gönnte seinem schwachen Nachfolger Abderrahman-Sanchuelo nur noch vier Monate Herrschaft. Ein halb verkommener, aber beim Volk von Cordoba beliebter Prinz aus einer Omayaden-Nebenlinie, Muhammad II. el Mahdi, errang mit einem Handstreich die Macht einfach dadurch, daß er seinen Anhängern aus dem cordovanischen Plebs die Plünderung von Alzahira versprach. Sanchuelo und sein Freund Graf Garcia Gomez wurden, von einem Großteil ihrer Truppen verlassen, im März des Jahres 1009 gefangengenommen und getötet, ihre Leichname bald darauf in Cordoba dem Pöbel preisgegeben.

Die Vision, die Almanzor gehabt hatte, als er auf einer Barke den Guadalquivir hinabglitt, vorbei an seiner Märchenstadt Alzahira, sie wurde nun Wirklichkeit; die Hefe der Millionenstadt ergoß sich in die Räume, in denen ein kunstsinniger Tyrann an nichts gespart hatte, und Hischam II. zeigte sich zitternd auf einer Terrasse seines Palastes um zu verhindern, daß es dem Prachtbau seines Großvaters ähnlich ergehe. Es half ihm nicht viel, denn Muhammad ließ ihn bald aus dem Palast holen und irgendwo in Cordoba verstecken, während ein ihm ähnlich sehender Jude getötet und zum Beweis für das Ableben Hischams im Palast aufgebahrt wurde.

Nicht viel klüger, sondern in der gleichen Manier billiger Winkelzüge, verhielt sich Muhammad, als es ans Regieren ging, stieß alles vor den Kopf, was ihm hätte helfen können und umgab sich mit den Oberplünderern, die sich als elende Minister erwiesen. Das hatte die unausweichliche Folge, daß schon im November desselben Jahres die erbosten Berbereinheiten der regulären Armee einen eigenen Kalifen auf den Schild erhoben – Abderrahman III. hatte ja für hinreichende Nachkommenschaft gesorgt – und Muhammad in jenen cordovanischen Untergrund zurückzwangen, aus dem er gekommen war. Damit erhielt nun der immer noch ans Kreuz genagelte Sanchuelo endlich ein anständiges Begräbnis, aber die Kämpfe gingen weiter, denn die Berber hatten ihren Sieg über Muhammad nur mit der tatkräftigen Hilfe des Grafen Sancho Garcia von Kastilien errungen, und die Erfolge des Erzfeindes aus dem Norden führten dem unfähigen, aber zähen Muhammad neue Sympathisanten zu – vor allem, als sich herausstellte, daß sich der tüchtige Graf von Kastilien seine Hilfe durch eine Reihe von Grenzfestungen hatte honorieren lassen, die bis dahin fest in den Händen der Omayaden gewesen waren: San Esteban und Clunia, Osma und Gormaz.

Dynastien werden jedoch selten nur von außen gefällt, und entscheidend für Niedergang und Ende der Omayaden waren nicht ein paar Festungen an der ohnedies in ihrem Verlauf recht unsicheren Grenze, sondern der Verlust der Autorität in der Millionenstadt Cordoba, dem Macht- und Verwaltungszentrum des Maurenreiches in Spanien.

Nach Usurpatoren und Außenseitern, nach schwachen Omayaden aus den bis dahin wenig beachteten Nebenlinien und wiederholten Unruhen unter dem Plebs der großen Stadt, entschloß sich das reiche Bürgertum zu einem letzten Versuch, die alten Ordnungen wiederherzustellen, weil ihr Verlust ja vor allem sie, die Besitzenden gefährdete. Es wurde eine kurze Illusion: der allerletzte Omayade erwählte sich einen ehemaligen Weber zum Premierminister und dieser wiederum kümmerte sich vor allem um die gute Laune seines Herrn, indem er für erlesene Gerichte und schöne Tänzerinnen sorgte. Das unwürdige Schauspiel ging im November des Jahres 1031 zu Ende, die Cordovaner erschlugen den Minister und vertrieben den Kalifen ins ferne Lerida. Die ruhmreiche Ära der Omayaden war ruhmlos zu Ende gegangen, und das maurische Spanien zerfiel in die sogenannten Muluk at Tawaif, in Kleinreiche im Umkreis der wichtigeren Städte, die unter dem spanisch-arabischen Namen *Reyes de Taifas* in die Geschichte eingegangen sind. Es gab deren zeitweise nicht weniger als sechsundzwanzig.

Diese Schwäche eines an sich reichen Landes, dessen wirtschaftliche Blüte durch den Niedergang der Dynastie nicht mit vernichtet worden war, hätte dem christlichen Norden die Chance der Rückeroberung geboten, der Re-Christianisierung der ganzen Halbinsel. Aber ein Vakuum militärischer Macht ist stets an allen Grenzen wirksam, und so drängten begehrliche Nachbarn nicht nur von Norden nach Süden, sondern auch von Süden – über die Meerenge von Gibraltar – nach Norden. Aus den Kämpfen der christlichen Königreiche gegen die Reyes de Taifas, die wohl schnell zu Ende gegangen wären, wurde eine an verschiedenen Fronten, ja, zu Lande wie zur See ausgefochtene Auseinandersetzung zwischen Nordspanien und Nordafrika, ein Kampf gleichsam um die Beute.

Diese Beute freilich lohnte den Einsatz, denn die Araber hatten sich keineswegs damit begnügt, am Kalifenhof und in seinem Umkreis die Wissenschaften und die Künste zu pflegen, sondern sie hatten den allgemeinen wissenschaftlichen Fortschritt in durchaus moderner Weise auch der Volkswirtschaft zugute kommen lassen. Im Escurial wird die erstaunliche Abhandlung über den Ackerbau aufbewahrt, die der Sevillaner Abu Zacharia verfaßte. Aus ihr geht hervor, daß die Araber hinsichtlich der zu säenden Getreidesorten, der Eigenschaften verschiedener Düngemittel, des Nutzens von Anbaukombinationen verschiedener Pflanzen und vor allem in den Bewässerungsfragen so ausgezeichnet informiert waren und so viele Erfahrungen gesammelt hatten, daß Spanien noch um die Mitte des vorigen Jahrhunderts landwirtschaftlich weit schlechter genutzt war als in der Omayadenzeit.

Dazu kam, daß aus dem Orient und aus Afrika neue Gewächse erst versuchsweise, dann in großem Stil angebaut worden waren: die Palme, das Zuckerrohr, die Baumwollsträucher, dazu Reis, Safran und Spinat. Da der Koran den Verkauf überschüssigen Brotgetreides verbot, wurden Felsenhöhlen als Silos genutzt und durch ein Abdeckungsverfahren die Kornreserven in bestem Zustand gehalten. Hingegen bestand kein Verbot, Überschüsse aus dem Bergbau auszuführen, und so wurden die Eisen-, Blei- und Quecksilberbergwerke emsig betrieben. Was die Waffenschmieden von Toledo und Granada nicht verarbeiteten und das Land nicht brauchte, ging ebenso in den Export wie ein gut Teil der Erzeugnisse der Textilindustrie, deren feine Wollstoffe im Ausland sehr geschätzt wurden. Unter den Luxuswaren stand das cordovanische Leder in verschiedenen Verarbeitungen obenan, aber andere Kunstfertigkeiten, welche die Araber aus China übernommen hatten, wurden ebenfalls auf spanischem Boden mit Erfolg weitergepflegt: die Herstellung des Porzellans und die Papierindustrie.

Vierhundert Jahre vor den ersten deutschen Papiermachern stellten die arabischen Spezialisten, die sich stolz *al Warrak* – Blattmacher – nannten, vor allem im Raum von San Felipe (Valencia) in wasserkraftgetriebenen Papiermühlen weißes Hadernpapier her und verstanden es auch, es für besondere Gelegenheiten zu färben. Da blau die Farbe der Trauer war, wurden Todesurteile auf blauen Briefbogen ausgefertigt, wozu Indigo oder Kobalt verwendet wurde. Vornehme hatten das Vorrecht, rotes Papier zu verwenden, und mit Safran gelb gefärbtes Papier diente der besonderen Prachtentfaltung.

Von all diesen Dingen konnte man im christlichen Norden Spaniens nur staunend Kenntnis nehmen; sie nachzuahmen, fehlten alle Voraussetzungen, hatten doch selbst die spanischen Hohen Schulen gegenüber jenen der Mauren eine Verspätung von mehr als dreihundert Jahren: Palencia wurde 1212 von König Alfons VIII. gegründet, Salamanca 1243 von Ferdinand III., Valladolid trat um 1300 die Nachfolge von Palencia

Rechts: Blick aus der »Sala de los Ajimeces« in das Schlafzimmer im »Palast der Sultanin«; folgende Doppelseite: Blick vom »Torre de las Dames« über die Alhambra auf das alte Maurenviertel.

an und Valencia wie Sevilla setzten im dreizehnten Jahrhundert, nach der Eroberung dieser Städte, an die Stelle der dort bereits bestehenden Hohen Schulen der maurischen Wissenschaft christliche Universitäten.

Diesem Umstand war es zu verdanken, daß auch Rodrigo Diaz y Vivar, der als *el Cid* bekannte Nationalheld Spaniens, einen arabischen Lehrer hatte, und zwar den gelehrten Kharub ben Khamar aus Granada. Er unterrichtete den kräftigen Sohn des Don Diego Lainez auf dem Stammsitz der Herren von Vivar, der eine Reitstunde nördlich der Stadt Burgos lag.

Rodrigo wird uns als groß und blond geschildert, als ein junger Ritter von außerordentlichen Körperkräften und großer Ausdauer im Kampf. Er verrät also durch seine äußere Erscheinung ebenso wie durch seinen Namen seine gotische Herkunft, denn Rodericus war jener Gotenkönig, den die Berber im

Der Cid verläßt San Pedro de Cardena. Titelminiatur der Crónica del Cid, 1498.

Links: Der »Zypressenhof« mit seinem alten maurischen Springbrunnen in der Alhambra.

Jahr 711 besiegen mußten, um ins Herz Spaniens vordringen zu können.

Die Geschichte des Rodrigo Diaz de Vivar ist eine der schönsten aller spanischen Geschichten, und das will etwas heißen. Aber wie bei allen schönen Geschichten weiß bis heute niemand, was an ihr geschichtliche Wahrheit ist und was Legende; denn man kann das später Hinzugekommene nicht so kurzerhand vom Tisch wischen: die Legendenbildung setzt nämlich schon außerordentlich früh ein, und zwar mit dem *Cantar de mio Cid* eines unbekannten Dichters, das wenig mehr als drei Jahrzehnte nach dem Tod seines Helden entstand. Der Verfasser der 3730 assonierenden Alexandriner verrät durch diese Technik eine gewisse Bekanntschaft mit der germanischen Dichtung und den Heldenliedern der späten Völkerwanderungszeit und ist dem Dichter des etwa gleichzeitig entstandenen Rolandsliedes durch die ungleich größere Wahrheitsliebe, aber auch durch die zahlreichen menschlichen Züge überlegen, die er seinem Helden gibt.

Die große Dichtung eines uns Unbekannten, der aber vielleicht den Cid selbst noch gekannt hat, schildert uns Ruy (Rodrigo) Diaz de Vivar zwar als einen harten Kämpfer, aber vor allem als einen liebenden Gatten, der an seiner Jimena, Tochter eines Grafen von Oviedo, mit ebenso großer Liebe hängt wie an seinen Töchtern. Von seinem Vater in den ritterlichen Tugenden und zu unbedingter Königstreue erzogen, stand Rodrigo zunächst hinter König Sancho, der die seinem Vater auf dem Sterbebett abgerungene Teilung des Reiches nicht anerkannte. Sanchos Bruder Alfons und Urraca, die den schwachen Alfons lenkende energische Schwester, hatten sich in ihrer Stadt Zamora verschanzt und ließen Sancho während der Belagerung durch einen Mann, dem er vertraute, ermorden. Damit war für Rodrigo eine schwierige Lage eingetreten; er hatte, banal gesprochen, auf das falsche Pferd gesetzt, und es scheint, daß er schon damals erste Verbindungen mit den Arabern anknüpfte. Das Maurische Reich war ja in zahlreiche Königtümer oder Emirate zerfallen, und vor allem in Saragossa saß mit Al Mutamin ein Fürst von großen persönlichen Gaben, der den starken

Charakter des arabisch erzogenen und arabisch sprechenden jungen Ritters schnell erkannte und ihm ein Leben lang freundschaftlich verbunden blieb.

Als Alfons nach und nach aus dem Schatten seiner Schwester Urraca trat und die hohen Geistesgaben zeigte, die ihm den Namen *el Sabio*, der Weise, einbringen sollten, versuchte Rodrigo, sich den König durch Geschenke geneigt zu machen und in seinen Besitz wieder eingesetzt zu werden, vielleicht auch, einen Befehlshaberposten in der Armee zu erlangen. Die Harmonie zwischen dem klugen, aber weichen König und dem rauhen, inzwischen an Erfolge gewöhnten Ritter stand jedoch auf sehr schwachen Füßen. Mindestens einmal scheint Rodrigo im Zorn wieder vom Hof geschieden zu sein, obwohl er damit auch seine Frau Jimena und seine beiden Töchter der Willkür des Königs auslieferte.

Während seine Familie im Kloster von Cardena zurückgehalten wird, macht sich der Cid die Schwäche beider Parteien, der Christen wie der Muslimen, zunutze und schafft sich mit einer Truppe aus Söldnern und Abenteurern sein eigenes Reich, richtiger eine Machtzone, in der christliche Grafen wie Berengar von Barcelona ebenso auf ihn hören und ihm Gefolgschaft leisten wie maurische Emire. Mauren, Basken, Franken und Iren kämpfen unter dem Cid, und die im *Cantar de mio Cid* breit ausgeführten wirtschaftlichen Ergebnisse dieser Kämpfe – Besitztümer, Tribute und Zinsen – geben uns einen hochinteressanten Einblick in die höchst irdisch-materialistischen Beweggründe so manchen Glaubenskampfes und anderer Auseinandersetzungen an den spanischen Fronten.

Wir sehen also den Cid wohl am richtigsten in der Rolle eines Condottiere, ein paar Jahrhunderte vor den großen Kollegen in diesem stets ein wenig zwielichtigen Tun und vor der hohen Zeit der Söldnerführer in der Renaissance. Die Legende freilich unterschiebt ihm hohe und edle Ziele, wie ja auch bei Wallenstein geschehen, der seine Armee auf ähnlicher Basis ausrüstete und führte: der Cid soll die Einigung Spaniens im Auge gehabt und ein einziges großes christliches Spanien angestrebt haben, in dem allerdings die Muslimen ebenso frei ihren Glauben ausüben durften, wie die Christen im Maurenreich. Schon dieser Gedanke, angesichts der Unduldsamkeit der katholischen Kirche eine traurige Utopie, läßt die legendäre Aura des Reichseinigers verwehen, denn Rodrigo Diaz de Vivar mußte ganz genau wissen, wie die Geistlichkeit Kastiliens oder Aragons mit den Muslimen verfahren würde. Die Toleranz, die das Maurenreich hatte aufblühen und Mohammedaner, Christen und Juden zu seinem Gedeihen hatte zusammenwirken lassen, gab es im ganzen mittelalterlichen Europa allenfalls in der Handelsrepublik Venedig und in ein paar Slawenstädten des Ostsee-Handelsraumes; als Regierungsmaxime hätte auch ein König wie Alfons der Weise sie nicht gegen die Bischöfe durchzusetzen vermocht.

Ist dieses hohe Ziel also wohl pure Legende, so ist der Kampf um das Emirat Valencia als eine zähe Großtat des Cid unleugbare historische Tatsache. Während sich die nordspanischen Christenreiche mit unzulänglichen Kräften gegen die wilden Berber und Numidier des Almoraviden Yussuf ibn Tasfin wehrten und die schwere Niederlage bei Sakkala hinnehmen mußten, eroberte der Cid nach jahrelanger Belagerung die Stadt Valencia, in der al Kadir, der dickste aller Emire, erstaunlich hartnäckigen Widerstand leistete. Valencia war im elften Jahrhundert eine der größten Maurenstädte und eine wichtige Einfallspforte für die nordafrikanischen Almoraviden; aber an der Seite seines Königs und im großen Rahmen der kastilisch-navarresischen Christenarmee hätte der Cid mit seinen Getreuen dennoch mehr für die christliche Sache tun können.

Eben durch die schwere Niederlage der Christen aber hatte der schließliche Erfolg des Cid gegen die Mauern und Türme von Valencia in den Augen des Almoraviden Yussuf den Charakter einer Provokation angenommen. Sein Sieg über Alfons und die kampferprobten Ritter aus dem Norden hatte den Charakter dieses stürmischen, ja vielleicht blindwütigen Afrikaners deutlich werden lassen. Mit dem Selbstgefühl des absoluten Herrschers, prunksüchtig und unbändig zugleich wie die alten Numidierkönige, hatte er den heiligen Krieg zu einem afrikanischen Naturereignis gemacht, hatte zweihundert Negertrommler ins Gefecht geführt, deren rollender Terror die christlichen Fußsoldaten verschreckte und die Pferde scheuen ließ.

Diese Armee, blutdürstig, siegestrunken und beutegierig, wandte sich nun gegen Valencia, wo der Cid, der schon zu Lebzeiten zum Mythos gewordene große Gegenspieler des afrikanischen Eroberers, unumschränkt herrschte, wo der tapfere Emir wie ein Kazike aufgespießt worden war und wo der aus einer alten Gelehrtenfamilie stammende Kadi Ibn Djahaf den Scheiterhaufen besteigen mußte. Rodrigo Diaz hatte die Stadt nach der langen Belagerung und Beschießung noch nicht völlig verteidigungsbereit machen können, als sich auf den umliegenden Bergen die Reitervortrupps Yussufs zeigten. Valencia war wegen seiner langen Meeresfront schwer einzuschließen und auszuhungern, das hatte der Cid selbst in jahrelanger Belagerungsmühe nur zu gut erkannt; andererseits aber war die von Bergen umgebene Stadt leicht gegen eine Entsatzarmee abzuschirmen und schnell und wirksam nur vom Meer her zu entsetzen – sofern eine Flotte die Truppenlandungen schützte. König Alfons aber, so weise er war, besaß keine Flotte, und so war der Cid auf sich selbst gestellt.

Don Rodrigo tat, was mutige Unterlegene in solchen Lagen einzig tun können: er versuchte, durch massierte Ausfälle Einzelerfolge zu erringen, den Gegner zur Vorsicht zu zwingen und damit Zeit zu gewinnen. Schließlich mußte König Alfons, auch wenn er dem Cid seine trotzige Unabhängigkeit verübelte, ein Interesse daran haben, den großen Hafen nicht in die Hände der Muslimen fallen zu lassen.

Der Kampf, der nun, in den letzten Monaten des elften Jahrhunderts, entbrannte, ist eine der großen romantischen Peripetien der Reconquista, denn während das 1085 von Alfons dem Weisen eroberte Toledo dank seiner besonderen Lage gehalten werden konnte und fortan die Hauptstadt des christlichen Spanien sein durfte, wechselte das weiter im Südosten liegende, vom christlichen Machtzentrum weit entfernte Valencia noch einmal den Besitzer. Es zeigt uns den Cid damit als einen zu früh Gekommenen, als einen jener Helden, die auf ihre eigene

Kraft zu stark vertrauten und die Gesamtsituation der christlichen Reiche auf der Pyrenäenhalbinsel darum nicht richtig einschätzten.

Mit zahlreichen todesmutigen Ausfällen hatte der Cid zwar den Gegner eingeschüchtert, aber den Belagerungsring nicht zu sprengen vermocht. Einer seiner tapfersten Freunde, Bran MacChlanna, war an der Spitze der irischen Söldner bei einem dieser Kämpfe gefallen, aber das christliche Valencia und die Abenteurerschar des großen Condottiere vertrauten noch immer dem Glück, das in Gestalt des blonden Ritters auf seinem kräftigen Schimmel Babieca unter ihnen weilte.

Dann aber kam der Tag, wo bei einem dieser Ausritte ein Pfeil den bereits mehrmals leicht verwundeten Rodrigo Diaz an einer gefährlichen Stelle traf: einige Zentimeter über dem Herzen und damit für jene Zeiten inoperabel. Jimena und die Töchter, die nach Jahren der Trennung mit Rodrigo endlich wieder vereint waren, pflegten den Gatten und Vater aufopfernd, aber auch der beste Feldscher durfte sich wegen des ungeheuren Blutverlusts nicht daran wagen, den Pfeil aus der Brust zu schneiden. Um den Seinen Mut zu machen, zeigte sich der geschwächte Cid unter Schmerzen gelegentlich auf dem Balkon des Palastes, den früher, unter dem trink- und liebesfreudigen Emir, so fröhliches Leben erfüllt hatte, aber Hoffnung auf eine Genesung hegte niemand mehr.

Die Belagerer riefen über die Wälle in die Stadt, daß der Cid gefallen sei, und die Verteidiger antworteten mehr aus Trotz als aus Überzeugung, der Cid Campeador sei unsterblich und werde alle Berber und Numidier zum Teufel jagen.

Beim Herannahen einer Hilfstruppe, die nach der Überlieferung von König Alfons selbst angeführt wurde, kam es zu einem letzten Kräftemessen mit den Afrikanern. Der Cid aber konnte nicht mehr kommandieren, er war am 10. Juli 1099 in den Armen seiner Frau verstorben. Um den Truppen dennoch die Illusion zu geben, der Cid führe sie, soll sein Leichnam auf das erfahrene Streitroß Babieca gebunden worden sein. Nur neun Vertraute wußten von der Täuschung. So schlug man, den toten Cid voran, die große Befreiungsschlacht um Valen-

König Alfons VI. im Kreise seiner Berater. Miniatur aus der Crónica del Cid, 1498.

cia. Als immer mehr Pfeile den aufrecht im Sattel sitzenden Cid trafen, ohne daß er wankte und wich, bemächtigte sich – so sagt die Legende – der Berber die abergläubische Furcht vor einem großen Zauberer und sie gaben Fersengeld. Babieca aber sprengte mit dem toten Herrn immer weiter durch die feindlichen Reihen und konnte erst fern der Stadt irgendwo am Strand beruhigt werden.

Jimena, die tapfere Witwe des Cid, hielt die Stadt noch drei Jahre über seinen Tod hinaus. Der tote Campeador war in das Kloster von San Pedro de Cardena geschafft worden, wo sein Grab bald zu einer Wallfahrtsstätte für alle wurde, die auf ein christliches Spanien hofften.

Historisch schwerer greifbar als diese Ereignisse um Valencia ist alles, was der Cid zwischen seinem Abschied aus Burgos und dem Endkampf um Valencia getan und erreicht hat, denn die wirre Geschichte der spanischen und maurischen Kleinreiche ist nur sehr lückenhaft bekannt. Zwischen 1081 und 1089, in den Jahren seines eigentlichen Aufstiegs, ist nur sicher, daß er auf eigene Rechnung und für eigene Macht arbeitete, was in diesem Fall hieß: er kämpfte um sein eigenes Reich und mußte es sich von den Mauren holen. 1089 erging ein königliches Patent, in dem Alfons der Weise seinen tapferen Ritter Rodrigo

Diaz von Vivar als selbständigen Herrn und Herrscher aller Gebiete anerkannte, die dieser sich erobert habe und noch erobern würde. Es ist ein Konquistadoren-Brief, wie man ihn später den Männern ausstellen wird, die für Spanien amerikanische Gebiete erobern sollten. Zum ersten Mal delegiert also ein König die heilige Aufgabe der Reconquista an einen einzelnen, ihm nicht mehr unterstehenden Ritter und erhebt ihn damit nicht gerade in den Status eines Königs, aber doch weit über die anderen Ritter des Reiches.

1089 versuchte Al Kadir, der Emir von Valencia, das in Gestalt des Cid herannahende Unheil mit Geld abzuwenden. Rodrigo Diaz hatte damals also wohl den Ruf eines Landräubers, eines Freischarenführers, dessen Begierden man unter Umständen ablenken konnte. 1092 paktiert der Cid mit der inner-valencianischen Opposition unter dem Kadi Ibn Djehaf, um al Kadir zu stürzen, und erweist sich damit auch als ein Meister der politischen Intrige. Und als nach der Kapitulation der Stadt im Jahr 1094 der Kadi dem Cid eine Rechnung präsentiert und für seinen Verrat an al Kadir vielleicht mehr verlangt, als ausbedungen war, da verurteilt ihn der Cid ohne Zaudern und selbstherrlich wie einst die Kalifen zum Tod auf dem Scheiterhaufen.

Es ist eine ziemlich eigenartige und in Spanien sogar einzigartige Existenz, die der Cid führt, und die Araber haben mit dieser Bezeichnung, die von ihrem Wort für *Herr* abgeleitet ist, zweifellos recht: hier ist ein Starker allein und geht seine Wege zwischen den Fronten. Als er das christlich gewordene Toledo angriff, trug ihm dies die Ungnade seines Königs ein; seine Anhänger aber blieben ihm alle treu, und seine Töchter Cristina und Maria heirateten königlich: den Prinzen Ramiro von Navarra und Ramon Berenguer III. von Barcelona – ein Geschick, das den Töchtern eines erfolgreichen Räubers gewiß nicht beschieden gewesen wäre.

Darf man ihn aber einen Feldherrn nennen? Wäre er nicht wesentlich mehr gewesen als ein guter Feldhauptmann und geschickter Söldnerführer, er hätte die Schlachten von Cuarte (1094) und Bairen (1097) nicht gewinnen können. Erfolge und

Siege, fern vom Hof errungen, ohne Billigung des Königs den Mauren abgetrotzt, das machte den Cid zu einem Volkshelden wie einst Robin Hood. Die Heldentaten der früheren Könige und selbst der Heiligen verblaßten gegen diesen Mann, der aus dem kleinen Adel, aus einem armen Dorf aufgestiegen war und eine der glanzvollsten Städte Spaniens jahrelang beherrscht hatte. »The task of evaluating the Cid's career is a delicate one because of his status as a national hero« schreibt Peter Edward Russell, Professor für Spanische Studien an der Universität Oxford. Darum ist es angebracht, einen arabischen Bericht über die Eroberung von Valencia und die Taten des Cid in der nun ihm gehörenden Stadt zu zitieren; er steht im *Al Amal* des Ibn al Hatib und lautet auszugsweise:

»Gottes Feind el Campeador schwor die grimmigsten Eide, er werde von Valencia nicht eher ablassen, bis er die Stadt erobert habe; den machtlosen Bewohnern der umliegenden Dörfer und Burgen erteilte er den Befehl, die für die Belagerung nötigen Lebensmittel zu liefern. Sodann überlistete der Cid Ibn Djahaf und schloß mit ihm einen Scheinvertrag: sollte Ibn Djahaf die Almoraviden fernhalten und ablenken, so würde er, der Cid, ihn unabhängig regieren lassen. Der Kadi hatte sich nach dem Sturz des Emirs bereits an seine neue königliche Existenz gewöhnt und ging auf die Vorschläge des Cid ein. Doch angesichts der wachsenden Bedrängnis – die Teuerung und das Elend nahmen zu – mußte er sich schließlich doch von Yussuf el Tafsin zahlreiche Truppen schicken lassen. Als der Cid Campeador diese in die Flucht schlug, war das Schicksal der Stadt besiegelt.«

Ibn al Hatib gibt also, wenn auch beschönigend, zu, daß der Kadi zwar auf die Vorschläge des Cid eingegangen war, dann aber doch mit den Almoraviden paktiert hatte. Rodrigo Diaz geriet durch diesen Vertragsbruch denn auch in beträchtlichen Zorn:

»Nun verschärfte sich des Feindes Hundswut gegen Ibn Djahaf und schließlich kapitulierten die Valencianer. Nachdem Ibn Djahaf den Campeador aufgesucht und den Friedensvertrag mit ihm vereinbart hatte, besetzte der Feind die Stadt.

Erneut standen Truppen der Muslimen (d.h. der Almoraviden) zum Kampf bereit, was jedoch am Schicksal der Stadt nichts mehr änderte: über sie war der Stab gebrochen!

Kaum Herr über die Stadt, legte der Cid ihren Bewohnern harte Strafen auf, beschlagnahmte ihr Eigentum und ließ sie – wie man weiß – seine Vergeltung spüren. Er verfügte Ibn Djahafs Kerkerhaft und dehnte die Verfolgung auf die ganze Sippe des Richters aus. Nachdem der Christ sich den gesamten offenen wie geheimen Besitz angeeignet hatte, befahl er, den Scheiterhaufen herzurichten. Ibn Djahaf wurde, in Ketten zwischen Weib und Kind wankend, inmitten zahlreicher Neugieriger beider Religionen vorgeführt. ›Was‹, so richtete el Campeador das Wort an die Menge, ›ist bei euch nach eurem Gesetz die Strafe für jemanden, der seinen Herrn ermordet hat?‹ Als alle schwiegen, fuhr er fort: ›Bei uns ist seine Strafe der Flammentod‹. Schon gab er den Befehl, des Richters Sippe mit in das Feuer zu stoßen, das im weiten Umkreis die Gesichter zu versengen begann, als Christen wie Muslimen laut aufschrien und flehentlich um Schonung der unschuldigen Frauen und Kinder baten. El Campeador ging – nach einigem Nachdenken und Zögern – darauf ein.«

Der Cid hatte bei seinem arabischen Lehrer offensichtlich auch eine ganze Menge griechischer und römischer Geschichte gelernt, denn wie er mit dem angesehenen, aus einer alten Familie stammenden und durch seine Intelligenz gefährlichen Kadi Ibn Djahaf verfährt, das ist ein düsteres Kabinettstück politischen Ränkespiels. Der Kadi hatte den Cid verraten, aber nicht dafür macht er ihm mitten im eroberten Valencia den Prozeß, sondern für die Ermordung des Emirs, den der Kadi bei seiner Revolte gestürzt hatte. Und um Milde zeigen zu können, führt Rodrigo Diaz zunächst auch die Frauen und Kinder des Verurteilten auf den Marktplatz und an die Flammen heran, vermutlich von Anfang an entschlossen, sie zu begnadigen. Dem Kadi freilich schlug die letzte Stunde:

»So wurde allein der Richter bis zum Gürtel eingegraben. Um ihn herum ebnete man den Boden und holte sodann brennende Scheite herbei. ›Im Namen Gottes, des Barmherzigen‹ stöhnte Ibn Djahaf und zog selbst die Scheite näher zu sich heran. Der Unglückliche – Allah erbarme sich seiner – erlitt den Flammentod, und dabei konnte gegen ihn nur vorgebracht werden, daß er sich um Hilfe bemüht und el Campeador hingehalten hatte, in der Hoffnung, Valencia für den Islam zu retten und Gottes Wort in dieser Stadt zu schützen.

Nach des Richters Verbrennung nahm sich der Cid die Honorationen von Valencia vor, die er einkerkerte, und zwar auf Männer- und Frauen-Gefängnisse verteilt; das schreckliche Erlebnis löste ihre Schreie hinüber und herüber aus, bis er ihnen auch das Letzte ihrer Habe abgepreßt hatte.«

Macht diese Stelle deutlich, daß sich der Cid wie andere arme spanische Ritter dem reichen Maurenland auch mit recht irdischen Absichten näherte und keineswegs nur den Triumph des christlichen Glaubens im Sinn hatte, so geht aus anderen Stellen des Geschichtswerkes von Ibn al Hatib ebenso klar hervor, daß dieser Condottiere von hohen Graden seine geschätzten Dienste auch arabischen Fürsten zur Verfügung stellte. Es waren maurische Kleinkönige, die sich mit Hilfe des Cid gegen die übermächtigen Landungstruppen aus Afrika zur Wehr setzten. Nach Ibn al Hatib waren sie es, die Rodrigo Diaz »ursprünglich aus seinem Dunkel hervorgeholt« hatten, also ihm die Gelegenheit gaben, sich Kampfesruhm zu erwerben. Sie waren es auch, die ihn nicht nur mit Gold bezahlten, sondern auch mit Land, sogar in Andalusien: »So setzte er seinen Fuß auf die Hochflächen und pflanzte sein Banner in den innersten Grund, bis ihm der Kamm schwoll.« Und im gleichen Geschichtswerk können wir die einzige Stelle lesen, die darauf hinweist, daß der Cid gelegentlich, in der Euphorie des Sieges, doch daran dachte, der Herr des ganzen Spanien zu werden und die seit Jahrhunderten mühsam nur um Meilen vorankommende Reconquista mit einem einzigen gewaltigen Schlag zu vollenden: »Jemand berichtet, er habe den Cid Campeador auf dem Gipfel seines unersättlichen Ehrgeizes ausrufen gehört: Einem Roderich ward diese Halbinsel entrissen, und ein Roderich wird sie wieder zu erobern wissen!«

Kleinmütig setzt Ibn al Hatib hinzu: »Das Wort zu allen Herzen drang und stimmte die Gemüter bang. Und dieser Wüterich war zeit seines Lebens mit seinen hohen Zielen, seiner großen Energie und Hartnäckigkeit ein Wunder seines Gottes, der dann aber doch seinem Leben ein jähes Ende setzte.«

»Ein Wunder seines Gottes« – eines der schönsten Worte maurischer Toleranz, in denen der Christengott neben Allah tritt. Es gewinnt an Gewicht und Symptomatik noch dadurch, daß Ibn al Hatib, der Geschichtsschreiber, wie wir wissen, jahrelang als Minister spanisch-arabische und nordafrikanische Politik machte. Ihm, dem Politiker in verschiedenen Reichen, war die besondere Position des Cid vermutlich klarer und verständlicher als den christlichen Herrschern der Cid-Zeit. Befriedigt stellt Ibn al Hatib fest, daß der Cid auch wiederholt gegen christliche Fürsten gekämpft und deren beste Truppen mit geringen Kräften geschlagen habe. »In seiner Gegenwart soll man auch islamische Werke erörtert und Biographien berühmter Araber vorgelesen haben; als er dabei auf al Muhallabs Geschichte stieß, ergriff ihn freudige Erregung.«

Derlei muß man bedenken, wenn man sich ein Gesamtbild dieses Ritters zwischen den Fronten machen will, vor allem, weil manches, was uns die Araber über ihn berichten, in den christlichen Romanzen und in späteren Behandlungen des Cid-Stoffes nie wieder anklingt. Um Zweikämpfe, andere Ehrenaffairen, Liebesintrigen und pure Legenden angereichert, entfernen sich die weiteren Behandlungen des Cid-Stoffes und dieses zweifellos heldischen Lebens immer mehr von der geschichtlichen Wirklichkeit des geteilten Spanien. Man muß in die frühesten Quellen hinabsteigen, in die Schriften der beinahe zeitgenössischen Autoren aus dem zwölften Jahrhundert, um zu erkennen, daß es schon damals die reine, unzweideutige Größe nicht mehr geben konnte, nicht im Süden, wo Almanzor sich rücksichtslos aus der Lethargie des im Luxus erstarrten Kalifats zu strahlender Kraftentfaltung aufschwang, und nicht im Norden, wo Armut und Engstirnigkeit den großen Erfolg so lange verhinderten, bis ein Ritter es wagte, sich aus der düsteren Enge mittelalterlicher Denkweisen zu befreien und auch die geistige Ebenbürtigkeit mit dem großen Gegner suchte.

Maurischer Schwanengesang

Die für uns heute eindrucksvollsten Zeugen der maurischen Kultur in Spanien erheben sich in einer Stadt, die von den Arabern durch Jahrhunderte als das *jüdische Granada* verachtet wurde und die so lange von den spanischen Armeen der Reconquista verschont blieb, weil Granada keine Gefahr mehr darstellte, hohe Tribute zahlte und sich auf ein vergleichsweise kleines und bergiges Gebiet beschränkte. Alhambra und Generalife entstammen also einer Spätblüte, beinahe einer Rand- und Mischkultur aus arabischem und jüdischem Geist, und daß es dazu noch kam, ist geschichtlich gesehen nichts anderes als ein glücklicher Zufall. Beinahe möchte man meinen, daß die gesamte Entwicklung Spaniens sich genauso vollzogen hätte, wie wir sie kennen, wären die christlichen Könige am Ende des fünfzehnten Jahrhunderts nicht doch noch zur Eroberung jenes seltsam und einzigartig blühenden Reduits von Granada angetreten...

Die zwei größten Kämpfer des spanisch-maurischen Mittelalters, Almanzor und der Cid Campeador, hatten es nicht vermocht, die Teilung der Halbinsel in zwei Machtbereiche und zwei Religionen zu beheben; ja jeder dieser beiden Großen hatte auf seine Art und wohl ohne es zu beabsichtigen sogar dazu beigetragen, daß diese Teilung, daß die Zwistgrenze quer durch die Halbinsel weiter bestehen blieb: Almanzor dadurch, daß er seine vielen siegreichen Feldzüge durch rücksichtslosen und letztlich kurzsichtigen Import von Berbertruppen aus Nordafrika möglich machte, und Rodrigo Diaz de Vivar, indem er die Kräfte ermutigte, die im christlichen Lager gegen die etablierten Herrschaften von Leon und Kastilien bis dahin in heimlicher Opposition verharrt hatten.

Neue religiöse Ideen auf islamischer Seite und frische Berberkontingente aus Nordafrika hatten den kurzen blutigen Rausch der Almoravidenherrschaft über Spanien hingehen lassen, stürmische und haßerfüllte Kämpfe, nach denen noch der geschlagene Gegner und die stumme Armee seiner Toten geschmäht wurden: Yussuf ibn Tasfin hatte nach seinem großen Sieg bei Salakka seine Türken über die Walstatt geschickt und toten wie verwundeten Christen die Köpfe abschneiden lassen, so daß sich am Ort seines Sieges schließlich eine schaurige Pyramide aus vierundzwanzigtausend Christenschädeln erhob.

Diese Nur-Krieger und Eroberer mit undifferenzierten Haßgefühlen waren geist- und literaturfeindlich und an der Aufrichtung der alten Kalifenherrlichkeit vielleicht gar nicht wirklich interessiert. Ein bedeutender arabischer Denker, der aus der Schule al Ghazzalis kommende Theologe Ibn Thumart (gestorben 1130) begründete eine neue religiöse Bewegung unter den kriegerischen Berberstämmen des Atlasgebirges. In zweiundzwanzig Jahre währenden Kämpfen brachte diese neue Woge berberischer Aggressionen die Almoraviden in Nordafrika und schließlich auch in Spanien zu Fall. Die Almohaden übernahmen die Herrschaft, die jedoch nicht mehr durch jene Machtkonzentration und Verwaltungsallmacht gekennzeichnet ist, wie sie die großen Kalifen Abderrahman III. und Hakem II. aufzurichten und aufrechtzuerhalten gewußt hatten. Ganz Spanien wartete offensichtlich auf eine neue Macht und neue Herren.

Sie kamen diesem Land, in dem zwischen 700 und 1200 mehr Kriege geführt worden waren als irgendwo sonst in Europa, nicht mehr aus dem ausgebluteten eigenen Volksboden, sondern von außen. Nach dem schier unablässigen Zustrom neuer Kampftruppen aus dem kargen, seine Völker schlecht ernährenden Nordafrika, setzte endlich auch im christlichen Europa eine Bewegung ein, die den bedrängten christlichen Kleinreichen des nördlichen Spanien Hilfe bringen konnte: die Kreuzzüge.

Trotz der vielen Kämpfe zwischen Nord und Süd hatte die räumliche Nähe der Gegner zueinander, die schicksalhafte gemeinsame Existenz auf der einen Halbinsel eine echte Polarisierung zwischen Christen und Mauren verhindert. Das hatte seine Ursache auch darin, daß ja unter den Maurenherrschern stets christliche Gemeinden weiterbestanden und ihren Kult pflegten, und daß im christlichen Norden nicht die neuen Entwicklungen des römischen Christentums das Leben bestimmten, sondern immer noch der Katholizismus gotischer Prägung mit den Gotengesetzen des Königs Wamba (672-680). Im übrigen war die kulturelle Überlegenheit des Südens so deutlich, daß der christliche Norden niemals zu einer wirklichen, radikalen Abstinenz gelangen konnte; christlicher Adel bildete sich an den Hohen Schulen der Araber, christliche Adelsfamilien hielten sich arabische Hauslehrer, und das allgegenwärtige Judentum sorgte zudem für ständige Verbindung zwischen den einander mit den Waffen so oft bekriegenden Hälften der alten iberischen Welt.

Die Kreuzzüge veränderten dieses Klima langsam, aber entscheidend. Der regere Schiffsverkehr von südfranzösischen und katalanischen Häfen über Italien in den Nahen Osten ermöglichte es auch maurischen Kaufleuten und anderen Reisenden aus dem Maurenreich, die alte arabische Heimat und damit die Pflanzstätten des islamischen Denkens aufzusuchen. Nicht selten reisten Mekkapilger auf einem Schiff, das Nachschub für das Kreuzritterheer in Palästina an Bord hatte, oder arabische Lehrer für Saragossa bedienten sich der selben Schiffsgelegenheit wie die Verwundeten, die ins heimatliche Narbonne oder Barcelona zu gelangen wünschten. Ungeachtet dieses Nebeneinanders auf dem gleichsam neutralen Transportmittel bewirkten die Kreuzzüge aber natürlich auch, daß sich nun ganz Europa, daß sich alle am Kreuzheer beteiligten Länder für die besondere Lage der christlichen Herrscher von Leon, Burgos, Toledo und Valladolid zu interessieren begannen; denn was hatte es für einen Sinn, auf der mörderischen Via Egnatia quer durch den wasserlosen Balkan und durch Anatoliens Hochland nach Palästina zu ziehen, wenn im eigenen

Erdteil, im Vorfeld des christlichen Frankreich, Glaubensbrüder in Not und Bedrängnis lebten – und das seit einem halben Jahrtausend!

Auf den höchsten Ebenen, zwischen Herrschern auf den Thronen und im Geiste, bestanden damals die überraschendsten Kontakte, wie etwa der Briefwechsel zwischen Kaiser Friedrich II. und dem Philosophen Ibn Sabin aus Murcia beweist; andererseits aber hatten Tausende frommer Briten, Niederländer, Deutscher und Franzosen inzwischen die große Pilgerfahrt nach Santiago de Compostela angetreten, Spanien kennengelernt und erkannt, daß hier im äußersten Westen Europas ein zweites Jerusalem zu verteidigen sei. Die zum Schutz der Pilger gegen die Räuber der Pyrenäenhöhen gegründeten Ritterorden hatten in den Kämpfen gegen die Mauren eine wachsende Rolle gespielt, und vor allem die kampftüchtigen Herren des Ordens von Calatrava wetteiferten zu Lande mit jenen Großtaten zur See, durch die sich die Johanniter von Rhodos und später von Malta als Schrecken der Ungläubigen und als Beschützer der christlichen Seefahrt im Mittelmeer weltgeschichtlichen Ruhm erwarben. In diesem neuen Klima, in dieser nicht sosehr nach den irdischen Grenzen als hinsichtlich des geistigen Hintergrunds veränderten Situation, begann die letzte Phase der Reconquista.

Das wichtigste Ergebnis der neuen, der Kreuzzugsideologie war jedoch zweifellos, daß sie die Rivalitäten zwischen den einzelnen christlichen Herren Spaniens nach und nach zum Schweigen brachte. Das erstarkte Papsttum hatte nun die Möglichkeit, Fürsten, die gegen die große gemeinsame Idee verstießen, mit dem Bann oder anderen Kirchenstrafen zu belegen und damit jene Einmütigkeit zu erzwingen, an der es so lange gefehlt hatte: Als im Frühjahr 1211 Mohammed Ennasir Ledinillah, der mächtige Emir, der die Christen bei Alarcos vernichtend geschlagen hatte, mit frischen afrikanischen Truppen von Tarifa nach Sevilla zog, empfing ihn dort König Alfons IX. von Leon, um sich mit ihm gegen Kastilien zu verbünden. Schon im Jahr darauf aber, als Papst Innozens III. seine Aufrufe zum gemeinsamen Feldzug gegen die Ungläubigen in Andalusien erlassen hatte, verharrte zwar Leon noch in mißmutiger Neutralität, im übrigen aber hatte sich ein Gutteil Europas zum König von Kastilien und seinen Rittern gesellt: Hilfstruppen aus Portugal und Frankreich, ja sogar aus Österreich zogen heran, und dem geschickten Bischof Arnald von Narbonne war es gelungen, auch König Sancho VII. von Navarra als Verbündeten zu gewinnen, was sich als entscheidend erweisen sollte.

Am 20. Juni 1212 brach der gewaltige Heerbann der vereinigten christlichen Armeen aus dem Raum Toledo nach Süden auf. Die Vorhut bildeten Ritter aus Aquitanien und Frankreich, das Gros setzte sich aus gemischten Verbänden und vielen Fußtruppen zusammen, die Sicherung der Flanken und die Nachhut hatte König Alfons VIII. von Kastilien mit den geistlichen Ritterorden übernommen. Nach der Maurenburg Malagon, wo man alle Verteidiger über die Klinge springen ließ, wurde die Bergfestung Calatrava in der Provinz Ciudad Real belagert und kapitulierte am fünften Tag. Damit war die Stammburg der Calatrava-Ritter, wo 1158 ihr Orden gestiftet worden war, wieder in christlicher Hand und reiche Vorräte obendrein. Die französischen Ritter aber zürnten dem König von Kastilien, weil er die maurische Besatzung – getreu der Kapitulationsübereinkunft – unversehrt hatte abziehen lassen und schieden im Streit aus dem Kreuzheer aus; nur der Bischof von Narbonne blieb mit dreihundert Rittern bei den Kastiliern. Die entstandene Lücke machte König Sancho von Navarra wett, der mit einer kleinen, aber kampferfahrenen Truppe zum Kreuzheer stieß. Die Christen nahmen Alarcos, die Stätte ihrer schweren Niederlage, und einige andere Festungen und erzwangen den Übergang über den Muradal-Paß, nachdem sie die von zweitausend maurischen Rittern verteidigte Burg Ferral erobert hatten.

Im Schwung dieser Erfolge waren die vereinigten christlichen Truppen jedoch auf einen kargen Ausläufer der Sierra Morena gelangt, in eine Plateaustellung, die ihnen wenig Bewegungsfreiheit ließ und in der die große Menschenansammlung durch Wassermangel bedroht war. In dieser Bedrängnis kam der Armee unerwartet Hilfe durch einen Hirten oder Jäger. Man glaubt sogar, seinen Namen zu kennen, denn die Quellen nennen ihn Martin Halaja. Er erzählte König Alfons von einem zwar schmalen, aber gangbaren Weg, auf dem er die ganze

Die spanischen Ritter Alonso de Cartagena Regidor und Sebastian de Buerzo. Spanische Miniatur des 15. Jh.

Armee in eine freie Hangstellung führen könne. Der Weg verlaufe quer zur Paßstraße und könne von den Mauren, die ihre Armee im Tal versammelt hatten, nicht eingesehen werden.

Dieser »Weg des Hirten« machte Weltgeschichte. Nach einer Erkundung durch Don Diego Lopez de Haro entzog sich auf diesem schmalen Pfad die ganze christliche Armee der drohenden Umklammerung und erreichte nördlich des Dorfes Las Navas de Tolosa eine im Rücken und in den Flanken geschützte Hangstellung, während Mohammed Ennasir Ledinillah sich auf den Nachschub aus dem nahen Baëza und aus Jaën stützen konnte und beim Auftauchen der Christen sogleich siegessicher die Schlacht anbot.

Die spanischen Ritter Remon Bunifas Alcalle und Nigt y de Goyas. Spanische Miniatur des 15. Jh.

Von dem anstrengenden Marsch durchs Gebirge erschöpft, hatten die Christen zunächst wenig Lust, sich gleich in ein mörderisches Treffen zu stürzen, auch war der 15. Juli ein Sonntag, den man als Tag des Herren nicht durch das blutige Geschäft des Krieges entweihen wollte. Die Bischöfe von Toledo, Narbonne und andere Kirchenfürsten nützten den Ruhetag jedoch, um den Streitern Mut zuzusprechen. Priester nahmen die Beichte ab und die Könige, aber auch viele Offiziere und Soldaten, nahmen die heilige Kommunion. Am Montag ging es dann in die Schlacht. Auf dem rechten Flügel der Christen, im bergigen Gelände, kämpften die beweglichen Portugiesen unter dem Infanten Don Pedro im Verein mit den berggewohnten Basken König Sanchos; den linken Flügel bildeten die Truppen Aragons unter König Pedro II., und in der Mitte standen die geistlichen Ritterorden mit den sogenannten Serrani, spanischen Bergbauern und Hirten, die eine Art Volksaufgebot bildeten und die zahlenmäßige Überlegenheit der Mauren ein wenig ausgleichen sollten.

Auch die Mauren hatten solch eine Freiwilligentruppe, und sie begann unter großem Lärm der Trompeten und Paukenwirbel den Kampf. Die Ritter freilich waren dadurch nicht zu erschüttern; Zentrum und linker Flügel rückten vor und warfen die Mauren, so daß der Emir selbst eingreifen mußte. Durch Verwünschungen und Drohungen brachte er die zurückflutenden Muslimen zum Stehen, aber in diesem Augenblick führte König Alfons von Kastilien die Reserven in den Kampf. Während die Serrani sich zur Flucht wandten, drangen die Ritter weiter vor, wobei vor allem die fünf Grafen von Giron wahre Wunder an Tapferkeit vollbrachten, um ihren Vater zu rächen, der bei Alarcos gefallen war. Und im heißesten Augenblick der Schlacht, als die Sonne im Zenith stand, gelang den Basken König Sanchos das Umgehungsmanöver auf dem rechten Flügel, und die dort stehenden Berber suchten ihr Heil in der Flucht. Nur die Negergarden, die sich aneinandergeschmiedet hatten, hielten den Rittern noch stand.

Es kam zu einem Reiterkunststück, das in die Geschichte einging: Don Alvaro de Lara aus einem Geschlecht, das dem kastilischen Königshaus keineswegs immer so treu diente, spornte sein Pferd und setzte zum Sprung über die ersten Reihen der schwarzen Leibgarde an, bezwang damit das lebende Hindernis und landete hinter den Lanzen mitten unter den Nubiern des Emirs. Andere Ritter taten es ihm nach und machten sich mit mächtigen Hieben den Weg frei zu jenem Hügel, auf dem der Emir vor seinem Zelt saß und das Geschehen der Schlacht zu lenken suchte. Nun freilich floh er, wie die Chronik sagt »als der schnellste Bote seines eignen Unglücks« nach Baëza, wo er die Pferde wechselte und über Jaën weiterflüchtete hinter die Mauern von Sevilla.

Die Christen stürmten hinter den weichenden Muslimen her, und jener blutigste Teil der Schlacht begann, in dem die Kämpfer, die sich bis dahin so hartnäckig gewehrt hatten, plötzlich wie wehrlos wirkten, vielleicht auch weil sie, um besser laufen zu können, die Waffen weggeworfen hatten. Nach den Erfahrungen von Calatrava waren die drei christlichen Könige übereingekommen, keine Gefangenen zu machen, und so hielt der Tod in diesen letzten Stunden des 16. Juli 1212 die furchtbarste Ernte. »Da gab es so viele Tote, daß man vor lauter Leichen nicht vorwärts konnte«, berichtet betrübt eine arabische Chronik, »und wenn jemals die Mauren den Christen Schmach zugefügt hatten, so wurde es ihnen an diesem Tag gehörig vergolten.«

Die Beute, die in den Zelten gemacht wurde, fiel weitgehend den Bundesgenossen zu. Das war wohl nicht nur kastilianische Großmut, sondern vermutlich die Folge einer Abmachung, ohne die Kastilien kaum so viele Helfer im Streit gefunden hätte. Die reichen Vorräte an Lebensmitteln jedoch verteilte man auf das ganze Heer, und dies soll besonders willkommen gewesen sein, was auf eine nicht eben glänzende Nachschublage der christlichen Armee hindeutet. Der plötzliche Überfluß lockerte die Manneszucht, Zwist und Seuchen brachen aus, und die christlichen Könige konnten nur noch Ubeda erobern, dann zwangen Hitze und Krankheiten zur Umkehr nach Norden.

Seltsam ist, daß auch die arabischen Berichte die große Zahl der beteiligten Kämpfer bestätigen, ja sogar einzelne Kontingente anführen. Ibn al Hatib spricht von sechshunderttausend Mann auf der Seite des unterlegenen Emirs. Abdalwahid al Marrakusi schreibt, der Emir »hob seine Soldaten aus den fernsten Landesteilen aus und setzte sich, als er sie in großer Anzahl beisammen hatte, von Sevilla aus in Bewegung... Der Almohade verließ Jaën und stieß bei den sogenannten Hängen in der Nähe von Salims Burg auf den Gegner. Nachdem Alfons seine Truppen zur Schlacht geordnet und seine Kämpen aufgestellt hatte, griff er unversehens an und schlug die völlig unvorbereiteten Muslime in die Flucht. Zahlreiche Mitglieder des almohadischen Herrscherhauses fanden den Tod in dieser Schlacht. Als eigentlicher Grund für die schwere Niederlage ist die zwischen den Almohaden herrschende Uneinigkeit anzusehen. Zum großen Teil sollen die Almohaden, wie mir berichtet wurde, weder ihre Schwerter gezogen noch ihre Lanzen eingelegt haben; statt irgendwelche Vorbereitungen zu treffen, flohen sie auf den ersten christlichen Angriff hin. Hätte Muhammad en Nasir Ledinillah an diesem Tag nicht selbst ungewöhnlichen Mut und Ausdauer bewiesen, so wären sämtliche Truppen vernichtet worden oder in Gefangenschaft geraten... Nachdem Alfons – Gott verfluche ihn – und seine Helfershelfer sich am Geld und Gut der Muslime bereichert hatten, brachen sie vom Schlachtort auf. Der Emir aber kehrte nach Nordafrika zurück, sammelte Truppen in großer Zahl und scheute keinen Aufwand, nur daß der Tod seine Pläne durchkreuzte. Hernach betrat bis zum Ende der Dynastie kein Almohade mehr spanischen Boden.«

Die Landschaft zwischen der Sierra Morena und dem alten Baëze gehört noch heute zu den einsamsten im südlichen Spanien; selbst auf der Fernverkehrsroute Jaën-Albacete herrscht nur wenig Betrieb, und die beiden Stauseen zwischen dem Schlachtgelände von Navas de Tolosa und dem Guadalimar-Fluß haben den archaisch-unberührten Charakter dieser kargen Senke nur wenig verändern können. Daß hier mehr als eine halbe Million Menschen vom Süden her gegen die Christen aufmarschierten, ist ebenso schwer vorstellbar wie der christliche

Sieg über so eine Menge, bei dem – nach schriftlichen Berichten der Könige an den Papst – die Sieger nur etwa fünfzig Tote gehabt haben sollen. Man wird wieder den Rat von Lévi-Provencal befolgen und die Zahlen mindestens durch zehn teilen müssen, wissen wir doch aus den christlichen Quellen, daß zum Beispiel König Sancho von Navarra mit nur zweihundert Rittern ein geglücktes Flankierungsmanöver durchführte; das wäre unmöglich, wenn an dieser muslimischen Flankenstellung zweihunderttausend Mann zu umgehen gewesen wären.

Hingegen hat die spätere Entwicklung alles bestätigt, was die arabischen Autoren über die Folgen dieser Schlacht sagen. »Hernach ging es mit den Muslimen immer weiter bergab«, schreibt Ibn al Hatib; »die Vertreter der-Almohaden-Dynastie verloren an Kraft und entzweiten sich – was sie nicht getan haben würden, hätte Gott es anders gewollt – so daß die Rivalitäten überhand nahmen, der Bürgerkrieg wild entbrannte und das Volk den Ungläubigen in die Arme rannte.«

Es ist ein Niedergang, der sich wiederum im Zerfall in Teilreiche ausdrückt, Fürstentümer, die offensichtlich nur überleben wollen und deren Herren früher oder später die Duldung durch die übermächtigen christlichen Könige aus dem Norden erstreben. Nach Jahrhunderten einer kulturellen und wirtschaftlichen Blüte, wie sie kein anderes Land des europäischen Mittelalters aufzuweisen hatte, erliegen die weich gewordenen und verhöhnten Mauren in den begünstigten südlichen Landschaften dem Zugriff der härteren, in armen Ländern kampftüchtig gebliebenen Ritterheere. Der Sieg gehört der militärischen Technik der Ritterarmee, die auch mit zahlenmäßig überlegenen Gegnern fertig zu werden gelernt hat.

Granada und sein Vermächtnis

Ein halbes Jahrhundert genügte nun, um nach fünfhundert Jahren hin und her wogender Kämpfe mit wechselnden Erfolgen die Mauren in den äußersten Süden der Halbinsel zurückzutreiben. Dieses halbe Jahrhundert deckt sich weitgehend mit der Lebenszeit eines in Mitteleuropa wenig beachteten Königs: Ferdinands III. von Kastilien und Leon, im Jahr 1200 geboren und am 30. Mai 1252 gestorben. Im Schatten seines französischen Zeitgenossen, des heiligen Ludwig stehend, der als der große König der Kreuzzüge sich mit Aigues Mortes ein heute noch vielbesuchtes Denkmal schuf, ist Ferdinand III. der unermüdliche Kämpfer der Kreuzzüge im Westen und der gewiß erfolgreichere Streiter gegen den Islam.

Ferdinand hat – eine Seltenheit im genealogischen Wirrwarr der europäischen Geschichte – eine beinahe rein iberische Ahnengalerie. Sein Vater war Alfons IX., König von Leon, seine Mutter die Prinzessin Berengaria, Tochter Alfons VIII. von Kastilien, eine Herkunft, durch die jene Vereinigung der Herrschaften vorgezeichnet war, die schließlich das einige Spanien bringen sollte: 1217 wurde Ferdinand König von Kastilien, 1230 auch von Leon, und die neue Einheit der alten kämpferischen Königtümer galt fortan als unauflösbar. Seinen ersten Maurensieg in eigener Person errang Ferdinand 1231 am Guadalete, womit – nach dem großen Sieg von 1212 – nun auch der Südwesten die christlichen Waffen fürchten lernte. Cordoba, Jaën, Sevilla und Cadiz wurden bis zur Jahrhundertmitte christlich, und wo die Könige aus dem Norden noch nicht herrschten wie in Murcia, da hatten sie sich die Oberhoheit gesichert und Botmäßigkeit erzwungen.

Die Karte zeigt uns das Reich der Nasriden-Dynastie von Granada als einen vergleichsweise kleinen Brückenkopf des maurischen Nordafrika auf europäischem Boden, im Westen bis Tarifa, im Osten ein wenig über Almeria hinausreichend, seit 1230 von eigenen Königen regiert, die ihren Sitz in einer Stadt eigener Art und eigenen Ruhms haben: in der Dreihügelstadt Granada. Sie ist eine arabische Gründung und damit wesentlich jünger als die uralten Zentren des Südens, in denen schon Keltiberer und Phöniker, Griechen und Römer gelebt hatten.

Trotz ihrer relativen Jugend ist Granada eine der meistbesungenen Städte der Welt, eine Romanzenstadt, eine Hochburg der Sagen, Überlieferungen und der weltweiten Pilgerschaft, gepriesen von Perez de Hita und Théophile Gautier, von Washington Irving und Nikos Katzanzakis, von Hurtado de Mendoza und Chateaubriand. Am nächsten an den für uns interessanten Ereignissen ist von ihnen allen Gines Perez de

Die Stammesfürsten von Granada. Deckengemälde in der Alhambra.

Hita, ein Schuhmacher, der um 1544 geboren wurde und 1619 noch lebte, ein Mann von natürlichem Erzähltalent, der in seiner nostalgischen Verzweiflung über den Untergang des maurischen Granada seine Sehnsucht nach dem bunten Granada-Alltag, der sinnenfrohen Maurenatmosphäre, dem glückhaften Lebensgenuß früherer Zeiten in eine Art Prosaromanze faßte, die ihn unsterblich gemacht hat. Er hebt seine Schilderung über die letzten Jahre Granadas (Erster Teil) und den Maurenaufstand gegen Philipp II. (Zweiter Teil) mit einem kurzen Bericht über die Entstehung der Stadt Granada selbst an und verrät uns, was es mit den drei Hügeln auf sich hatte:

»Die edle und weitberühmte Stadt Granada wurde von einer schönen Jungfrau, einer Tochter oder Bruderstochter des Königs Hispan, gegründet. Sie wurde in einer gefälligen und weitläufigen Ebene erbaut, am Fuß eines Berges, welcher Elvira genannt wird, denn er empfing seinen Namen von jener Gründerin der Stadt, welche Iliberia hieß.«

Dieses Iliberia, später Elvira, war eine Siedlung der Keltiberer und gab auch noch der maurischen Provinz Ilbira den Namen; das rasche Ansteigen der Bevölkerungszahlen nach der Invasion der Berber und Araber führte aber bald zu weiteren Stadtgründungen; sie lagen nun wenige Kilometer entfernt dort, wo sich Granada heute befindet, »am Fuß des Schneegebirges, inmitten zweier schöner Flüsse, deren einer Genil und der andere Darro heißt, welche nicht aus Quellen entspringen sondern aus dem schmelzenden Schnee, der das ganze Jahr hindurch auf besagtem Gebirge liegt. Im Darro findet man sehr feines Gold und im Genil sehr feines Silber; das ist kein bloßes Gerede, denn ich habe es selbst sammeln sehen. Man erbaute die edle Stadt auf dem Gipfel dreier Anhöhen oder Hügel, wie noch heute zu sehen ist, wo drei schöne Festungen oder Burgen aufgeführt wurden. Die eine Burg erhebt sich im Angesicht der Ebene und des Flußes Genil, diese Burg heißt man die Roten Türme. Es entstand hier eine große und volkreiche Ansiedlung mit dem Namen Antequeruela. Die zweite Festung oder Burg erhebt sich auf einem nahen, etwas höheren Hügel und wird Alhambra genannt; sie ist sehr prächtig und stark, denn in diesem Palast schlug der König (von Granada) Haus und Hofhaltung auf. Die dritte Burg wurde auf einem Hügel nicht gar weit von dem der Alhambra errichtet und man nannte sie Albaycin. Hier siedelte sich eine über Erwarten große Menge Volkes an. Im Talgrund zwischen Albaycin und Alhambra fließt der Darro und bildet ein schönes Ufer ...

Diese zweite Stadt auf den drei Hügeln nannten die Bewohner Garnata, um der Menge der Häuser und ihrer Enge willen, denn die Häuser standen so gedrängt wie die Körner des Granatapfels sitzen. Die Stadt nahm zu an Schönheit und Reichtum bis zu der Zeit, da sie fiel, und büßte niemals ihren Adel ein. . .und es ist wert, bemerkt zu werden, daß von allen maurischen Stämmen, die nach Spanien kamen, die besten und vornehmsten in Granada blieben, so daß es in der Stadt schließlich zweiunddreißig hochedle Rittergeschlechter gab.«

Offensichtlich aber wußten auch die Araber, was sie an der Stadt mit den zwei Flüssen und dem sogenannten »Stadtgold« hatten, denn es gibt nicht wenige Strophen aus den letzten Maurenzeiten, in denen die junge, schnell aufgeblühte Stadt gepriesen, ja mit Damaskus verglichen wird. Ibn Malik ar Ruani widmet dem offenbar besonders angenehmen Dasein in der Stadt einen Vierzeiler, in dem auch die Sabika vorkommt, ein Waldstück im Talgrund vor der Alhambra:

Gott segne sie, die schöne Zeit, verlebt in der Alhambra,
Verging die Nacht, so gingst du hin zum Stelldichein bereit,
Der Boden schien dir dann von Silber, doch wie bald schon
Hüllte die Morgensonne die Sabika in ihr goldnes Kleid.

Das Beispiel eines Tagliedes also, wie es beinahe gleichzeitig die deutschen Minnesänger verfaßten, um die Stunde festzuhalten, in der sie von der Geliebten scheiden mußten. Und Saqundi schrieb, nach einem langen Vergleich zwischen dem an erholsamen Gewässern so reichen Granada und dem fernen Damaskus: »der Lobgesang spricht nicht genug von einem Wunderland. Zu jeder Zeit beherbergte Granada entweder berühmte Gelehrte oder Helden der Feder.«

Das war gewiß auch bei Cordoba schon der Fall, und auch

von Valencia wird uns besondere geistige Regsamkeit bei wechselnden politischen Schicksalen bezeugt, auch von Sevilla und sogar von kleineren Städten. Granada jedoch führt uns die letzte Blüte einer Mischkultur vor Augen, denn die Nasriden, die von Muhammad al Ahmar 1238 an die Macht gebrachte Dynastie, sind weder Berber noch Araber, sondern andalusisch-maurischer Adel.

Politisch-militärisch zu schwach und zu sehr isoliert, um das Blatt noch wenden zu können, setzen die Nasriden der hinabgehenden Kultur des europäischen Maurentums das schönste aller denkbaren Grabmäler und machen sie durch all das, was wir von den letzten Jahrhunderten des maurischen Granada wissen, zu einem Sehnsuchtsthema für die besten Geister des Abend- wie des Morgenlandes. Das sterbende Granada wird zu einem Schwanengesang einer ganzen Epoche, wie das Rom der Päpste im achtzehnten Jahrhundert, wie das Venedig der Brüder Gozzi, wie das Paris der Belle Epoque und das Berlin der Zwischenkriegszeit. Und eben weil solche Konstellationen unentwirrbar sind und ihre Ingredienzien ein Geheimnis wo nicht der Geschichte, so doch der Kulturgeschichte bleiben, sind wir auch hinsichtlich dieser Spätblüte rund um die Alhambra auf einfühlsame Vermutungen angewiesen.

Die Stadt selbst, auf den drei Hügeln, nahe dem ewigen Schnee der Sierra Nevada zwischen zwei Flüssen gelegen, ist ein Wunder für sich, das sich täglich erneuert: »Einen Anblick, von dem Menschen aus dem Norden sich keine Vorstellung machen können, bietet die Alameda von Granada bei Sonnenuntergang. Die Sierra Nevada, deren gezackter Kamm die Stadt auf einer Seite abriegelt, nimmt unfaßbare Farbtöne an. Alle vom Licht getroffenen Hänge und Gipfel werden rosa, aber von einem blendenden, märchenhaften, vollkommenen, silbrigen, mit Regenbogen- und Opalreflexen durchsetzten Rosa, das die reinsten Farben der Palette schmutzig erscheinen lassen würde; es sind Perlmuttöne, Transparenzen von Rubinen, Achat- und Aventurinadern, welche den gesamten feenhaften Schmuck von Tausendundeiner Nacht überbieten. Die Mulden, die Spalten, die Schattenlagen, eben alle von den Strahlen der untergehenden Sonne nicht erreichten Stellen sind von einem Blau, das sich mit dem Azur des Himmels, des Meeres, des Lapislazuli und des Saphirs, messen kann. Dieser Farbkontrast zwischen Licht und Schatten hat eine wunderbare Wirkung: das Gebirge scheint ein unermeßliches Kleid aus geripptter, schillernder Seide mit silbernem Flitterbesatz angelegt zu haben. Nach und nach verblassen die prächtigen Farben und verschmelzen zu violetten Halbtönen; der Schatten kriecht die niederen Hänge hinan, das Licht zieht sich zurück auf die hohen Gipfel, und die ganze Ebene ist seit langem in Dunkelheit getaucht, während das silberne Diadem der Sierra noch immer unter dem Abschiedskuß der Sonne funkelt.« (Th. Gautier)

Zu dieser einzigartigen Kulisse, die dem romantischen Gemüt des Hispano-Arabers oder auch der spätgeborenen vandalisch-gotisch-berberischen Ritter zweifellos besonders entsprach, gesellte sich als besonderer Vorzug dieser Stadt ihr Wasserreichtum: die Flüsse und Bäche, die erfrischende Windbotschaft von den Sierragletschern und das reiche Grün in den Tälern. Die ferne Erinnerung an arabische und afrikanische Wüsten erhob diese Vorzüge einer andalusischen Stadt in den Rang paradiesischer Besonderheiten. Die herrlichen Bäder Granadas zeigen uns, wie die Reichen das Wasser nutzten; aber auch die kleinen Leute, die Märkte, die Höfe erhielten ihren Anteil an diesem in Andalusien seltenen Reichtum.

Die schöne Stadt, nunmehr Residenz und Rückzugsbastion maurischen Lebens, zog den Verkehr an und entwickelte ein intensives Leben wie sonst nur Cordoba auf dem Gipfel seiner Geltung unter Abderrahman III. oder unter Almanzor. Es war, als entfalte sich alles, was nur noch wenige Jahre Lebens vor sich hatte, mit besonderer Pracht, angefangen vom Handel in den engen Gassen bis zum Treiben an der Universität und siebzig weiteren Schulen und dem höfischen Leben der Nasriden-Könige selbst. In Mauern von fünfzehn Kilometern Umfang lebten 1350 etwa zweihunderttausend Menschen, hundertfünfzig Jahre später waren es doppelt so viele: die Stadt ohne Zukunft hatte immerhin eine ungleich anziehendere Gegenwart zu bieten als das ganze christliche Spanien.

Die christlichen Reisenden jener Zeit schreiben nicht viel, und die Militärs konnten zumeist gar nicht schreiben. Aber arabische Reisende aus dem Orient und aus anderen Maurenstädten kamen nach Granada, das sich immer deutlicher zur Metropole entwickelte, und registrierten die Sonderart dieser Stadt teils staunend, teils mit Mißvergnügen, ehe sie dem süßen Leben am Fuß der Sierra Nevada erlagen und die kritische Distanz aufgaben.

»In Granada angekommen, sah ich, daß die Juden hier eine führende Stellung innehaben«, schreibt Abu Ishak aus Elvira an der Wende zum zwölften Jahrhundert. »Sie haben Hauptstadt und Provinzen unter sich aufgeteilt; überall steht einer von diesen Verfluchten an der Spitze der Verwaltung. Sie erheben die Steuern, sie schwelgen im Wohlleben, sie stolzieren in prächtiger Tracht einher, während eure Kleidung, o Muselmanen, alt und verschlissen ist. Sie sind in alle Staatsgeheimnisse eingeweiht, und während die Rechtgläubigen sich mit einer dürftigen Mahlzeit für einen Dirhem begnügen müssen, veranstalten die Juden in den Palästen prunkvolle Gastmähler.«

Es war die von Abu Ishak so gerügte Zeit der jüdischen Veziere Samuel ha Nagid und seines Sohnes Joseph, in der das Königreich Granada seine glückliche Sonderentwicklung begann und sich aus dem immerwährenden Kleinkrieg der Nachbarn heraushalten konnte. Das hinderte die armen Einwohner Granadas freilich nicht, den Vezier Joseph zu töten, so wie ja auch die schöne Rahel, die Geliebte, an der König Alfons VIII. von Kastilien sieben Jahre lang mehr gehangen hatte als an Weib und Kind, für die Niederlage von Alarcos verantwortlich gemacht und getötet wurde. Bedeutende jüdische Denker des maurischen Spanien wie Moses ben Maimon und Averroës verließen wegen dieser Anfeindungen Spanien und gingen nach Marokko, aber andere wechselten nur den Ort ihres Schaffens, wie Juda ben Samuel Halevi, der von Toledo nach Granada ging, oder blieben dieser einzigartigen Stadt stets verbunden wie Mose ibn Esra.

Drei hochbegabte Völker treten in einen seltsamen Wett- und Widerstreit ein, weil sie auf dem engen Raum des maurischen Spanien, in der synkretistischen Welt der maurischen Großstadt zum Miteinanderleben gezwungen sind. Einerseits nehmen sie die Chancen dieses Nebeneinander wahr, etwa wenn der im dreizehnten Jahrhundert geborene Charisi den Versuch macht, gewisse arabische Poesieformen ins Hebräische zu übertragen oder wenn der Abbadidenherrscher Al Mutamid im elften Jahrhundert in Sevilla einen glänzenden Musenhof hält, an dem Dichter verschiedener Zungen, aber auch Denker, Musiker und heitere Schöngeister ein fruchtbares Klima der Begegnung zwischen den Bekenntnissen schufen. Andererseits aber war jedes dieser im Reich des Geistes bereits profilierten Völker darauf bedacht, seine Eigenart gegen die Versuchung in engster Nachbarschaft, gegen das allzu enge Nebeneinander zu behaupten. Daraus gingen so bedeutende Leistungen hervor wie der Religionskodex *Mischne tora*, das Riesenwerk des Maimonides, der nach der Flucht aus Cordoba auch in Fez seiner Religion wegen Schwierigkeiten hatte und erst im Alter die Toleranz Sultan Saladins kennenlernte (er starb 1204 in Alt-Kairo). Sein religionsphilosophisches Werk *More newuchim* (Führer der Schwankenden), ein auf Aristoteles fußendes, zu einer umfassenden Religionsphilosophie fortschreitendes Werk, wurde auch von Arabern und Christen viel gelesen und übte auf die Schulen des maurischen Spanien großen Einfluß aus. Juda ben Samuel Halevi, der große Unstete der spanisch-jüdischen Dichtung, zieht von Toledo nach Sevilla und von Sevilla nach Granada, lebt wie Maimonides von seiner ärztlichen Kunst, dichtet und philosophiert, findet Gönner und hält im Abend seines Lebens einen geradezu triumphalen Einzug in Granada. Sein Ende ist so schicksalhaft und geheimnisumwittert wie das des großen Arthur Rimbaud: nach der Euphorie in Granada besteigt Halevi ein Schiff, das ihn zu den Juden Ägyptens bringt, wird in Damiette auch noch festlich empfangen und schifft sich endlich zur Weiterreise auf dem Nil ein. »Von diesem Tage an ist Juda ben Samuel Halevi verschollen. Die Sage, daß er im Tor Jerusalems von dem Roß eines daherjagenden Sarazenen zerstampft worden sei, ist eben nur eine Sage.« (Emil Cohn)

Wie weit diese schwer zu durchschauende Mimikry mitunter ging, beweist der große Salomo ben Juda ibn Gabirol, der im elften Jahrhundert in Malaga, Granada und Valencia lebte und über dessen Lebensumstände wir vor allem durch Moses ben Jakob ibn Esra aus Granada unterrichtet sind. Gabirol schrieb Liebesgedichte im arabischen Geschmack, aber auch poetische Erläuterungen der Gebote *(Asharot)* und ein berühmtes Sabbatgedicht, das Lied der Herrlichkeit *(Schir hakawod)*. In seinem Hymnus *Keter malchut* (Königskrone) verbindet sich sein von den Arabern bezogenes astronomisches Wissen mit dem Gedankengut der Kabbala, und sein Hauptwerk *Quell des Lebens* schrieb er vollends in arabischer Sprache. Der jüdische Märtyrer Abraham ibn Daud aus Toledo und der Konvertit Johannes Hispalensis haben es gemeinsam mit dem Mönch Domenicus Gundisalvus ins Lateinische übersetzt, während die eigenen Werke des Abraham ibn Daud zum Teil jahrhundertelang im arabischen Original halbvergessen blieben. Salomo ben Juda Gabirol erlangte dadurch unter dem verstümmelten Namen Avicebron als vermeintlich arabischer Philosoph nicht geringen Einfluß auf scholastische Denker wie Duns Scotus und Alexander von Hales, und Thomas von Aquino erwies ihm die Ehre, gegen seinen *Quell des Lebens* zu polemisieren.

Gabirol ist für manche jüdische Kritiker in seinem Hang zur arabischen Dichtung zu weit gegangen, und im maurischen Spanien wurde keines seiner Werke so sehr geschätzt wie seine Anthologie arabischer Sinnsprüche. Gabirol machte sich auch keineswegs die Mühe, diese offenbar wohlgelungene Sammlung selbst in die Sprache seiner Glaubensgenossen zu übersetzen. Vielleicht hatte er auch nicht mehr die Zeit dazu, denn er soll nicht einmal vierzig Jahre alt geworden sein. Die hebräische Version verdanken wir Juda ibn Tibbon (1120-1190), und er führt uns zu einer Übersetzer-Dynastie, wie sie tatsächlich nur im maurischen Spanien entstehen konnte, zu den Tibboniden aus Granada. Judas Sohn Samuel ibn Tibbon wurde der Übersetzer des Maimonides ins Hebräische, und seine in regem Briefwechsel mit dem Autor entstandenen Übertragungen bildeten die Grundlage für die späteren europäischen Ausgaben des *More newuchim.* Auch Moses ibn Tibbon übersetzte Maimonides, vor allem aber widmete sich der in Montpellier lebende Naturwissenschaftler der Übertragung des Averroës, des Euklid und des Avicenna ins Hebräische.

Die Nachtseite dieser in ihrer Art wohl einzigartigen Kulturmischung und Bildungssynthese, dieser Vertrautheit mit des anderen Sprechen und Denken, ist durch die Renegaten gekennzeichnet, durch die Abtrünnigen und Konvertiten, die ihre Kenntnis des verlassenen Lagers dazu einsetzen, es zu bekämpfen und zu vernichten. Die Juden des südlichen Spanien hatten keine gefährlicheren Gegner als die aus dem Judentum hervorgegangenen Prälaten. Aus Josua ben Lorca war Geronimo de Santa Fé geworden, und dieser Geronimo war auf dem mehr als ein Jahr währenden Streitgespräch zwischen Juden und Christen, das 1413/14 in Tortosa stattfand, der gefeierte Sprecher der christlichen Partei. Ihm assistierten zwei ehemalige Talmudisten, Rabbanen wie er selbst, und zwar Johann der Alte und Alfonso d'Espina, Beichtvater des Monarchen und General der Franziskaner. »So wurden die Disputationen zumeist Wortgefechte zwischen getauften und ungetauften Juden.« (Valeriu Marcu) D'Espina, der zu den höchsten Würden aufstieg, Kastilien in Rom vertrat und Rektor der Universität von Salamanca wurde, war als Richter im höchsten Inquisitionstribunal Mitschöpfer dieser Institution, die das geistige Erbe des maurischen Spanien, den glückhaften Synkretismus, vollends vernichten sollte.

Obwohl wir heute dies alles wissen, obwohl wir die letzten Jahrzehnte der Reconquista ebenso genau kennen wie die im darauffolgenden sechzehnten Jahrhundert spanische, ja europäische Wirklichkeit werdende religiöse Intoleranz, so bleibt an diesen Entwicklungen doch vieles rätselhaft oder doch nicht so ohne weiteres verständlich. Denn es war ja keineswegs so, daß mit jenem 2. Januar 1492 nun plötzlich alles anders war. Spanien kannte zu diesem Zeitpunkt schon jahrhundertelang das Hinundherwogen der Kämpfe, hatte mit wechselnden Grenzverläufen zu leben gelernt und im großen und ganzen gezeigt, daß die beiden Gegner einigermaßen aufeinander angewiesen waren: So lange ein gewisses Gleichgewicht der Kräfte bestanden hatte, war es auch den christlichen Königen nicht ratsam erschienen, in den zurückeroberten Gebieten besondere Härte an den Tag zu legen. Der mohammedanische Bauer hatte unter den Herrschern Kastiliens oder Aragons kein härteres Leben als die Christen unter den Emiren, und wenn die Muslimen nun Abgaben an christliche Könige entrichteten, so entsprach das jener besonderen Christensteuer, wie sie schon die Omayaden erhoben hatten.

Selbst die Juden, die durch Reichtum, Bildung und Einfluß eine wesentlich auffälligere Bevölkerungsgruppe darstellten als jene Bauern und Handwerker, die weiterhin dem Islam anhingen, hatten in den Zeiten König Alfons VIII. (1158-1214) und unter anderen christlichen Herrschern noch keine Schwierigkeiten. 1085 war die wichtige und in ihrer zentralen Lage einzigartige Stadt Toledo von Alfons VI. erobert und zur Residenz erhoben worden. Gelehrte und begüterte Juden, die in Cordoba, Sevilla, Granada oder Lucena von den Muslimen verfolgt worden waren, strömten nun nach Toledo, das zu jener Zeit nicht weniger als zwölftausend jüdische Einwohner gehabt haben soll, was etwa die Hälfte der Einwohner gewesen wäre. Dieser starke jüdische Bevölkerungsanteil erklärt jedenfalls, daß Toledo nicht nur als Residenz, sondern auch als Bildungszentrum besondere Bedeutung für Spanien erlangte und ähnlich hervorragende Übersetzerschulen in seinen Mauern sah wie sonst nur Granada. Die alte westgotische Königsstadt hatte damit eine neue Blüte zu verzeichnen, an der ähnlich wie in Granada Christen, Araber und Juden zusammenwirkten, dank der Toleranz kluger Monarchen. Alfons II. von Aragon hielt es ähnlich, was seinen Städten Gerona und Barcelona zugute kam, und König Alfons VIII. von Kastilien erlag gar – wie bereits erwähnt – den Reizen der schönen Jüdin Rahel Fermosa, hielt sie jahrelang als seine Geliebte und wurde erst durch den Aufruhr wachgerüttelt, in dem die Toledaner das Mädchen vor den Augen des Königs töteten. Die Mörder wurden, vielleicht weil der König den Fehler einsah, nicht verfolgt.

In seiner Begeisterung für das in der Welt verstreute und

doch überall wirksame Judentum brach im zwölften Jahrhundert der Rabbi Benjamin aus der Stadt Tudela zu einer Weltreise auf, die ihn beinahe in die Nähe des Marco Polo und des Ibn Battutah rückt. Das am rechten Ebroufer gelegene Städtchen hatte nach seiner Eroberung durch die Christen beträchtliche Einbußen an Wohlstand hinnehmen müssen – die Wirtschaft hatte unter der Maurenherrschaft eben intensiver geblüht – und so beschloß Rabbi Benjamin, die Judengemeinden in aller Welt aufzusuchen. Er reiste über die Provence und Italien in den Vorderen Orient, das Zweistromland, Jemen und Ägypten, ja vielleicht gelangte er sogar bis Indien und Tibet. Bei seiner Rückkehr im Jahr 1173 brachte er Aufzeichnungen über etwa dreihundert jüdische Gemeinden des Ostens mit, über die Zahl der dort lebenden Juden, ihre Geschäfte, ihr Handwerk, ihr Leben, und einer seiner Glaubensgenossen machte später ein Buch daraus, das seit dem ersten Erscheinen 1543 in Konstantinopel in beinahe alle Weltsprachen übersetzt und als Quelle der alten Geographie stets geschätzt wurde.

Ähnlich friedlich wie das christlich-jüdische Zusammenleben vor der Inquisition verlief auch die arabisch-christliche oder islamisch-christliche Gemeinsamkeit, vor allem, weil es hier um weitaus größere Bevölkerungsteile ging und jeder Übergriff zu Repressalien und Massenmorden hätte führen müssen. Die Gefangenen wurden in beiden Lagern zur Arbeit eingesetzt, als Sklaven gehalten und als Sklaven gegen Lösegeld auch wiederum freigegeben. Diese Bräuche endeten erst, als die Truppen der Almoraviden das Klima der Auseinandersetzung verschärften und als die seit dem dreizehnten Jahrhundert überlegenen Ritterarmeen aufhörten, Gefangene zu machen.

Die Kreuzzugsmentalität, wiewohl im Orient entstanden, breitete sich durch Predigten im Norden Spaniens und wortgewaltige Aufrufe südlich der Ebrogrenze auch im Maurenreich aus und bedrohte das friedliche Zusammenleben der vom Schicksal zusammengezwungenen großen Religionen. Im Gegensatz zu der Toleranz unter den Omayaden mußte unter den afrikanischen Dynastien so mancher Christ sich als Muslim gebärden, und die Christen waren darin nicht immer so geschickt wie die gebildeten Juden, die als Ärzte und Finanzmagnaten sich einen gewissen Freiraum schaffen konnten. Der große Averroës wurde einmal von empörten Muslimen in das Haus eines angeblich zum Islam Übergetretenen gerufen. Er sah dort ein großes Zimmer, das in einer Art halbrunden Alkovens endete, in dem freilich kein Bett stand. Dafür hing von der Decke eine kleine Öllampe herab, Reste von Kerzen waren zu sehen, und man fand auch einen Stab, der in einem Kreuz endete, dazu lateinische Bücher und Hostien. Trotz dieses belastenden Befundes erklärte Averroës als Autorität, die Scheinmuslimen in diesem Haus dürften nicht hingerichtet werden, da man sie nicht bei der *Ausübung* des verbotenen Kults angetroffen habe.

Als die Almoraviden Sevilla eroberten und mit Deportationen begannen, mußte selbst der Erzbischof Johannes so tun, als sei er zum Islam übergetreten, aber er verstand es, seiner Gemeinde mitzuteilen, daß es sich lediglich um eine Scheinkonversion handle, damit er bei seinen Schafen bleiben und sie weiter betreuen könne.

Ein in seiner Kraßheit beinahe komischer Fall ereignete sich in Granada, und zwar im vierzehnten Jahrhundert, als der muslimische Reststaat eingeschlossen war und diese Bedrohung die Auseinandersetzung zwischen den Religionen angeheizt hatte. Ein Imam, der eben das Freitaggebet in der großen Moschee der Stadt geleitet hatte, wandte sich plötzlich an die Gläubigen und schrie: »In Wirklichkeit aber bin ich Christ«, nach welchen Worten er allerdings eilends verschwand.

Fromme Könige wie Alfons VI. von Kastilien heirateten maurische Prinzessinnen, der erste Herrscher von Pampluna, Inigo Arista, stammt vermutlich von einem zum Islam übergetretenen Basken ab und hat – daran besteht kein Zweifel – einen Halbbruder und einen Schwiegersohn, die sich zum Islam bekennen. Und eine uns unbekannte Zahl von christlichen oder dem Islam anhängenden Paaren macht sich den Umstand zunutze, daß bei einem Übertritt die in der verlassenen Religion geschlossene Ehe ungültig wird. War ein Paar christlich verheiratet und trat zum Islam über, so hatte die Frau drei Menstruationen, also dreimal achtundzwanzig Tage Zeit, sich zu entscheiden, ob sie eine neue Ehe nach islamischem Recht mit diesem Mann eingehen wolle. Man konnte also auf die verschiedensten Weisen auch Nutzen aus der besonderen Lage ziehen, die auf der Pyrenäenhalbinsel herrschte. Selbstverständlich gab es auch im christlich-islamischen Gegensatz jene düsteren Existenzen, die man Renegaten nennt und die, obwohl sie einst Mozaraber, also Christen unter maurischer Herrschaft gewesen waren, sich dann als übereifrige Fakhis und Hetzprediger auf arabischer Seite hervortraten.

Das letzte Jahrhundert des maurischen Granada war ein Geschenk, das die christlichen Könige vor allem Kastiliens der Kulturgeschichte machten. Von dem Kleinstaat in den Bergen, der durch hohe Gebirgskämme vom Herzen Spaniens getrennt war, ging keine Gefahr mehr für die Reconquista aus, die so gut wie vollendet war. Bedeutende Herrscher wie Ferdinand III., der Heilige, und Alfons X. hatten das christliche Spanien nicht nur konsolidiert, sondern ihm auch Verbindungen zu den erstarkten Mächten des übrigen Europa geschaffen. In Granada hingegen gingen die alten inneren Zwiste weiter, wie sie die allzu lebhaften Maurenkönigreiche fast stets gekannt hatten und als eine Folge, einen Ausfluß des Temperaments hinnehmen mußten, das die arabischen und berberischen Rittergeschlechter durch Jahrhunderte zu so großen Erfolgen gelangen ließ.

Portugal befuhr das Weltmeer und schuf sich Stützpunkte an den Küsten Afrikas; Venedig und Genua streckten ihre Fühler zu Wasser und zu Lande bis tief hinein nach Asien aus. Die Verbindungen zum deutschen Machtgebiet, zum Papst, zu den Verwandten in Burgund und den Banken der italienischen Städte begannen für Kastilien ungleich wichtiger zu werden als die beinahe schon anachronistische Aufgabe, die inoffensiven Mauren von Granada ins Meer zu werfen, nach Afrika zurückzutreiben. Vor allem aber besaß dieser Reststaat mit seinem wirren, aber intensiven politischen und wirtschaftlichen Leben noch immer einen solchen Überschuß an Geld, daß die Tribute aus der letzten Maurenresidenz willkommener waren als ein auf jeden Fall kostspieliger Feldzug, für den es in ganz Spanien keine Mittel gab. Denn das große Land war – so stolz man auf die militärischen Erfolge auch sein durfte – nach den Siegen über die Mauren und der Vernichtung des maurischen Wirtschaftslebens auf fürchterliche Weise verarmt und hatte schon einige Hungersnöte überstehen müssen.

Vielleicht wäre dem maurischen Granada sogar eine noch längere Frist gewährt worden, hätten nicht zwei große Kirchenfürsten, die Kardinäle Mendoza und Cisneros, Anstoß an der Weiterexistenz dieses Nests von Ungläubigen genommen. Mendoza (gestorben 1495) wirkte als Erzbischof von Toledo und Kanzler Kastiliens auf eine Wiederaufnahme der Feindseligkeiten hin, und Francisco Ximenez de Cisneros machte als Beichtvater der Isabella von Kastilien der Königin klar, daß ihre Ehe mit Ferdinand von Aragon die Verpflichtung bedeute, das besiegte Granada von allem Unglauben leerzufegen, handle es sich nun um Mohammedaner, Juden oder Scheinchristen. Der aus kleinem kastilischen Adel aufgestiegene, persönlich arme Cisneros war es auch, der nach 1495, als er durch Mendozas letzten Rat zum Erzbischof von Toledo und Kanzler Kastiliens geworden war, die entscheidende Wendung zur Intoleranz bewirkte, der die Liquidation der besonderen Situation Granadas verlangte und damit die großen Moriskenaufstände auslöste.

Angesichts dieser Gefahren verhielt sich Granada so ahnungslos und mit sich selbst beschäftigt wie das große Byzanz, das kurz zuvor eine Beute der Türken geworden war. Nicht einmal die Eroberung Gibraltars durch die Christen hatte als Warnsignal die letzten Könige wachrütteln können, die – ganz ähnlich wie viele andere Maurenherrscher vor ihnen – nichts anderes im Sinn hatten, als eine Frau nach der anderen zu beglücken und die Probleme zu lösen, die durch die Überzahl von Prinzen und Prätendenten beinahe zwangsläufig entstehen mußten.

Der neunzehnte Nasride Abul Hassan und sein Sohn Boabdil, Granadas letzter maurischer Herrscher, haben für die Mehrzahl jener Legenden gesorgt, die sich an die Gemächer, Türme, Tore und Balkone der Alhambra und an die Gärten des Generalife geheftet haben und damit unsterblich geworden sind. Schon Washington Irving – der neben seinen *Tales of the Alhambra* ja auch wissenschaftliche Werke über das maurische Spanien verfaßte – stellte bei seinen Forschungen in spanischen Archiven fest, daß ein gut Teil jener Schauergeschichten, mit denen der erzählfreudige Schuster Perez de Hita den König Chico ausstattet, eigentlich seinem Vater Abul Hassan zur Last zu legen sind. Chico oder Kind nennt Perez de Hita etwas geringschätzig, wenn auch nicht ohne Zärtlichkeit, den letzten Maurenkönig Granadas, der sich schon nicht mehr Sultan und schon gar nicht Emir nennt, Abul Hassans Sohn Abu Abdallah, den sich die Einwohner der Stadt mundgerecht gemacht und kurz Boabdil genannt haben. Boabdil, der noch immer durch die Alhambra geistert, ist ein so typischer Spätling wie Montezuma und mit seinen Überwindern beinahe enger verbunden als mit seinem Volk; hinter ihm stehen als die wahren Unholde sein Vater und sein herrschsüchtiger Onkel.

Abul Hassan war es, der die konkurrierende Rittersippe der Banu-l-Sarradj, spanisch Abencerragen genannt, durch Massenhinrichtungen ausrotten ließ, um seine Herrschaft zu sichern, und vielleicht wurden unter ihm tatsächlich die Köpfe gleich dutzendweise in den heute so idyllisch vor uns liegenden flachen Teich des Löwenhofes geworfen. Daß die Abencerragen-Verschwörung jedoch entdeckt wurde, weil ein Ritter dieses Geschlechts eine geheime Liebschaft mit Abul Hassans schöner Schwester Zoraide angeknüpft hatte, ist zwar nicht ausgeschlossen, doch durch nichts bewiesen. Selbst die Legenden scheinen sich hier zu widersprechen, denn sie kennen auch eine Zoraide, die diesen Namen nach ihrer Verheiratung mit Abul Hassan angenommen hatte, jedoch aus edler christlicher Familie stammte. Von dieser schönen Gefangenen hatte Abul Hassan noch in vorgerücktem Alter zwei Söhne, und da Zoraide – wie noch jede Mutter – die Thronfolge dieser kleinen Prinzen oder doch des einen von ihnen gegen den älteren Boabdil durchzusetzen versuchte, begab sich auch im untergehenden Granada, was wir aus Cordoba schon genugsam kennen: Verzweifelte Haremsintrigen sollten den alten Monarchen dazu bringen, seine früheren Söhne zu enterben, seine früheren Konkubinen zu verstoßen, da sie alle ihm angeblich nach dem Leben trachteten.

Wegen dieser Anschuldigungen kam es zur Gefangenschaft und wohl auch Folterung der Prinzessin Ayxa la Horra im Comares-Turm, und aus einem Fenster dieses Turms ließ denn auch Ayxa ihren Sohn Boabdil zur Erde nieder, damit er sich retten könne: Er floh, und das scheint geschichtlich gesichert zu sein, zu Freunden ins nahe Guadix am Nordhang der Sierra Nevada und zahlte seinem Vater alles, was dieser ihm und Ayxa la Horra angetan hatte, durch die Erhebung vom Jahr 1482 heim.

Boabdil war zwar nicht so hart und kriegerisch wie sein Vater, der den Spaniern im Genil-Tal bei Loja noch eine schwere Niederlage beigebracht hatte, aber er war persönlich tapfer, als Herrscher milde und ohne Haß, ein Edelmann ohne jene rücksichtslose Kraft, die seine Lage wohl erfordert hätte. 1483 geriet er nach unerschrockener Gegenwehr in offener Feldschlacht in die Gefangenschaft der Spanier, die ihn mit bemerkenswertem Geschick behandelten und vermutlich bald erkannt hatten, daß sein kriegstüchtiger Onkel al Zaghal der gefährlichere Gegner sei.

Der Zwist zwischen Neffe und Onkel beraubte Granada seiner vollen Abwehrkraft, und die Spanier eroberten zwischen 1483 und 1487 nicht weniger als zehn wichtige Städte des Emirats oder Königreichs von Granada, darunter den unersetzlichen Seehafen Malaga. Al Zaghal, der Unbeugsame, ergab sich, als seine Festung Baza kapitulieren mußte. Ihre Reste sind noch heute nahe der N 342 zu sehen.

Danach war Boabdil in seiner Stadt Granada eingeschlossen, und die allerchristlichsten Könige, nämlich Ferdinand und Isabella, kamen in eigener Person angereist, um dem Spektakel des maurischen Todeskampfes beizuwohnen. Es war, als rüste man zu einem Autodafé, einem »Glaubensakt«, wie man bald darauf die feierlichen Ketzerverbrennungen im Angesicht des Königs nennen wird, aber was brannte, war zunächst nicht das böse Granada, die Stadt der Sünden und der Völlerei, sondern das christliche Heerlager vor der Stadt, in dem die Patres beinahe so zahlreich waren wie die Soldaten.

Gewitzt und aus der Geschichte darüber belehrt, wie die Römer einst das unbotmäßige Numantia trotz heldenhaften Widerstands bezwungen hatten, erbauten Ferdinand und Isabella geruhsam, denn Eile hatten sie gegen Granada ja niemals an den Tag gelegt, die »Stadt des Glaubens«, ein ganze Belagerungs-Fortifikation, die den Namen Santa Fé erhielt. Hier beschlossen sie auszuharren, bis das Nest der Ungläubigen ausgeräuchert sei. Aber Boabdil, dessen Sohn als Geisel in den Händen der Christen war, suchte nicht den Ruhm des Heldentodes. Schon während seiner Gefangenschaft hatte er zu erkennen gegeben, daß ihm an der Ausübung wirklicher Herrschaft wenig gelegen sei: sein Herz hänge zwar an Granada und an Schloß und Gärten auf dem Alhambra-Hügel, aber das Leben dort könne er sich ohne weiteres auch beschaulich, entmachtet und lediglich von privatem Luxus umgeben vorstellen.

Daran knüpften die Verhandlungen an, die in den letzten Wochen des Jahres 1491 begannen, und an der Jahreswende war man sich dann auch einig. Es kam nicht zum Kampf, sondern zu einer gesitteten Begegnung unter Königen, wobei Boabdil, umgeben von hundert prächtig gekleideten maurischen Rittern, Ferdinand und Isabella seine Unterwerfung durch Handkuß bestätigte und dafür seinen Sohn unversehrt zurückerhielt. »Und als sie dort standen, kamen etwa vierhundert Gefangene von jenen, die innerhalb der Mauern gewesen waren, das *Tedeum* singend in feierlicher Prozession aus der Burg Boabdils heraus. Da sie ein Kreuz vor sich hertrugen, stiegen die Majestäten vom Pferd, um unter Tränen, inmitten der frommen Andacht der Menge, das Kreuz anzubeten. Dies taten unter anderen auch der Kardinal von Santiago de Compostela und der Herzog von Cadiz und sämtliche Granden und Herren, und es war niemand, der nicht gerührt gewesen wäre und in Freuden unserem Herrn seinen Dank dafür abgestattet hätte,

Ferdinand von Aragon und Isabella von Kastilien. Gemälde im Palast Karls V. in Granada.

diesen Tag erleben zu dürfen. Auch dem Maurenkönig und seinen Rittern war die Bewegung ob der Ereignisse anzusehen, zweifellos aus gutem Grund, denn Granada ist der kostbarste und bedeutendste Ort des islamischen Westens, sowohl durch die Kraft seiner Burgen als auch durch die Pracht seiner Bauwerke und den Reichtum seiner Wohnungen.«

Den letzten Blick auf Granada tat Boabdil von jenem Felsvorsprung, den man dem Besucher der Stadt noch heute zeigt, und hier soll seine beherzte Mutter dem Weinenden gesagt haben, er flenne wie ein Weib über den Verlust der Stadt, die er nicht wie ein Mann verteidigt habe. Immerhin kann seine Position nicht so schwach gewesen sein, denn die einzelnen Punkte der Übergabevereinbarung können sich durchaus sehen lassen. Für Boabdil selbst enthielten sie die Zusicherung des unbehelligten Lebens in einer kleinen, selbständigen Herrschaft, wovon er jedoch nur kurz Gebrauch machte: er wandte sich dann nach Nordafrika.

Hinsichtlich seiner Untertanen hatte sich Boabdil auch gegen den übermächtigen Gegner als fürsorglicher Fürst behauptet und nicht einmal die Juden vergessen. Ihnen wie den Muslimen wurde die ungekränkte Ausübung ihrer Religion zugesichert; wer aber freiwillig auszuwandern wünsche, dürfe seine Habe mit sich nehmen. Auch die Rechtsprechung durch die Kadis sollte für die Anhänger des Islam aufrechterhalten werden, die auch nicht durch besonderen Steuerdruck außer Landes getrieben werden durften.

Aber die katholischen Majestäten waren mit den gebildeten und toleranten Omayaden leider nicht zu vergleichen, und sie hatten nicht Gelehrte und Dichter als Berater an der Seite, wie es die weisen Kadis von Cordoba oder Valencia gewesen waren, sondern armselige und engstirnige Eiferer vom Zuschnitt des Emporkömmlings Ximenez de Cisneros. Nur die ersten Jahre nach der Kapitulation bargen für das eroberte Granada noch einen Schimmer von Hoffnung, weil die Königin den Prälaten Fernando Talavera zum ersten Erzbischof von Granada vorschlug. Dieser hochbegabte, mütterlicherseits aus dem Judentum Toledos stammende Kirchenfürst begann sein Werk damit, daß er Arabisch lernte(!) und seine Priester zu Milde und Verständnis anhielt. Er gewann die Herzen aller Bürger der eroberten Stadt im Flug. Ja, sie verehrten ihn so, daß sein blosses Erscheinen dem Hetzpfaffen Cisneros das Leben rettete, als rebellierende Muslimen den Kardinal in seinem Palais in Granada eingeschlossen hatten und bedrohten. Ximenez erhielt die Gelegenheit zur Revanche: Als die Inquisition dem greisen Talavera mittels bestochener Zeugen den Prozeß zu machen versuchte, erreichte er die Abtretung des Verfahrens an den Heiligen Stuhl, wo unabhängige geistliche Richter Fernando Talavera, einen Mann, den inzwischen ganz Spanien wie einen Heiligen verehrte, von allen Anklagen freisprach und damit auch seine Familie und seinen Besitz rettete.

Diese kennzeichnende Episode, aus der Macht und Aggressivität der Inquisition deutlich hervorgehen, bedeutete für das Schicksal Granadas jedoch nur einen Aufschub. 1509 starb Talavera, und bald darauf rauchten die ersten Scheiterhaufen, zunächst für achtzigtausend arabische Bücher, »verfaßt in der groben Sprache einer ungläubigen und verachteten Rasse«, dann aber auch für Juden und Mauren. Die getauften Juden wurden als Marranen (Schweine) bezeichnet, die getauften Mauren als Morisken. Bürgerkriege, Verelendung und letztlich ein Zurückbleiben des ganzen Landes hinter besser und freiheitlicher regierten Staaten waren die selbstverständliche Folge, so sehr sich auch das nun vereinigte spanische Königreich bemühte, durch die Ausbeutung seiner überseeischen Besitzungen das wettzumachen, was dem Mutterland durch die Austreibung so großer und fleißiger Bevölkerungsteile verlorengegangen war. Der spanische Soldat, in harten Jahrhunderten immerwährenden Kräftemessens mit den Mauren zum besten der Welt geworden, hätte eine glücklichere Heimat verdient; er floh als Konquistador in die Weiten der westlichen Welt, während sich Europa in den Jahrhunderten der Renaissance und des Humanismus zur Selbstbefreiung des Geistes durchrang.

Boabdil lebte nicht mehr lange genug, um dies mitzuerleben, und vielleicht hätte er, befangen in seinen Träumen von der verlorengegangenen Alhambra, auch gar nicht verstanden, wohin die Welt schritt, nachdem die letzten Mauren auf europäischem Boden niedergerungen worden waren. Ein Gedicht jedoch kannte er ganz sicher, die Strophen, die ein anderer unglücklicher Maurenherrscher mehr als vierhundert Jahre zuvor geschrieben hatte, der Emir al Mutamid, letzter Abbadidenherrscher von Sevilla, den die siegreichen Almoraviden in Aghmat bei Marrakesch gefangen hielten; sie lauten in der Übertragung von Janheinz Jahn:

Wie ich mich einst auf jeden Festtag freute,
so fürcht ich ihn im Kerker von Aghmat.
Die Töchter hungern, tragen Lumpenstaat
und spinnen Wolle für die fremden Leute.

Dann kommen sie und geben mir die Hand
und wünschen frohes Fest und senken ihren hohlen
Verzweiflungsblick auf ihre nackten Sohlen,
als hätten Kampfer sie und Moschus nie gekannt.

Auf ihren bleichen Wangen ist kein Licht.
Sie sehn mich an und wagen kaum zu sprechen.
Es ist heut Feiertag. Ich soll das Fasten brechen.
Mir fehlt das Brot, und nur mein Herz zerbricht.

Einstmals gehorchte mir das Schicksal blind,
wenn ich befahl. Jetzt muß ich ihm parieren.
O wüßten alle Könige, die jetzt noch froh regieren,
welch eitlen Träumen sie verfallen sind!

Literaturbericht

Es wäre nicht sehr falsch, wollte man diesen Bericht auf die Feststellung beschränken, daß es eine befriedigende Darstellung der Geschichte und der Kulturgeschichte des Maurischen Spanien in unserer Sprache nicht gibt, ja genau genommen nie gegeben hat. Der wunderschöne Bildband, den Titus Burckhardt 1970 bei Callwey in München herausgebracht hat, ist ein Zeugnis tiefer Liebe zum Gegenstand und eine Sammlung eindrucksvoller Bilddokumente, widmet aber Kunst und Architektur soviel Raum, daß sich eine zureichende Darstellung der Geschichte auf den 225 Seiten nicht auch noch unterbringen ließ. Das sehr ausführliche Literaturverzeichnis dieses Werkes führt zur maurischen Kultur im Allgemeinen und zur Geschichte nicht ein einziges Werk in unserer Sprache auf...

Zwei Auswege bieten sich an: der in vergangene Zeiten und der in fremde Sprachen. Aus dem geschichtsbegeisterten vorigen Jahrhundert besitzen wir eine zweibändige *Geschichte der Omayaden in Spanien* von Joseph Aschbach, 1830 bei Franz Varentrapp in Frankfurt am Main erschienen. Das durch die neuere Forschung in vielen auch wichtigen Einzelheiten überholte Werk bleibt unschätzbar durch die so gut wie lückenlose Auswertung vor allem der christlichen Quellen und Chroniken. Bei F.W. Lembkes *Geschichte von Spanien* gesellt sich dazu noch die Kenntnis der damals zugänglichen arabischen Quellen, die im Originalwortlaut (!) inmitten schönster Fraktur zitiert werden, ein Ruhmesblatt des Verlages Friedrich Perthes.

Den großen Fortschritt gegenüber diesen gewiß tüchtigen, aber von unvollständigem Material ausgehenden Untersuchungen brachte der französisch publizierende niederländische Orientalist Reinhart Dozy (1820-1883) durch eine Fülle einschlägiger Arbeiten und Herausgaben arabischer Quellenschriftsteller wie al Makkari, Edrisi u.a. Ohne diese Pionierleistung hätte selbst die heute führende, ja beherrschende Darstellung des Sorbonne-Professors Lévi-Provençal nicht so glanzvoll gelingen können: *Histoire de l'Espagne musul-*

mane, 1950 in drei Bänden bei Maisonneuve erschienen und eine der orientalistischen Kostbarkeiten der Bücher-Schatzkammer auf dem Boulevard Saint-Germain, die leider seit zehn Jahren nicht mehr existiert. Auch Lévi-Provençal hat seine eigenen Darstellungen durch wichtige Herausgaben dankenswert ergänzt, so durch eine kommentierte Edition von Dozys *Histoire des Musulmans d'Espagne* (Brill 1931) und zahlreicher Chroniken, Memoiren und Dokumentarbestände, zum Teil in Zusammenarbeit mit dem spanischen Orientalisten E. Garcia Gomez.

Die spanischen Gelehrten beginnen den Vorsprung eines Reinhart Dozy oder Evariste Lévi-Provençal inzwischen aufzuholen: Neben die große, von Ramon Menendez Pidal herausgegebene Gesamtdarstellung (Madrid seit 1935) und sein Buch über den Cid (1964) treten zahlreiche spanische Veröffentlichungen zu Einzelfragen und die große Sammlung christlicher wie arabischer Quellen, die Claudio Sanchez-Albornoz vorgelegt hat.

Quellenpublikationen sind auch die wertvollsten einschlägigen Werke in unserer Sprache, und zwar in der von G.E. von Grunebaum im Artemis-Verlag herausgegebenen *Bibliothek des Morgenlandes.* Leider überwiegen in den bisher vorliegenden Bänden Essayistik und Interpretation, nur Wilhelm Hoenerbachs hervorragend kommentierte Edition des *Amal al Alam,* des Geschichtswerkes von Ibn al Hatib, wird man wirklich mit Genuß lesen und als eine unmittelbare Begegnung mit dem maurischen Spanien empfinden. Dies gilt in gewissem Maß auch für die *Bibliothek arabischer Klassiker* des Erdmann-Verlages, in der Auszüge aus al Masudi unter dem Titel *Bis zu den Grenzen der Erde* erschienen sind. Im übrigen wird sich von den ersten zwölf Bänden nur die Auswahl aus Ibn Khaldun wenigstens streckenweise mit dem maurischen Spanien beschäftigen.

Da es über das frühe Spanien in unserer Sprache so wenig Literatur gibt, und da von diesem Wenigen fast nichts lieferbar ist, muß ich notgedrungen hier auch eigene Bücher anführen.

Eine Quellensammlung mit verbindenden Texten, 1974 für den Arena-Verlag in Würzburg herausgegeben, ist unter dem Titel *Spanien aus erster Hand* noch lieferbar und enthält außer Berichten über die Römerzeit auch verschiedene Dokumente aus dem maurischen Spanien (Isidor von Sevilla, Ali ibn Hazm, Muhyi din ibn Arabi, Cantar de mio Cid, Maimonides, Ginez Perez de Hita, dazu Aschbach, Lévi-Provençal, Menendez Pidal, Washington Irving). Mir war damals eine Anthologie in spanischer Sprache eine sehr wertvolle Hilfe, der sich vielleicht auch heute mancher Spanienreisende zuwenden möchte: Wilhelm Giese *Anthologie der geistigen Kultur auf der Pyrenäenhalbinsel* (Mittelalter), Hamburg 1927.

Die Westgotenzeit, ihr Ende und die Selbstbehauptungskämpfe des Grafen Pelayo in den Picos de Europa habe ich ausführlicher dargestellt in dem Buch *Auf den Spuren der Goten* (Paul List Verlag, München 1977), für das ich auch die in entlegenen Gegenden Spaniens noch erhalten gebliebenen westgotischen Baudenkmäler fotografierte. Eine Ergänzung des vorliegenden Maurenbuches hinsichtlich seiner Vorgeschichte in Nordafrika bildet mein Buch über *Die Vandalen*, 1979 beim Scherz-Verlag in Bern und München erschienen. Das nördliche Vorgelände, nämlich die Pyrenäenpässe und Septimanien mit den Languedoc-Stränden, habe ich zum Gegenstand eines Reisebuchs gemacht (*Von der Camargue zu den Pyrenäen*, Süddeutscher Verlag, München 1979), in dem zu alten Städten wie Narbonne, Carcassonne, Béziers und Agde auch Historisches gesagt ist. Man sieht, ich habe mich in dieser Ecke ziemlich lange herumgetrieben und bedaure es beinahe, mit dem Maurenbuch nun die letzte Lücke gefüllt zu haben (denn für die jüngere Vergangenheit der Pyrenäenhalbinsel habe ich mich leider nie sonderlich erwärmen können).

Prüfen wir die belletristische Situation, so gelangen wir zu nicht viel besseren Ergebnissen. Die wohl bekannteste Behandlung der maurischen Herrlichkeiten von Granada, der letzten Kämpfe und der Legenden, die sich an die Alhambra heften, stammt von dem amerikanischen Erzähler Washington Irving (1783-1859). Es ist seine berühmte Sammlung *The Alhambra* (1832), nachdem er drei Jahre zuvor schon eine zweibändige Chronik der letzten Jahre des maurischen Granada veröffentlicht hatte. Sucht man aber in deutschen Lagerkatalogen nach den Erzählungen von der Alhambra, so wird man enttäuscht: lediglich Irvings längst zur Pflichtlektüre avancierte Geschichte von Rip van Winkle ist bei Reclam zu haben. Wer nach Granada kommt, tut darum gut daran, die in allen Buchhandlungen vorrätige, inzwischen auch schon hübsch gebundene deutschsprachige Ausgabe des Verlages Everest, Leon, zu erwerben. Die Hoffnung, sich das Werk zuhause kaufen zu können, trügt.

Des Vicomte de Châteaubriand einfühlsame Erzählung von den Abencerragen ist hingegen nicht einmal in Granada erhältlich; eine deutsche Übersetzung, 1949 in Villingen erschienen, trägt den Titel *Der Letzte der Abencerragen* und findet sich wohl noch in öffentlichen Bibliotheken. Etwas besser ist es um den Cid bestellt: Der gut lesbare kleine Roman um Rodrigo Diaz de Vivar, den der Amerikaner Robert W. Krepps geschrieben hat, ist bei Heyne als Taschenbuch erschienen. Herders Romanzenzyklus zu diesem Thema, französischen Vorbildern folgend, und Grabbes Libretto über den Cid Campeador sind in den Gesammelten Werken dieser beiden Großen zugänglich und im Handel. Das altspanische Heldenlied selbst gibt es deutsch als Goldmann-TB Nr. 2592. Die große Heerführergestalt der Mauren, nämlich Almanzor, den Sieger, hat in unseren Tagen Otto Zierer in einem breiten, aber fesselnden Roman behandelt, der ein sehr gutes Bild des maurischen Spanien gibt (*Cordoba*, BASTEI-LÜBBE Taschenbuch Nr. 10071).

Ein Kuriosum mit mehr stimmungsmäßigen als faktischen Bezügen zu unserem Thema liegt seit wenigen Jahren deutsch vor, hat aber schon viel von sich reden gemacht: *Die Handschrift von Saragossa* des polnischen Grafen Jan Potocki (1761-1815), von Roger Caillois aus zum Teil lang verschollenen Bruchstücken und Manuskripten rekonstruiert und in vorbildlicher deutscher Übersetzung aus dem Polnischen bzw. Französischen 1960 im Insel-Verlag erschienen. In diesen um zwei verführerische Zwillingsschwestern kreisenden Traumgesichten aus dem alten Andalusien ist ebensoviel Zauber dieser hinabgegangenen Mischkultur eingefangen wie etwa in Perez de Hitas Geschichten und Legenden; ja, Potocki, der selbst eine merkwürdige Existenz zwischen seinen Visionen, Reiseerinnerungen und der ihn umgebenden Wirklichkeit seiner Schlösser führte, weckt wie ein Merlin ein ganzes Zauberreich für uns auf, in dem Mauren und Zigeuner, Spanier und Juden lange nach dem Untergang ihrer andalusischen Gemeinwelt ein neues Leben für die Literatur beginnen.

Versagen sich also unsere Schriftsteller im großen und ganzen der Maurenwelt, wie sie die Franzosen, Franco-Polen und sogar Amerikaner in ihren Bann schlug, so vermochte immerhin die Gegenseite - die Goten und deren Nachfahren - einige unserer Autoren zu Gestaltungen zu ermuntern. Der letzte Gotenkönig Rodrigo tritt uns sogar als Held einer Händel-Oper entgegen, und Friedrich Maximilian Klinger, Goethes Freund in der Sturm-und-Drang-Zeit, widmete ihm ein Drama. Weniger überraschend ist, daß deutsche Bildungsdichter wie Emanuel Geibel und Felix Dahn dasselbe Sujet wählten. Walter Savage Landor (1775-1864), der kultivierte britische Dichter, erkannte, daß nicht Rodrigo die interessanteste Figur jener Wende ist, sondern der Graf Julian, und widmete ihm ein heute vergessenes Drama. Über das ganze Westgotenreich schrieb Franz Spunda 1938 einen Roman unter dem Titel *Das Reich ohne Volk*, der heute wohl nicht mehr so ohne weiteres genießbar sein dürfte.

Unverwelkt blieben hingegen zwei Dichtungen, die sich mit König Alfons VIII. von Kastilien (1158-1214) und seiner Liebe zu der schönen Jüdin Rahel beschäftigen: Grillparzers Drama *Die Jüdin von Toledo* und Lion Feuchtwangers große Novelle, die teils ebenfalls unter diesem Titel, teils als *Spanische Ballade* bekannt wurde.

Vor allem bei Feuchtwanger, der ja auch eine Goya-Biographie schrieb und zu Spanien ein besonders enges Verhältnis hatte, ist viel vom Zauber des alten Toledo und jenes Lebens zwischen den Rassen und den Religionen eingefangen.

Alle diese Bücher können freilich die unmittelbare Begegnung mit dem maurischen Erbe nicht ersetzen, vermögen das Erlebnis Andalusiens, aber auch anderer die maurische Kultur bewahrender Gegenden nur ahnen zu lassen. Toledo, Granada, Cordoba und Sevilla, aber auch geheimnisvolle kleine Nester wie Carmona oder Guadix oder Tarifa sollte man selbst durchwandern, auch wenn dies ein paar Strandtage an der Küste kostet. Man wird dabei zwar das Fehlen wirklich guter Spanienführer feststellen, weil dieses komplexe und hochinteressante Land eben jedes einbändige Werk sprengt und nach seinen Landschaften erfaßt und genossen werden sollte. Aber auch wenn man nicht alles nachschlagen kann, wenn manches rätselhaft und unverständlich bleibt, so wird es doch unvergeßlich und lädt zum Weiterforschen, zum Weitergrübeln ein als eines der anziehendsten Rätsel, die das allzu erschlossene Europa uns noch zu bieten hat.

Zeittafel

589	Nach dem dritten Konzil von Toledo treten die in Spanien herrschenden Westgoten vom Arianismus zum Katholizismus über.
681	Letztform des westgotischen Rechts mit antijüdischer Gesetzgebung. Beginn der jüdischen Auswanderung nach Nordafrika.
694	Alle Juden im Westgotenreich werden als unfrei erklärt; Zwangstaufen und Massenauswanderung sind die Folge. In Marokko bildet sich eine Irredenta spanischer Juden.
711	Berbereinfall in Südspanien, unterstützt von ehemals spanischen Juden und unter militärischer Beratung durch den zum Westgotenhof in Opposition stehenden Grafen Julian.
712 - 719	Arabische Verstärkungen strömen in den Brückenkopf ein und stoßen gemeinsam mit den Berbern bis Narbonne vor.
718	Graf Pelayo, aus einer Seitenlinie des westgotischen Königshauses stammend, behauptet im Raum um Oviedo ein winziges Reich gegen die arabische Übermacht; es wird zur Keimzelle der Reconquista.
732	Karl Martell, Hausmeier der Merowinger im Frankenreich, besiegt die Araber und Berber in der Doppelschlacht von Tours und Poitiers.

750 - 755	Im Vorderen Orient lösen die Abbasiden die Linie der omayadischen Kalifen ab und rotten die ganze berühmte Sippe aus. Ein Prinz entrinnt dem Massaker, flieht über Ägypten nach Marokko und erobert von dort aus das maurische Spanien.
755 - 788	Abderrahman I., Emir von Cordoba aus dem Haus der Omayaden.
768	Karl der Große, Enkel Karl Martells, König der Franken bis 814.
778	Zug Karls gegen Saragossa. Auf dem Rückmarsch vernichten die Basken bei Roncesvalles (Westpyrenäen) die Nachhut der Franken unter dem bretonischen Grafen Roland.
786 - 809	Harun al Raschid Kalif in Bagdad. Diplomatische Kontakte mit Karl dem Großen.
801	Eroberung von Barcelona und Begründung der Spanischen Mark im Raum des heutigen Katalonien. Erstarken der kleinen christlichen Herrschaften in Nord- und Nordwestspanien.
817	Die 789 von Idris ben Abdallah gegründete Stadt Madinat Fas erhält bedeutenden Bevölkerungszustrom aus Cordoba, wo Emir Hakem I. einen Volksaufstand blutig niedergeschlagen hat. Fas (häufiger Fez oder Fes) bleibt fortan dem maurischen Spanien besonders eng verbunden.
um 820/830	Beginn der Heiligenverehrung im Raum des kleinen Römerhafens Iria Flavia (heute Padrón). Auffindung von Gebeinen, die bald darauf in Santiago de Compostela als jene des Apostels Jakob verehrt werden.
846	Die Flotte Abderrahmans II. vor Ostia. Plünderung der Vatikanstadt.
Im neunten Jahrhundert:	Wikinger landen überfallsweise an den nordwestlichen und südwestlichen Küsten Spaniens, stoßen

	aber im christlichen wie im maurischen Herrschaftsbereich auf entschlossene Abwehr. Seeräuber vor allem aus nordafrikanischen Hafenorten, aber auch aus Almeria, suchen Korsika, die Balearen und Südfrankreich heim.
866 - 910	Unter Alfons III. von Kastilien weitet sich der christliche Machtbereich bis zum Dueroflluß aus, der für lange Zeit zur Grenze wird.
912 - 961	Abderrahman III. folgt auf seinen Großvater Abd Allah, erklärt sich zum Kalifen und führt die Omayadenmacht auf ihren Höhepunkt.
945 - 953	Diplomatischer Verkehr mit Otto dem Großen und dem Kaisertum in Byzanz. Gegenstand der Gespräche: Seeraub und religiöse Fragen.
Im zehnten Jahrhundert:	Dank wissenschaftlich interessierter Kalifen blühen Kunst und Gelehrsamkeit in Bagdad und strahlen nach Westen aus. Palermo und Cordoba werden Pflanzstätten westarabischer Geisteskultur.
961 - 976	Hakem II., der Gelehrte auf dem Kalifenthron von Cordoba, hält die Machtposition seines Vaters und bringt eine berühmte Bibliothek zusammen.
978 - 1002	Herrschaft des Ministers und Reichsverwesers Ibn Abi Amir, genannt Almanzor (geboren 938 aus einer Familie der jemenitischen Aristokratie). Starke Ausweitung des maurischen Bereichs nach Norden und Nordwesten, Verwüstung von Santiago de Compostela. Nach seinem Tod Niedergang des Kalifats, Zerfall des Maurenlandes in Teilreiche.
1042 (?)	Geburt des Rodrigo Diaz de Vivar, genannt el Cid (der Herr), auch Cid Campeador (Schlachtengewinner).
1072	Nach dem Mord an seinem Bruder Sancho wird Alfons VI. Alleinherrscher in Leon, Kastilien und Portugal. Der Cid beginnt seine Laufbahn als freier Condottiere zwischen den Fronten.

1085	Alfons VI. erobert Toledo und macht es zu seiner Hauptstadt, unterliegt aber im Jahr darauf bei Zallaka (span. Sagrajas).
1086 - 1091	Die afrikanischen Almoraviden, eine islamische Sekte und junge Dynastie, unterwerfen das ganze maurische Spanien. Hingegen endet die Araberherrschaft auf Sizilien, das die Normannen erobern.
1094	Nach jahrelanger Belagerung erobert der Cid Valencia und herrscht dort wie ein König.
1099	Der Cid stirbt an einer Kampfwunde, seine Witwe hält Valencia noch bis 1102.
Im zwölften Jahrhundert:	Trotz politischer Unruhe im maurischen Bereich, wo die Almohaden aus Afrika kommend, in die Machtpositionen der Almoraviden drängen, erleben Philosophie und Religionswissenschaft eine besondere Blüte durch Ibn as Seyid, Avenzoar, Averroes, Maimonides, Avempace, Ibn al Arif, Ibn Kasyi, Ibn Tufail u. a. Arabische und jüdische Ärzte wetteifern.
1147 - 1157	Die aus Afrika gekommenen Almohaden erobern Sevilla, Granada, Almeria und andere Städte und erweisen sich als toleranter und kunstsinniger als die Almoraviden.
1195	Bei Alarcos letzter großer Sieg einer maurischen Armee über die Christen.
1212	Die Vernichtungsschlacht von Las Navas de Tolosa wendet das Blatt. Die Reconquista macht gewaltige Fortschritte (1236 Einnahme von Cordoba).
1238 - 1491	Herrschaft der Nasriden im Reich um Granada.
1479	Vereinigung von Kastilien (Isabella) mit Aragon (Ferdinand).
2. 1. 1492	Sultan Boabdil kapituliert in Granada.

Bildnachweis

Farbaufnahmen:
Inge und Arved von der Ropp, Köln

Titelfoto:
Tony Stone Associates Ltd., London

Karten:
Editions d'art Albert Skira, Genf (Vorsatz); Roland Winkler, Bergisch Gladbach (hinterer Vorsatz)

Schwarz-weiß-Abbildungen:
Archiv für Kunst und Geschichte (S. 95, 200, 288, 299)
Burckhardt, Titus, Die maurische Kultur in Spanien, Callwey 1970 (S. 12, 179, 211)
Crónica del Cid, 1498 (S. 277, 283)
Interfoto, Friedrich Rauch (S. 33, 113, 140, 178, 235)
Bildarchiv Preußischer Kulturbesitz (S. 97, 99, 322)
Recuerdos de un viage por España, 1849 (S. 75)
Ullstein Bilderdienst (S. 305)
Weltgeschichte der Kunst, Geschichte des Orients, Hrsg. v. Pfluck-Hartung 1900 (S. 140)
The World of Islam, ed. Bernard Lewis, Thames & Hudson 1976 (S. 199)

Besonders möchten wir für die Hilfe bei der Bildbeschaffung danken:
Mme. Marie Claude Perret, Genf
Herrn Pfeifer-Belli, Verlag Georg D. W. Callwey
Mr. Werner Guttmann, Thames & Hudson
Herrn Dr. Poll, Köln
und für sein großzügiges Entgegenkommen
Señor Francisco Sánchez Roldán, Gerente del Patronato de la Alhambra.

Register

B

G

H

I

J

K

L

M